- 国家社科基金青年项目"老龄化背景下社会保障的收入再分配效应与完善机制研究"(项目编号：17CJL031)阶段性成果
- 教育部人文社会科学研究青年项目"新型城镇化背景下城乡社会保障非均衡及统筹发展路径研究"(项目编号：15YJC790068)阶段性成果
- 山东省社科规划青年项目"山东省城乡社会保障非均衡及统筹发展改进路径研究"(项目编号：14DJJJ03)阶段性成果
- 青岛市社会科学规划项目"青岛市城乡社会保障非均衡及统筹发展路径研究"(项目编号：QDSKL1601133)阶段性成果
- 博士后研究阶段性成果
- 青岛科技大学学术专著出版基金资助出版。

中国社会保障发展研究：
基于非均衡时空视角

吕承超 ◎著

中国社会科学出版社

图书在版编目（CIP）数据

中国社会保障发展研究：基于非均衡时空视角/吕承超著. —北京：中国社会科学出版社，2018.1
ISBN 978 – 7 – 5203 – 2081 – 8

Ⅰ.①中… Ⅱ.①吕… Ⅲ.①社会保障—研究—中国 Ⅳ.①D632.1

中国版本图书馆 CIP 数据核字 (2018) 第 027368 号

出 版 人	赵剑英
责任编辑	卢小生
责任校对	周晓东
责任印制	王 超

出　　版	中国社会科学出版社
社　　址	北京鼓楼西大街甲 158 号
邮　　编	100720
网　　址	http://www.csspw.cn
发 行 部	010 – 84083685
门 市 部	010 – 84029450
经　　销	新华书店及其他书店
印　　刷	北京明恒达印务有限公司
装　　订	廊坊市广阳区广增装订厂
版　　次	2018 年 1 月第 1 版
印　　次	2018 年 1 月第 1 次印刷
开　　本	710×1000　1/16
印　　张	17.75
插　　页	2
字　　数	265 千字
定　　价	76.00 元

凡购买中国社会科学出版社图书，如有质量问题请与本社营销中心联系调换
电话：010 – 84083683
版权所有　侵权必究

谨以此书献给不断奋斗的自己!

前　言

　　社会保障是收入再分配的重要手段，能够保障公民维持基本生存，保障公民基本生活不受影响，能够增进公民福利水平，提高国民生活质量。中国社会保障经历了初期缓慢发展阶段，现在正在快速发展、不断完善当中。然而，社会保障在发展过程中仍然存在体系不完善、区域差距大、城乡发展不均衡等现象，引起了学术界和相关部门的广泛重视。为此，本书基于非均衡时空视角，采用统计学、经济学、管理学、地理信息系统等多种理论和方法，对中国社会保障发展问题进行深入剖析，以期掌握中国社会保障发展现状、问题并提出相应的对策建议。

　　第一，本书梳理了关于社会保障的相关文献，借鉴了现有文献的相关理论、方法和思路，同时，提出本书的研究思路、方法和框架，以弥补现有研究关于社会保障非均衡的研究不足，为后续研究奠定文献基础。

　　第二，本书基于时间视角，整理了社会保障发展历程，从社会保障、社会保险、社会福利、社会救济和社会优抚五个方面对社会保障及其项目的发展现状进行分析，进而提炼出社会保险发展中存在的问题。

　　第三，采用 Dagum、MS 和 Yao 三种基尼系数方法，分别测度了社会保障空间差距和非均衡程度，并对其进行分解，剖析引起非均衡的原因，并对各地区和各项目的非均衡程度进行分析。

　　第四，引入 ER 指数、EGR 指数和 LU 指数分别测度中国社会保障空间极化程度及其演变态势。

　　第五，在测度非均衡程度基础上，探寻影响中国社会保障发展非均衡的影响因素，并构建计量模型，进行实证分析，检验各影响因素的作用效果和显著性水平。

第六，采用收敛和随机收敛方法，对中国社会保障收敛、绝对收敛、条件收敛和随机收敛特征进行分析。

第七，运用数理模型推导及空间计量、门槛面板模型和系统GMM等实证方法，对社会保障与区域经济增长、社会保障与城乡收入差距、社会保障与城乡居民消费差距等方面进行了深入解析。

第八，基于以上分析，从制度、人力资本、融资、区域、管理等角度，提出中国社会保障统筹发展的对策建议。

第九，开展了中国城镇社会保险发展、山东省社会保障发展和青岛市城乡社会保障发展三个专题研究，以期从微观角度对专项问题展开研究。

本书的研究结论主要有以下九个方面：

第一，中国社会保障得到了较快发展，然而，在区域、城乡等方面仍然存在差距，社会保障体系仍然有待完善。

第二，中国社会保障发展的空间差距呈现先缩小后扩大的趋势。东部、中部地区内社会保障发展的空间差距以及东部和西部、东部和中部、中部和西部地区间社会保障发展的差距均呈现先缩小后扩大的趋势，而西部地区社会保障空间差距呈缩小趋势。

第三，从社会保障分项目来看，社会福利和社会优抚的非均衡程度高于社会救济和社会保险，社会福利、社会优抚和社会救济对社会保障总体非均衡起到抑制作用，但由于社会保险支出在社会保障总支出中占绝对优势的地位，因此，社会保险对社会保障总体非均衡起到了决定性作用。

第四，中国社会保障发展存在空间极化，虽然社会优抚、社会救助和社会福利的极化程度有所上升，但社会保险在社会保障中的重要地位使社会保障的极化程度与社会保险保持了一致的下降走势。

第五，在中国社会保障发展空间非均衡的影响因素中，经济发展水平、人口老龄化、居民收入、地方财政、居民储蓄等因素均对社会保障总支出具有不同程度的促进作用，循环累积效应和地方财政对社会保障及各分项目支出均具有比较显著的正向促进作用。

第六，中国社会保障发展总体上不存在收敛。从全时段来看，中国社会保障发展存在显著的绝对收敛特征，中国社会保障还存在显著的条件收敛特征，东中部地区不具有收敛特征，西部地区收敛特征也不显著。东部地区检验结果支持随机发散，中部地区只是在部分省份中存在围绕区域均值的随机收敛，西部地区相对于区域均值呈随机发散。

第七，社会保障规模对区域经济增长具有短期负向直接效应，而长期空间效应、短期间接效应和短期总效应不显著；从社会保障结构来看，社会保险规模和社会优抚规模对区域经济增长均具有短期负向直接效应，其他方面的效应并不显著。

第八，城乡二元经济结构下，社会保障支出与城乡收入差距存在非线性相关关系，在考察期内，中国社会保障支出规模缩小了城乡收入差距，在非线性条件下，中国社会保障支出与城乡收入差距呈现"U"形变动趋势，并且城乡收入差距还具有路径依赖性。

第九，中国社会保障支出对城乡居民消费差距存在显著的城镇化水平门槛效应。在中城镇化水平阶段，社会保障支出缩小了城乡居民消费差距；而在高城镇化水平阶段，社会保障支出扩大了城乡居民消费差距。城镇化水平导致城乡居民消费差距拉大，并且在非线性条件下城镇化水平与城乡居民消费差距呈现倒"U"形曲线形态。

本书的研究成果是笔者主持的教育部人文社科项目"新型城镇化背景下城乡社会保障非均衡及统筹发展路径研究"（15YJC790068）、山东省社科规划项目"山东省城乡社会保障非均衡及统筹发展路径研究"（14DJJJ03）和青岛市社科规划项目"青岛市城乡社会保障非均衡及统筹发展路径研究"（QDSKL1601133）的阶段性成果。本书的部分章节已经发表在《财政研究》《农业技术经济》《上海经济研究》《中央财经大学学报》《财经论丛》《华中科技大学学报》（社会科学版）等CSSCI来源期刊上。本书可以作为我对社会保障相关研究的阶段性总结。然而，在实际研究过程中，笔者发现，目前研究主要集中在宏观方面，研究深度不够，缺乏微观领域的研究，对现实的指导意义还有待加强。下一步，笔者将继续开展社会保障相关研究工作，重点集中在社会保障与贫困、社会保障体系构建等方面，以期为中国社会保障的理论和实践发展提供一定参考价值。

本书的完成，不仅仅是笔者一个人的功劳，在这期间，带的研究生也付出了巨大的努力，书中的部分章节有他们的贡献。在此，笔者要感谢白春玲、张学民、王志阁、王媛媛同学，他们参与了部分章节的撰写工作。

多年的学习和工作，让笔者习惯了独立、奋斗，得到了很多东西，但也失去了很多东西。回头再看时，发现自己丢掉了也许是最宝贵的美好！不知道还能否重新追回！向爱我的人和我爱的人表示感谢！

一路上有你，苦一点也愿意，就算是为了分离与我相遇！

一路上有你，痛一点也愿意，就算只能在梦里拥抱你！

……

吕承超

2017 年 3 月 29 日于青岛科技大学新校区

目　　录

第一章　绪论 ………………………………………………… 1

第一节　研究背景 …………………………………………… 1
第二节　研究意义 …………………………………………… 4
第三节　研究方法 …………………………………………… 5
第四节　拟突破的重点和难点 ……………………………… 5
第五节　研究目标 …………………………………………… 7
第六节　基本思路及研究框架 ……………………………… 7

第二章　文献综述 ……………………………………………… 10

第一节　关于社会保障流派研究 …………………………… 10
第二节　关于社会保障体系研究 …………………………… 11
第三节　关于社会保障与经济增长研究 …………………… 12
第四节　关于社会保障与收入分配研究 …………………… 13
第五节　关于社会保障与居民消费研究 …………………… 15
第六节　关于城乡社会保障发展研究 ……………………… 15
第七节　关于社会保障发展空间差距研究 ………………… 17
第八节　影响城乡居民消费差距的因素研究 ……………… 19
第九节　研究述评 …………………………………………… 21

第三章　中国社会保障发展态势 …………………………… 23

第一节　中国社会保障发展历程 …………………………… 23

第二节　中国社会保障发展现状 …………………………………… 30
  第三节　中国社会保障发展空间分布 ……………………………… 40
  第四节　中国社会保障发展问题 …………………………………… 42

第四章　中国社会保障发展空间差距 ………………………………… 47
  第一节　Dagum 基尼系数及其分解 ………………………………… 47
  第二节　数据来源及处理 …………………………………………… 48
  第三节　中国社会保障发展空间差距的测算和分解 ……………… 49

第五章　中国社会保障发展非均衡 …………………………………… 58
  第一节　MS 基尼系数及其分解 ……………………………………… 58
  第二节　数据来源及处理 …………………………………………… 58
  第三节　中国社会保障发展非均衡测算及分解 …………………… 59

第六章　中国社会保障分项目发展非均衡 …………………………… 64
  第一节　Yao 基尼系数测算及其分解 ……………………………… 64
  第二节　泰尔指数测算及其分解 …………………………………… 65
  第三节　数据来源及处理 …………………………………………… 66
  第四节　中国社会保障分项目非均衡测算及分解 ………………… 66

第七章　中国社会保障发展空间极化 ………………………………… 70
  第一节　空间极化的测算方法 ……………………………………… 70
  第二节　数据来源及处理 …………………………………………… 71
  第三节　中国社会保障发展空间极化及演变态势 ………………… 72

第八章　中国社会保障发展非均衡影响因素 ………………………… 76
  第一节　影响因素设计 ……………………………………………… 76
  第二节　计量模型设定及变量说明 ………………………………… 78
  第三节　回归结果分析 ……………………………………………… 79

第九章　中国社会保障发展收敛性 ………………………………… 82

第一节　收敛性测度方法 ………………………………………… 82
第二节　数据来源及处理 ………………………………………… 84
第三节　中国社会保障发展 σ 收敛分析 ………………………… 85
第四节　中国社会保障发展 β 收敛分析 ………………………… 86
第五节　中国社会保障发展俱乐部收敛 ………………………… 89

第十章　中国社会保障发展随机收敛 ……………………………… 93

第一节　随机收敛检验方法 ……………………………………… 93
第二节　数据来源及处理 ………………………………………… 94
第三节　总体社会保障发展随机收敛 …………………………… 95
第四节　分项目社会保障发展随机收敛 ………………………… 96

第十一章　社会保障与区域经济增长 ……………………………… 99

第一节　问题的提出 ……………………………………………… 99
第二节　理论模型与计量模型设定 ……………………………… 100
第三节　经验检验与实证结果分析 ……………………………… 106

第十二章　社会保障与城乡收入差距 ……………………………… 116

第一节　问题的提出 ……………………………………………… 116
第二节　理论模型与计量模型构建 ……………………………… 117
第三节　经验检验与实证结果分析 ……………………………… 123

第十三章　社会保障与城乡居民消费差距 ………………………… 138

第一节　问题的提出 ……………………………………………… 138
第二节　理论框架 ………………………………………………… 139
第三节　计量模型设定与实证分析 ……………………………… 143

第十四章　中国社会保障统筹发展建议对策 ·················· 160

第一节　社会保障制度统筹发展 ································ 160
第二节　人力资本统筹发展 ······································ 162
第三节　融资渠道统筹发展 ······································ 163
第四节　区域社会保障统筹发展 ································ 164
第五节　社会保障监管统筹发展 ································ 165
第六节　社会保障管理统筹发展 ································ 166

第十五章　专题1：中国城镇社会保险发展 ·················· 167

第一节　问题的提出 ·· 167
第二节　研究方法与数据 ·· 168
第三节　中国城镇社会保险非均衡测算及分解 ·············· 172
第四节　中国城镇社会保险发展非均衡影响因素分析 ····· 180

第十六章　专题2：山东省社会保障发展 ····················· 185

第一节　研究方法与数据 ·· 185
第二节　山东省社会保障发展态势分析 ······················· 189
第三节　山东省社会保障非均衡测度及分解 ················· 212
第四节　山东省社会保障极化测度 ······························ 225
第五节　山东省社会保障非均衡和极化影响因素
　　　　实证分析 ·· 233

第十七章　专题3：青岛市城乡社会保障发展 ··············· 242

第一节　研究方法与数据 ·· 242
第二节　青岛市社会保障发展非均衡及极化测度 ··········· 245
第三节　青岛市社会保障非均衡影响因素分析 ·············· 254

参考文献 ·· 257

第一章　绪论

第一节　研究背景

"社会保障"一词最早源于美国1935年颁布的《社会保障法》，是指国家通过法律、行政手段，调动社会各方面资源，保证社会成员基本生活需求。一般来说，社会保障由社会保险、社会优抚、社会救济和社会福利组成。作为收入再分配的手段，社会保障对缩小居民收入差距、维护社会公平正义、推动经济健康发展起着重要作用。截至20世纪末，世界上已有170多个国家和地区建立了较为完善的社会保障体系。社会保障作为国民收入再分配的一项基本经济制度，是履行公民权利和其他人权的制度保障，是保证城乡居民生活和调节收入分配差距的重要手段，是实现全体社会成员共享改革成果和社会发展的重要途径，是维护社会稳定和促进经济发展的重要支柱。因此，建立完善包括城市和农村在内的覆盖全体社会成员的社会保障制度，不仅关乎每个社会成员的切身利益，而且对于国民经济持续发展以及社会稳定和谐具有重要意义。社会保障对保障公民基本生活、抵御市场风险、收入再分配、推动经济健康发展起着重要作用。改革开放以来，中国经济持续快速发展，社会财富不断增加，2014年，全国居民人均可支配收入达20167元。然而，在社会财富不断增加的同时，收入分配差距也呈现扩大趋势。近十年来，中国的基尼系数一直保持在0.46以上，超出了国际警戒线，成为世界上收入差距较大的国家之一。收入差距过大，不仅容易激化社会矛盾，破坏社会稳定，而且还不利于经济的健康发展。作为收入再分配的重要手段，社会保障的均衡发展对于缩小居民收入差距、维护社会公平正义、推动经济健康发展具有重要的作用。中国对社会保障的关注由来已久，社会保障体系也不断地得到完善，1986年，"七五"计划首次提出建设中国特色的社会保障制度。1995年，国务院在发布《关于深化企业职工养老保险制度改革的通知》中明确提出建立多层次的社会保障制度。2004年，我国在建立了城镇居民基本医疗保险制度的基础上，试点开展新型农村医疗保险制度，并迅速推广至全国。2005年，我国建立了城乡医疗救助制度，大幅提高基本医疗保障水平。2006年，逐步扩大社会保险覆盖面，更加重视农村进城务工人员的保险工作。党的十七大明确提出，到2020年，基本建立覆盖城乡居民的社会保障体系，意味着我国社会保障工作发展到了新的历史阶段，社会保障工作由以城镇为主导转变为城乡统筹发展，由以职工为主体转变为城乡居民一体化，由单一型转变为多层次体系。2007年，开始推行农村最低生活保障制度，不断完善城镇居民医疗保险制度。截至2009年，新型农村医疗保险试点扩大到全国60%的地区。2011年，试点实施城镇居民社会养老保险，有条件的地区合并实施城乡居民两项养老保险制度（胡晓义，2012）。为进一步解决收入分配不公问题，2012年，党的十八大明确提出构建更加完善的社会保障体系。党的十八大把实现社会保障全民覆盖作为全面建成小康社会的新目标，明确提出了统筹推进城乡社会保障体系建设的新要求和新举措（尹蔚民，2013）。2014年，国务院出台《关于机关事业单位工作人员养老保险制度改革的意见》，结束了养老金"双轨制"，开启了机关事业单位与企业养老保险并轨的改革步伐。2015年政府工作报告中，李克强总理就基本养老金、优抚安置标准、福利保障和服务体系等社会保障工作方面做了重要部署。城乡社会保障统筹制度在管理规划、人员安排、资金结构等方面逐渐趋向于统一，部分地区（如江苏、浙江等地）已经发展出独特的城乡社会保障统筹模式，如江苏的苏州模式、昆山模式（林闽钢，2011）等。

然而，中国社会保障体系在不断健全的同时，也积累了很多问题，其中最为重要的问题之一就是社会保障发展非均衡，这种非均衡性不仅表现在社会保障发展的空间差异上，还表现在社会保障项目的非均衡上。在中国经济发展不平衡加剧的情况下，如果社会保障发展非均衡性不加以有效解决，必然会对经济发展、社会稳定带来不利后果。在中国经济发展不均衡的情况下，社会保障长期发展的空间差距，不仅没有起到应有的缩小贫富差距、弱化两极分化、缓和社会矛盾的作用，反而进一步扩大了贫富差距，制约经济社会的统筹协调发展，危害社会和谐与稳定。长久以来，由于城乡二元户籍制度导致的城乡二元分割体制，严重制约了城乡资源的流通和经济社会的发展。由于体制上的城乡分割机制，造成了包括劳动力在内的各种资源无法自由流动，阻碍了全国形成统一的市场，也削弱了市场作为配置资源的决定性作用。在社会保障领域，由于城乡二元分割使农村社会保障体系建设严重滞后，甚至某些方面目前还存在制度空白，加剧了城乡收入分配不公，农村居民的合法权益无法得到保障。第一，城乡社会保障差距明显。我国目前城乡社会保障存在非均衡发展现象，城镇和农村居民享受不公平的社会保障待遇。第二，城乡收入再分配功能扭曲。由于经济发展水平和二元结构壁垒，城乡收入再分配功能严重扭曲，进一步扩大了城乡收入差距。第三，现行城乡社会保障制度不合理。基于城乡二元结构的现行社会保障制度，阻碍了劳动力、资本、土地和技术在城乡之间的自由流动，不利于城乡统筹发展。因此，总体看来，既要充分认识我国社会保障的重要性，同时，也要看到我国社会保障存在的非均衡和差距，深入探讨社会保障所面临的困难和问题，进一步破除城乡二元结构，统筹城乡社会保障和谐发展。为此，在社会保障差距较大背景下，如何测定社会保障非均衡程度，评价各地区和各领域社会保障水平，统筹缩小社会保障差距，真正体现社会公平，切实保障人民生活，实现城乡协调发展，已经成为当前我国经济社会发展中的重大问题。那么，中国社会保障发展非均衡的程度到底如何？在时间上的演变态势是什么？非均衡程度是否会随着时间的推移而缩小，出现收敛现象？如果存在收敛效应，区域间社会保障以及社会保障项目的收敛特征是否一致？社会保障发展非均衡的影响因素都有哪些？社会保障与区域经济增长、城乡收入差距和城乡居民消费差距之间有何种关系？对于以上问题的研究，既可以丰富社会保障的理论研究，又可以为缩小社会保障发展非均衡、完善社会保障体系、维护经济的稳定和可持续发展提供决策参考。

第二节 研究意义

综观国内外现有的关于社会保障的理论文献，更多偏重于定性研究，关注社会保障问题及对策，而对于社会保障非均衡程度测定的研究比较缺乏，即使有相关研究，在研究方法、研究视角和思路上也有所欠缺，有待改善。

本书在借鉴已有研究的基础上，提出社会保障非均衡程度测定方法，探究社会保障非均衡的影响因素，提供新思路，进一步探寻解决社会保障非均衡性的政策建议和改进路径，提供新视角。本书不仅可以完善社会保障相关研究，而且可以为统筹城乡社会保障，促进城乡居民和谐发展提供理论参考。

从现实角度来看，中国城乡二元结构以及传统的社会保障制度，造成了城乡分割、社会保障水平差异较大，无法保证城乡社会一体化发展，没有真正体现社会公平。虽然我国和各地区对于统筹城乡社会保障工作已经采取了一些措施，解决了一些困难和问题，我国已经步入以工促农、以城带乡的发展阶段，进入着力破除城乡二元结构、形成城乡经济社会发展一体化新格局的重要时期。但是，我们应该看到城乡社会保障差异问题的制度缺陷，应该清楚认识到我国社会保障水平与世界发达国家的差距。

为此，本书从中国社会保障实际出发，从时间和空间两个维度，以区域和社会保障项目为研究视角，提出社会保障非均衡程度测定方法，为现实中各地区社会保障发展水平和非均衡性提供技术和依据；并通过文献梳理、数据收集、调查研究等方式探索社会保障非均衡的影响因素和作用机制，为中国统筹社会保障发展提供数据支撑；在此基础上，探析中国社会保障统筹发展的改进路径和政策建议，为政府解决社会保障非均衡提供决策参考。

第三节　研究方法

归纳与总结的方法。对社会保障相关理论分析及国内外研究文献综述中运用了这种方法。

统计学的非均衡测度方法。使用多种基尼系数和泰尔指数等方法，测定中国社会保障非均衡程度，并对非均衡程度进行分解，剖析非均衡程度影响因素及贡献。

极化研究方法。使用极化理论中的 ER 指数、EGR 指数、LU 指数来测度中国社会保障极化程度。

计量经济学方法。对影响中国社会保障各种因素构建动态面板数据模型，采用两步法系统 GMM 估计方法，实证检验各影响因素贡献程度及显著性水平。在社会保障与区域经济增长关系的实证检验中采用空间计量方法加以分析，在社会保障与城乡居民消费差距关系分析中采用了门槛面板模型。

收敛性分析方法。使用 σ 收敛和 β 收敛分析模型，对中国社会保障发展的收敛特征进行了分析。采用随机收敛方法，对中国社会保障发展的随机收敛进行实证研究。

第四节　拟突破的重点和难点

一　本书拟突破的重点

（一）中国社会保障非均衡和极化程度测定及对非均衡分解

本书采用大量统计和计量方法，并扩展基尼系数方法，对中国社会保障非均衡程度进行测度；采用基尼系数分解方法，分解社会保障非均衡，对不同社会保障项目进行分解，剖析区域间和区域内的空间差距及贡献率。进一步采用 ER 类型极化指数方法，测算基于各地区和各项目的山东省社会保障极化程度。本书引入和扩展的统计计量方法众多，测度过程较为复杂，是本书研究拟突破的重点。

（二）中国社会保障非均衡影响因素实证分析

本书从宏观、中观和微观三个层面，寻找影响中国社会保障非均衡的影响因素，并构建动态面板数据模型，使用系统 GMM 估计方法对各影响因素进行实证检验，探讨各因素影响程度和显著性水平。然而，现实中影响中国社会保障非均衡程度的因素众多，如何从众多因素中探寻有效地、准确地反映非均衡程度的因素，是本书拟突破的又一重点。

（三）中国社会保障统筹发展路径研究

针对本书对中国社会保障非均衡方面的研究，如何构建稳定有效、城乡统一的社会保障体系，提出统筹发展中国社会保障政策建议和改进路径，是本书拟突破的重点之一。本书拟从社会保障制度、人力资本、融资渠道、区域空间、社会保障监管和社会保障管理六个方面提出相关的政策建议。

二　本书拟突破的难点

（一）大量调研和数据收集工作

本书对中国社会保障非均衡的测度和分解，以及中国社会保障非均衡影响因素的实证分析，需要大量调研数据来支撑。因此，各省份有关城乡社会保障数据的调研以及四大类（社会保险、社会救济、社会福利和优抚安置）社会保障数据收集是本书的难点之一。

（二）大量的图形与表格绘制

本书绘制了中国社会保障发展分布图，包括社会保障分布、各区域社会保障分布、各项目社会保障分布等。同时，制作大量统计和计量图表来分析中国社会保障发展，这是本书的难点。

第五节 研究目标

一 完善社会保障理论,形成较为系统科学的理论体系

在理论方面,希望了解当前中国社会保障发展现状,掌握社会保障发展动态,明确测度社会保障非均衡程度和极化程度,哪些因素影响社会保障的统筹发展,未来从哪些路径改进社会统筹发展,从而形成完整的理论体系。

二 形成规范系统的实证研究

本书采用空间非均衡测度及分解方法、空间极化指数、系统GMM估计方法等一系列研究方法,对社会保障非均衡程度和极化程度进行测定,进而探寻空间非均衡及极化的影响因素,并进行显著性水平检验,以期探讨各影响因素作用的大小,形成科学、合理、学术规范的实证研究。

三 为地方政府统筹发展社会保障提供理论指导

在理论和实证研究基础上,从国家和区域两个层面,从社会保障制度、人力资本、融资渠道、区域空间、社会保障监管和社会保障管理六个视角,分别提出相应的社会保障统筹发展政策建议,为国家和地方社会保障发展提供决策参考。

第六节 基本思路及研究框架

在结构上,本书主要分为三个部分:第一部分为理论研究部分,主要确定研究主题,论述研究背景、意义,对国内外文献进行梳理,并提出本书研究所涉及的相关理论及方法。第二部分为本书研究的实证部分,主要运用统计学和计量经济学相关理论及方法,分析中国社会保障现在及发展态势,测度中国社会保障非均衡程度以及极化程度,进而探寻影响中国社会保障非均衡化影响因素,建立动态模型,实证检验各因素重要程度和显著性水平，并实证检验社会保障与区域经济增长、城乡收入差距与城乡消费差距之间的关系。第三部分是本书政策研究部分，结合中国社会保障建设问题和经验，提出中国社会保障统筹发展的政策建议。并选取了社会保险发展、山东省社会保障和青岛市社会保障发展三个专题展开了论述。

本书研究的具体框架如下：

第一章分析研究背景，并提出本书研究的问题。

第二章梳理现有文献，从社会保障流派、社会保障体系、社会保障与经济增长关系、社会保障与收入分配关系、社会保障与居民消费关系、城乡社会保障发展、社会保障发展的空间差距和影响城乡居民消费差距的因素等方面展开，并进行理论述评，找出现有研究不足，提出本书研究思路。

第三章利用归纳总结、统计学和地理信息系统等方法，对中国社会保障发展历程进行总结，对中国社会保障发展现状进行分析，描述中国社会保障发展空间分布情况，发现中国社会保障发展存在的问题。

第四章利用 Dagum 基尼系数方法，对中国社会保障发展空间差距进行测度，并进行地区分解，进而对社会保障各项目进行测度与分解，剖析中国社会保障发展空间差距问题。

第五章采用 MS 基尼系数方法，对中国社会保障发展非均衡程度进行测度并分解，进一步分析社会保障非均衡的来源情况，为后续研究奠定基础。

第六章采用 Yao 基尼系数和泰尔指数测度方法，对社会保险、社会福利、社会救济和社会优抚四个项目非均衡程度进行测算并分解。

第七章利用 ER、EGR 和 LU 指数，对社会保障发展空间极化程度进行测度，了解社会保障发展极化程度和变动趋势，是对社会保障非均衡的另一种解读。

第八章运用文献梳理、调查研究、专家访谈等方法探寻影响社会保障发展非均衡的因素，并构建计量模型，对影响因素加以实证检验，分析各影响因素作用效果和显著性水平。

第九章引用收敛和俱乐部收敛方法，从空间和项目角度分析中国社会保障发展收敛性问题。

第十章利用随机收敛方法，对中国社会保障发展随机收敛问题进行研究。

第十一章构建数理模型，推导出社会保障与区域经济增长均衡条件，进而建立动态空间计量模型，对社会保障与区域经济增长关系进行实证检验。

第十二章通过数理模型分析社会保障对城乡收入差距的影响，引入计量模型，从保障结构和地区视角验证社会保障与城乡收入差距的关系。

第十三章通过城乡居民消费差距泰尔指数，引入社会保障变量，构建面板门槛模型，对社会保障支出的城乡居民消费差距门槛效应进行分析。

第十四章从社会保障制度、人力资本、融资渠道、区域空间、社会保障监管和社会保障管理六个方面提出中国社会保障统筹发展的对策建议。

第十五章以社会保险为研究对象，采用非均衡研究方法，对社会保险非均衡发展问题进行探讨，并构建计量模型，检验影响其发展的影响因素。

第十六章以山东省社会保障发展为研究对象，重点分析山东省社会保障发展非均衡和极化问题，并探寻影响因素。

第十七章以青岛市城乡社会保障发展为背景，研究城乡社会保障发展问题，测度城乡社会保障非均衡程度和影响因素。

第二章 文献综述

国内外学者对社会保障研究已经做了大量工作,本书将对社会保障相关研究进行梳理,主要集中在以下几个方面。

第一节 关于社会保障流派研究

一 政治经济学派研究

政治经济学派倾向于从社会公平、社会正义角度出发,研究社会保障制度的起源、变迁等宏观层面的问题。第一,社会民主论。国家建立公共养老保险制度的原因归于劳动者和资本家之间斗争的结果(Hewitt,1977)。第二,新马克思主义论。重要部门的工人以较多的经济利益可以化解他们的社会主义倾向,养老保险制度有利于缓解市场作用下的收入分配差距所带来的压力(Schulz,1974)。第三,新工业主义论。养老保险制度是以工业化为前提的,即工业化和经济发展水平是养老保险制度的决定性因素(Wilensky,1975)。第四,新多元主义论。利益集团在养老保险制度形成中的作用(鲍德温,1988)。第五,国家中心论。国家管理体制在公共养老保险制度形成中的作用(Orloff and Skocpol,1984)。

二 新古典学派研究

第一,社会保障与储蓄的研究。交叠世代模型论证了在不存在资本存量的稳态经济中,现收现付制具有帕累托效率(Thompson,1967)。巴罗考虑到家庭储蓄问题,提出了"巴罗中性"理论(Barro,1974)。

第二,基金制改革理论。第一类研究认为,基金制增加储蓄,保障了经济增长所需的物质基础。第二类研究正是从储蓄的投资转换问题出发，讨论基金制对资本市场的影响（Holtz-Eakin，2004）。

第三，社会保障与居民消费的内在关系在学术界也存在一定争议。赞特（Zant，2005）使用荷兰1957—1986年的数据对社会保障与居民消费的关系进行实证研究，发现社会保障与居民边际消费倾向具有显著作用，社会保障会促进居民消费的增加。

另外，改革社会保障体制和促进资本市场完善，可以减少居民预防性储蓄，增加居民消费（Samwick，2000；Rojas and Urrutia，2008）。但是，也有学者指出了相反的意见，如亨格福德和托马斯（Hungerford and Thomas，2009）通过对美国社会保障金盈余和联邦储蓄的实证分析，认为社会保障对居民消费的促进作用并不显著。

三 新增长理论研究

城乡社会保障体系具有多层次特点，对经济社会运行起到了稳定器作用，要不断地使社会保障体系和生产力发展水平相适应（Christoffersen，1996）。怀特从城乡体制分割角度分析了城镇居民和农村居民在社会保障方面的差异（White，1998）。尼科拉斯·拜尔在2003年指出了社会保障存在的问题，对流动人口社会保障进行了简要分析，并提出了相关建议（Nicholas Barr，2003）。凯瑟琳·米尔斯指出，养老保障有助于加速农民工迁移，作用显著（Mills，2003）。Bellettini和Ceroni（2000）通过对61个国家的样本数据的实证研究表明，社会保障支出对经济增长产生正向促进作用，对经济欠发达地区经济增长的促进作用更加明显，Lee和Chang（2006）利用25个OECD国家21年的面板数据，分析了社会保障支出对经济增长的影响，研究结果表明，短期内社会保障支出与经济增长不相关，但长期的经济增长对社会保障的发展产生促进作用。

第二节 关于社会保障体系研究

张燕平（2008）在分析了制约我国城乡社会保障体系建设因素的

基础上，提出统筹推进"三项重点保障制度"覆盖全体城乡居民的发展思路。宋马林等（2010）认为，改善社会保障水平不平衡现状、建立覆盖城乡的全国社会保障体系是促进经济稳定增长的长期战略。农村社会保障体系建设近年来逐渐成为学者关注的焦点，叶金国等（2015）研究发现，我国农村社会保障资源配置存在地区差异大、配置结构不合理等问题。王悦（2015）通过研究得出农民对农村社会保障的满意度较低的结论。针对农民工这一特殊的群体，部分学者探讨了我国农民工社会保障存在的问题及原因，提出完善农民工社会保障体系的对策建议，支持农民工社会保障市民化（邵劼，2011；陆春萍，2015；蒋长流，2015）。

第三节　关于社会保障与经济增长研究

关于社会保障是否促进了区域经济增长的研究，不同的学者基于各自角度，得到了不同的结论。第一，抑制论的研究。社会保障的提高降低了居民消费水平，不利于经济增长（Leimer and Lesnoy，1982）。菲尔德斯坦（Feldstein，1996）验证了美国社会保障对经济增长的抑制作用。我国社会保障支出与经济增长呈现负相关关系（董拥军和邱长溶，2007），社会保障没能有效地发挥经济"助推器"的作用（丁少群和许志涛，2013），中部地区社会保障对经济的贡献呈现"塌陷"状态（许晓茵和韩丽妙，2006）。第二，促进论的研究。社会保障有利于提供良好的社会环境，激发劳动者的工作热情和创业精神，有利于促进资本形成（刘华等，1999），提高居民消费水平（刘苓玲和徐雷，2012），从而促进经济增长（Sala-I-Martin，1996；Gupta et al.，2005；Lee and Chang，2006）。赵蔚蔚和杨庆运（2011）通过因果分析和协整检验发现，社会保障支出与经济增长呈相互促进关系。

关于社会保障对经济增长的作用机制，部分学者基于新古典增长模型认为，社会保障对物质资本产生作用，进而影响经济增长。早期的研究多从储蓄和遗传角度探讨社会保障对经济增长的影响（Laitner，1988；Mitchell and Zeldes，1996）。社会保障私有化改革产生替代效应和收入效应，进而影响储蓄和经济增长（Kotlikoff，1995）。社会保障水平与投资储蓄率之差呈正相关关系，这是造成当前中国"投资不足型"失衡问题的关键（孙祁祥和肖志光，2013）。贾俊雪等（2011）认为，传统文化信念通过物质资本积累机制对社会保障的短期经济增长效应产生影响。郭凯明和龚六堂（2012）认为，社会保障通过替代家庭养老来促进经济增长。

新经济增长理论兴起之后，学者关注于新的经济增长要素，其中人力资本是经济增长的重要源泉，因此，有学者基于人力资本角度研究社会保障对经济增长的影响。国外部分学者认为，社会保障有利于教育投资，能够提高人力资本，进而促进经济增长（Zhang and Zhang，2004；Echevarria and Iza，2006）。Ehrlich 和 Kim（2007）引入人力资本理论，证实了社会保障阻碍经济增长。而国内部分学者的研究没有得到社会保障对人力资本有作用的显著结论（彭浩然和申曙光，2007；林忠晶和龚六堂，2008）。在现收现付社会保障体制下，社会保障缴费率上升将降低人力资本投资，反而阻碍经济增长（沈燕，2012）。

第四节　关于社会保障与收入分配研究

公共财政支出是调节收入差距的重要手段（Gottschalk and Smeeding，1997），政府有更大的财政动力和权力去帮助农村贫困人口，缩小城乡收入差距。Subarna 和 Georg（2009）研究表明，政府财政支出增加能够缩小收入差距，加拿大的财政支出数据验证了政府财政支出与收入差距的负向作用关系（Dodge，1975）。但是，有研究发现，政府财政支出与收入差距呈现正向关系（Aaron and McGuire，1970；Blejer and Guerrero，1990）。财政集权有利于贫困人口生活水平的改善（Bardhan，2002），而财政分权是造成收入差距扩大的重要因素

（Hao and Wei，2010）。在财政分权背景下，财政支出总量增加也并不一定缩小城乡收入差距，只有倾向于增加农村和科教文卫的财政支出结构，才能有效地缩小城乡收入差距（陈安平和杜金沛，2010）。有学者认为，中国财政支出不利于城乡收入差距的缩小（陆铭和陈钊，2004），政府财政支出的城市化倾向会拉大城乡收入差距（冉光和潘辉，2009）。土地财政具有典型的城市偏向特征，在城市化进程中拉大了城乡收入差距（吕炜和许宏伟，2015）。

财政社会保障支出作为公共财政支出的重要组成部分，具有国民收入再分配效应，对收入差距具有重要的抑制作用。政府社会保障支出增加，有利于增加低收入者福利，缩小社会收入差距（彭定赟和王磊，2013；吴士炜和汪小勤，2016）。Jesuit和Mahler（2004）发现，拉美地区国家基尼系数下降中社会保障贡献15%左右；He和Sato（2011）认为，发达国家社会保障对基尼系数降低的贡献度达到74.6%。中国社会保障制度对城乡收入差距的正向调节效应已经显现（丁煜和朱火云，2013）。社会保障支出对城乡收入差距的影响从"逆向调节"作用过渡到正相关调节效应（杨风寿和沈默，2016）。在短期内，社会保障水平能够调节收入差距，但很快就会改变作用路径，长期可能扩大收入差距（黄文正等，2014）。然而，随着社会保障向城镇地区倾斜，财政社会保障支出显著扩大了城乡收入差距（徐倩和李放，2012）。以城镇居民和国有企业职工为主要对象的财政社会保障支出扩大了城乡收入差距（胡宝娣等，2011）。从全国层面来看，社会保障支出对城乡收入差距具有正向影响，但其影响效果具有区域差异（余菊和刘新，2014）。

部分学者从社会保障支出结构出发，探讨了社会保障各项目支出对收入差距的影响。政府介入社会保险的主要理由之一是收入再分配功能（Diamond，1977），收入差距与保险需求收入效应存在非线性关系（魏华林等，2015），城乡居民基本养老保险制度缩小了收入差距（王翠琴和田勇，2015），减轻了退休人群代内收入差距程度，加强了代际收入不平等程度（徐梅，2015）。福利保障支出对城乡收入差距具有区域差异，中部地区福利保障支出缩小了城乡收入差距，而西部地区扩大了城乡收入差距（王艺明和蔡翔，2010）。

第五节 关于社会保障与居民消费研究

社会保障与居民消费的内在关系在学术界也存在一定争议，赞特（2005）研究发现，社会保障与居民边际消费倾向具有显著作用，社会保障会促进居民消费的增加。此外，改革社会保障体制和促进资本市场完善，可以减少居民预防性储蓄，增加居民消费（Samwick，2000；Rojas and Urrutia，2008）。马凤鸣（2012）认为，社会保障对居民消费具有正向作用，但是，这种正向作用在高消费水平的家庭中并不显著。在此基础上，李国璋等（2013）认为，生育保险和工伤保险参与率正向影响消费率，医疗保险和失业保险参与率对消费率的影响存在经济增长的"U"形拐点，而养老保险参与率则存在倒"U"形拐点。但也有学者也给出了相反的意见，认为社会保障水平并未对城镇居民消费产生显著影响，亨格福德和托马斯（2009）通过对美国社会保障金盈余和联邦储蓄的实证分析，认为社会保障对居民消费的促进作用并不显著。杨磊（2013）研究发现，东部地区的老年抚养比和少儿抚养比都对消费产生正向作用，中部地区老年抚养比与消费有负相关性，西部地区没有显著的相关性。

第六节 关于城乡社会保障发展研究

一 城乡社会保障衔接的不同思路

如何实现统一的城乡社会保障体系，学术界有以下四个方面的思路：

第一，社会保障统一说。扩大社会保险对象，打破城乡界限、所有制界限以及劳动者的身份差别，减少城乡差别（胡荣，1995；朱海波，2007；马一民，2008；杨钧，2013）。

第二，基础整合的社会保障体系。将基础养老金与最低生活保障线统一起来，放弃统一的医疗保险制度，以卫生保健和服务保障为基础，主张把失业保险金转化为就业促进金（景天魁，2007）。

第三，城乡社会保障制度衔接。构建既能够适应农村人口中不同人群对社会保障的不同需求，又能够与城镇社会保障制度相联结的制度体系，以实现城乡社会保障制度的有效衔接（樊小钢，2004）。

第四，社会保障与城镇化相适应。当前和今后一个时期，应与城镇化进程相适应，做好城乡社会保障制度之间的衔接与整合（邢伟，2013）。

二 统筹城乡社会保障体系路径研究

有学者认为，应该构建适合中国国情的"渐进式统一"城乡社会保障一体化模式（陈天祥、饶先艳，2010）。建立农村最低生活保障制度，建立城乡统一社会救助制度，建立流动人口与城镇职工养老保险的衔接机制，完善城镇职工（居民）医疗保险制度和农村新型合作医疗制度（刘庆印等，2005；鲁全，2008）。从而破除"区隔化"，树立整体规划理念；消除"碎片化"，整合基础性社会保障制度；弥合"断裂化"，建构保障待遇序列（方菲，2009）。

三 城乡社会保障差异

目前，我国城乡社会保障没有实现一体化统筹发展，城乡之间、地区之间还存在差异，主要表现在：第一，城乡社会保障制度差异。现行的城乡社会保障制度之间的差距巨大，产生了诸多不良后果，必须进行城乡统筹（薛兴利等，2006）。第二，城乡社会保障投入差异。财政投入偏向城市的社会保障制度不仅没有缩小城乡差距，反而进一步拉大了城乡差距（成新轩、侯兰晶，2011）。第三，城乡社会保障非均衡。有学者测算，我国城乡社会保障的均等化程度，反映了社会保障城乡差距（陈正光等，2010；姜鑫等，2012；顾海兵，2012）。越来越多的学者开始关注社会保障发展的地区差距问题。林治芬（2002）、彭海艳（2007）、柯卉兵（2009）、徐倩等（2012）以地方性财政保障支出为对象，对社会保障发展的地区差异做出分析，由于选取的样本数据、采用的统计指标和计量方法的不同，研究结论差异较大，但各研究结论均从不同的角度表明，中国社会保障的发展存在较为明显的非均衡。姜鑫和罗佳（2012）通过变异系数、基尼系数和泰尔指数对我国城乡社会保障的均等化程度进行测算，研究结果显示，农村差距高于城市差距，组间差异是造成总体差异的主要原因。

四 城乡社会保障统筹发展影响因素

第一，法制因素。城乡一体化的社会保障法律制度是建立覆盖城乡社会保障体系的必然要求（杨华，2008）。

第二，资金因素。农村社会保障事业要求不同规模的财政资金（李先德、王士海，2010）。

第三，流动人口。流动人口是影响城乡社会保障的重要变量，可以通过他们来构筑城乡统一的、多层次的、适用不同对象需求的社会保障制度（王建华，2003）。现有研究认为，造成社会保障发展差异的原因是多方面的，老龄化、失业率、居民储蓄、地区差异和政府临时政策等因素均能对社会保障的支出水平造成一定影响（曹朴，2006）。仇晓洁和温振华（2009）利用23个省份的面板数据，分析了工业化、城镇化水平的提高对我国农村社会保障水平的影响，研究结果表明，城镇化对于社会保障水平的提高具有促进作用，而工业化则起到了抑制作用。刘德吉等（2010）实证研究表明，造成基础教育、医疗卫生和社会保障省际支出差异的影响因素主要有地方财政支出相对水平、经济发展程度、中央净转移支付。

第七节 关于社会保障发展空间差距研究

一 国内学者的研究

国内学者就社会保障发展的空间差距做了广泛的研究，主要集中在以下三个方面：第一，地区差距方面。林治芬（2002）采用社会保障支出占全国财政支出的比重、社会保障补助支出占全国财政支出的比重、养老社会保险基金收支比、替代率、抚养比率等指标测算社会保障发展的地区差距，并提出了社会保险地区间转移支付方案。柯卉兵（2008）归纳性描述了1995—2005年中国人社会保障支出水平的地区差距及演变态势，并就各地区之间的经济发展水平和财政能力差距之间的关系做了对比分析。李雪萍和刘志昌（2008）以财政型社会保障支出为研究对象，分别测算了东部、中部和西部三大区域之间社会保障发展的差距，发现中国社会保障发展的地区差距总体呈扩大趋势。此外，也有部分学者分别通过 GE 指数、基尼系数、泰尔指数测算中国社会保障支出的地区差距，结果表明，考察期内，社会保障支出的地区差距呈下降趋势，并且地区内差距贡献率最大（彭海艳，2007；刘渝琳和陈书，2011；欧阳琼和丁日佳，2011）。还有学者以社会保障各项目为研究对象，研究社会保障各项目的发展态势，王晓军（2005）认为，我国养老保险制度在覆盖率、抚养比、替代率和缴费率上都存在较大的省际差距，这种省际差距必然会阻碍全国统筹的进程。许晓茵和韩丽妙（2006）通过研究发现，养老金支出水平对经济增长的贡献率自东向西呈"U"形分布，中部地区呈"塌陷"态势。

第二，城乡差距。朱玲（2010）指出，社会保险整体呈快速发展的趋势，但广大农村居民的社会保险覆盖率仍然较低，这严重削弱了社会保险的共济功能。成新轩（2011）、范作军（2011）比较分析了城乡社会保障支出水平及支出结构，指出城乡社会保障制度在财政支持力度和投入水平上存在巨大的差距，财政型社会保障支出重城市、轻农村，国家对农村社会保障投入只占城市的1/8。顾海兵等（2012）通过衡量和评鉴城乡社会保障制度的均匀度，得出我国城乡之间社会保障福利差距不断扩大的结论。

第三，空间差距影响因素方面。大部分学者认为，现阶段社会保障发展的空间差距主要归因于经济发展水平差距、分税制度设计以及较低的社会保障统筹层次（李建丽，2008；曹信邦，2009；宋晓梧，2010；张建中，2010）。然而，也有一些学者对此提出了不同的观点。成新轩和侯兰晶（2011）认为，社会保障支出的地区差距主要是由于现阶段转移支付制度缺陷造成的。杨红燕（2014）通过实证得出，财政分权、财政自给率对社会保障支出地区差距的影响为正。

二 国外学者的研究

就国外研究而言，由于中西方国家的国情不同，国外学者直接以社会保障空间差距为研究内容的文献并不多见，更多的是将研究视角集中在个体属性上，相关宏观视角的研究成果较少。Duggen（1993）通过实证研究发现，已婚夫妇社会养老保险制度的福利增进较高。Coronado（1999）认为，参保者预期寿命越长，社会养老保险受益越高；反之则越低。Mushinski（2000）通过调查发现，美国社会保障受益主体是退休职工。此外，还有一些学者对社会养老保险制度福利增进的影响因素进行研究。Nelissen（19999）指出，社会养老保险制度的福利增进主要受个体受教育程度和预期寿命的影响。在此基础上，Choundhury（2002）进一步分析了种族、家庭规模、教育背景等因素如何影响不同群体社会养老保险制度福利增进。

第八节 影响城乡居民消费差距的因素研究

影响城乡居民消费差距的因素众多，现有文献研究主要集中在以下五个方面：

一 财政支出与城乡居民消费差距

经济衰退和扩张时，财政政策能够影响个人消费（Tagkalakis，2008），积极的财政政策有利于消费持续强劲的增长（Fatás and Mihov，2001；Kaplan and Violante，2014）。民生性财政支出对城镇和农村居民消费具有正向"挤出效应"（蓝相洁和陈永成，2015），短期内民生性财政支出有助于缩小城乡居民消费差距（纪江明，2012）。财政支出结构会对城乡居民消费差距造成影响并存在地区差异（刘琦和黄天华，2011），土地财政会拉大城乡居民消费差距（王猛等，2013）。

二 城镇化与城乡居民消费差距

城镇化会影响到土地、能源、食品等方面的消费（Morello et al.，2000；Wei et al.，2008；Yuan et al.，2015）。城乡居民消费差距扩

大的深层原因在于城市偏向的制度安排，城乡居民对各类商品消费具有显著的区域性偏好（林文芳，2009），湖北省城镇化与居民消费具有不协调的关系（熊焰和邱文君，2014）。

三 经济结构与城乡居民消费差距

经济增长与消费结构存在双向作用机制（Yang，2009），经济发展水平越低，城乡居民消费差距越大（朱诗娥和杨汝岱，2012）。二元结构的体制原因造成城乡居民消费差距，产业结构升级能够有效地缩小城乡消费差距（张利庠，2007），但不同时期和不同区域的作用效果存在差异（徐敏和姜勇，2015）。

四 人口老龄化与城乡居民消费差距

人口年龄结构会影响个人消费结构（Aigner-Walder and Döring，2012）。在不同的年龄阶段，消费具有不平等性（Ohtake and Saito，1998），老年人口有更多的健康需求，导致了健康方面消费支出的增加（Creedy and Guest，2006）。人口年龄结构影响城乡居民消费差距，提高城乡少儿人口抚养比并降低老年人口抚养比，有利于缩小城乡消费差距（吴海江等，2013）。然而，王笳旭（2015）认为，人口老龄化与城乡居民消费差距呈现负向关系，农村人口老龄化是缩小城乡居民消费差距的关键。吴海江等（2014）认为，城乡老年人口的社会保障水平差异造成了城乡居民消费差距。

五 收入与城乡居民消费差距

消费的不平等能够反映收入的不平等（Aguiar and Bils，2015），永久和暂时的收入不确定性会影响消费不平等的增加（Blundell and Preston，1997）。克鲁格和佩里（Krueger and Perri，2002）利用25年的美国数据，发现收入不平等并没有伴随着消费不平等的加剧。根据凯恩斯消费理论，城乡收入差距对城乡居民消费结构及其差距具有显著影响（胡日东等，2014），但这种影响存在地区差异，东部地区正相关，中西部地区负相关（储德银等，2013）。从全国层面来看，城乡居民收入差距的扩大导致了城乡居民消费差距的扩大（吴迪和霍学喜，2010）。

第九节 研究述评

综上所述，虽然国内外有关社会保障的研究比较丰富，但对社会保障发展的研究仍然存在以下不足：

社会保障支出界定不统一。现有研究中，大多以财政型社会保障支出为研究对象，忽略了社会保障各项目的支出。对社会保障的理论研究多集中于宏观政策分析以及制度设计层面，而缺乏从微观层面对中国社会保障发展态势和现状的研究。定性研究多，定量研究少。在社会保障发展空间差距研究中，偏重于定性和现有数据的归纳描述，定量分析较少，对社会保障发展的随机收敛研究更是不足。研究地方的多，考虑全局的少。大部分学者着眼于本地区社会保障发展水平，而对省际社会保障发展的空间差距研究较少，并且缺乏深度分析。

非均衡及其收敛性研究较少，即使有关于社会保障发展非均衡的研究，例如，林治芬（2002）、彭海艳（2007）、柯卉兵（2009）、徐倩等（2012）以地方性财政保障支出为对象对社会保障发展的地区差异做出分析，由于选取的样本数据、采用统计指标和计量方法的不同，研究结论差异较大，但各研究结论均从不同的角度表明，中国社会保障发展存在较为明显的非均衡。另外，刘苓玲等（2012）研究发现，我国社会保障支出对居民消费的拉动作用存在地区差异，西部最大，中部次之，东部最小。杨红燕等（2014）就社会保障支出产生地区差异性的原因进行研究，发现财政分权、财政自给率的影响为正，人均 GDP、人口老龄化的地区差异等因素的影响有正有负。赫国胜等（2015）对财政社会保障支出的地区收入差距收敛效应进行测算，发现全国及东部、中部、西部地区收入差距均存在财政社会保障支出的条件收敛。但是，在这些研究中，偏重定性研究和数据的描述统计，缺乏定量和计量模型的使用，对社会保障发展收敛性研究更是不足。

随着新地理经济学和空间计量经济学的发展，学者发现，经济变量之间并非是孤立的，不同地区之间经济变量相互影响，存在空间溢出效应，既包括区域内空间溢出效应，也包括区域间空间溢出效应。[①]同时，经济变量之间在时间上也并非是离散的，当期经济变量可能受到前期经济变量的影响，从而变量之间存在时间依赖特征。从已有关于社会保障和经济增长关系的研究来看，更多地倾向于定性分析，而缺乏系统的实证研究；更多地建立在空间均质和空间独立的前提下，而未考虑时间和空间因素的影响。因此，现有研究可能存在时间、空间的遗漏变量和内生性问题，可能导致估计结果有偏。

关于社会保障与收入差距关系的研究为本书写作提供了借鉴，但现有研究存在数据、方法和视角方面的局限性。关于城乡居民消费差距影响因素主要集中在财政支出、城镇化、经济结构、人口老龄化和收入等方面，系统研究社会保障支出对城乡居民消费差距影响的文献比较少见。

本书在已有研究的基础上，弥补现有研究的不足之处。首先，通过统计方法分析中国社会保障发展动态，利用多种非均衡及空间差距测度方法测算社会保障发展非均衡和空间差距程度，采用多种极化方法测度社会保障极化程度，进而探寻影响中国社会保障非均衡发展的多种因素，构建计量模型加以分析，检验各因素影响效果和显著性水平。其次，使用绝对收敛、条件收敛和随机收敛方法剖析社会保障发展收敛性问题。再次，就社会保障与区域经济增长、社会保障与城乡收入差距、社会保障与城乡消费差距等问题展开研究。最后，提出中国社会保障发展建议对策。此外，本书增加三个专题研究，分别从社会保障项目、省级社会保障发展和市级社会保障发展角度展开论述，具体是中国社会保险发展非均衡研究、山东省社会保障发展非均衡研究和青岛市社会保障发展非均衡研究，以期对中国社会保障发展进行全面系统的剖析。

[①] 多数学者仅将区域间溢出效应作为空间溢出效应，而本章认为，区域内溢出效应也是空间溢出效应的一种类型，这样能更清晰地表达区域内和区域间空间溢出问题。

第三章 中国社会保障发展态势

第一节 中国社会保障发展历程

新中国成立以来,中国社会保障经历了不同历史时期,受中国特殊的国情影响,社会保障发展面临不同的局面,经历了不同的发展阶段(朱海波,2007)。

一 初创期

此时期主要为新中国成立初到1957年。1949年9月,中国人民政治协商会议通过了《中国人民政治协商会议共同纲领》,以尽快恢复国民经济,巩固新生政权,稳定社会秩序。1950年,政务院先后发布了《革命工作人员伤亡褒恤暂行条例》《关于各级人民政府、党派、团体以及所属事业单位的国家工作人员实行公费医疗预防的指示》和《各级人民政府工作人员在患病期间待遇暂行办法的规定》。1951年,政务院颁布了《中华人民共和国劳动保险条例》,在企业中推行劳动保险和福利等社会保障制度。随后,国家机关和事业单位职工的劳动保险制度与福利制度也相应建立。1953年,政务院又修订、公布了《中华人民共和国劳动保险条例》,将劳动保险的实施范围扩大到国营厂矿、企业以及交通事业的基本建设单位和国营建筑公司。1955年,政务院发布了《关于女工作人员生育假期的通知》和《国家机关工作人员退休处理暂行方法》。到1956年,劳动保险实施的范围更进一步扩大到商业、外贸和金融等13个产业和部门,初步创立了以国家为责任主体的、面向城镇居民的基本社会保障制度。

在农村社会保障制度建设方面,国家通过高级农业生产合作社组织实施的方式,建立起以生产队为基础的集体保障体系。在农村社会福利方面,1956年6月,一届人大三次会议通过了《高级农业生产合作社示范章程》,鼓励农民在农业生产合作化运动中创造和开展的合作、互助医疗。在农村社会救助方面,内务部于1952年5月发布了关于生产救灾工作领导方法等几项指示。1957年9月,国务院发出了《进一步做好救灾工作的决定》,就救灾工作的组织领导、救灾款的应用、发挥农业生产合作社在救灾工作中的作用等提出具体要求。

二 修改期

此时期为1958—1966年。为了适应新时期发展的需要,国家对原社会保障制度中不明确的地方做出了较为详细的规定。1958年2月和3月,国务院分别公布了《关于工人、职员退休处理的暂行规定(草案)》和《关于工人、职员退职处理的暂行规定(草案)》,将原来分别规定的国营企业工作人员的养老待遇与国家机关、事业单位工作人员的养老保险待遇合并,建立了包括这些人员在内的统一的退休和退职待遇。同时,国家还对退休、退职人员的不同情况规定了不同的标准。1965年9月和1966年4月,卫生部、财政部、劳动部和全国总工会联合发布了《关于改进公费医疗和劳保医疗问题的通知》和《关于改进企业职工劳保医疗制度几个问题的通知》,对公费医疗和劳保医疗进行了修改,使原来的制度更趋完善,社会保险覆盖面也进一步扩大。但是,由于受当时"左"倾思想的影响和国家经济困难的制约,这些措施并未真正推行,国家对社会保障调整的任务也未完成。

在农村社会保障建设方面,国家也相继出台了一些法规、规定,在原有的基础上对农村的社会保障建设进行了一定的修改和完善,但是,农村社会保障工作的一般原则、机制原理仍然没有发生大的改变。在农村医疗保障方面,1959年11月,卫生部召开全国农村卫生工作会议,肯定了农村合作医疗制度。1960年2月,中央转发了卫生部《关于农村卫生工作现场会议的报告》,将这种制度称为集体医疗保健制度。此后，合作医疗在农村得到了进一步发展，在解决广大农民的医疗问题方面发挥了重要作用。在优抚安置和救济救灾方面，1962年，内务部和财政部联合颁发了《抚恤、救济事业费管理使用办法》，在合理、及时地使用抚恤费、救济事业费和保证农村社会保障工作等方面做出了具体规定。

三 停滞期

此时期为1966—1976年之前。受当时"左"的思想影响，中国社会保障事业的发展在"文化大革命"期间受到了严重破坏，城乡社会保障工作陷入混乱、停滞甚至倒退的状态。1969年2月，财政部颁发了《关于国营企业财务工作中几项制度的改革意见（草案）》，规定国营企业一律停止提取工会经费和劳动保险金。企业的退休职工、长期病号和其他劳保开支，一律改在企业营业外列支。由此可见，劳动保险由原来的社会统筹制蜕变为企业或单位保障制。此外，作为企业职工劳动保险统筹管理部门的工会组织也被停止活动。在社会保障建设方面，这直接导致了"企业办社会和社会保障单位化"，使中国的社会保障制度成为国家保障制、企业保障制和乡村集体保障制三个相互封闭、脱节的相互分割的模式。

在农村社会保障建设方面，传统的较完善的社会救助、社会福利和优抚安置等保障机制则进一步地朝着"吃得到却吃不好"的"大锅饭"体制迈进。新兴的农村合作医疗制度也被当作"新生事物"而大力推广。1968年12月，毛泽东同志对湖北省长阳县乐园公社的合作医疗经验做了"要办好农村合作医疗"的批示。此后，在广大农村掀起了合作医疗的热潮，大批农民充当起"赤脚医生"，踊跃推广中医、中药。到1976年，全国有90%的生产大队办起了农村合作医疗，很大程度上解决了农民缺医少药的困难，一度引起世界各国的关注。由于这种发展模式缺乏资金的积累、水平低下，抵御风险的能力严重不足，不能适应社会发展的需要，加上党的十一届三中全会以后农村土地家庭联产承包责任制改革等原因，到20世纪80年代初而日渐衰落。

四　恢复期

此时期为1977—1986年。"文化大革命"结束后，1978年党的十一届三中全会将工作重心转移到经济工作上，社会保障制度的地位和作用重新被确立起来，社会保障事业也得到了一定程度的恢复。1978年，民政部的重新设置，结束了国家社会救济、社会福利、优抚安置事务无主管部门的局面。随后，国务院先后颁发了《关于安置老弱病残干部的暂行办法》《关于工人退休、退职的暂行办法》《关于军队干部离职休养的暂行规定》《退伍义务兵安置条例》《军人抚恤条例》和《农村合作医疗章程（试行草案）》等法规。在此期间，国家还在部分地区开始了国有企业职工待业保险、集体企业职工养老保险及救灾保险等的改革试点。总体看来，国家在这一时期所做的工作主要是解决历史遗留问题和恢复正常的退休制度，是对"文化大革命"时期造成的某些负面影响进行修补。1986年7月，国务院发布了《国务院关于发布改革劳动制度四个规定的通知》，其中的《国营企业实行劳动合同制暂行规定》明确了合同制工人的养老保险问题。

在农村社会保障方面，国家进行了一些恢复性工作。1978年12月，民政部、财政部重新印发了1962年内务部、财政部《抚恤、救济事业费管理使用办法》，重申继续执行该办法中规定的抚恤、救济费的使用原则、使用范围和发放管理办法；1979年1月，财政部、民政部联合发出《关于调整军人、机关工作人员、参战民兵民工牺牲、病故抚恤金标准的通知》，提高了1955年规定的抚恤标准；1981年1月，国务院办公厅批转了《民政部关于进一步加强生产救灾工作的报告》，并对妥善安排灾区人民生活、管理使用好救灾款物和开展生活自救的方法都做了详尽的规定。在此期间，国家通过在农村推行"家庭联产承包责任制"的经济体制改革，在农村建立了比较完善的"统分结合的双层经营体制"，农村原有的"一大二公""队为基础"的社会组织形式也逐渐销声匿迹，以前作为农村居民基本医疗保障形式的农村合作医疗制度也随着人民公社的解体而逐步退出历史舞台。

五　改革期

此时期为20世纪80年代末到90年代末。经过一段时期的探索，中国社会保障制度在20世纪90年代进入了创新式的改革和发展时期。在城镇居民的基本社会保障建设方面，20世纪90年代，全国人大加强了有关社会保障的立法工作，先后通过了《中华人民共和国残疾人保障法》《中华人民共和国妇女权益保障法》《中华人民共和国老年人权益保障法》《中华人民共和国劳动法》《中华人民共和国公益事业捐赠法》等法律。1991年，国务院发布了《关于企业职工养老保险制度改革的决定》。1993年，党的十四届三中全会在借鉴国外经验和总结以往社会保障改革实践的基础上，提出了在养老保险上实行社会统筹和个人账户相结合的原则，要求社会保障的建设要以公平与效率、社会互济与自我保障相结合。1995年，国务院下发了《关于深化企业职工养老保险制度改革的通知》（以下简称《通知》）。《通知》在总结各地养老保险改革实践的基础上，明确提出了基本养老保险制度改革的目标、原则和任务以及扩大覆盖范围、建立多层次体系、加强基金管理和强化社区服务等措施。围绕"一个中心、两个确保、三条保障线"的目标，中国初步建立了比较完善的、面向城镇的基本社会保障机制。基本养老保障的模式也实现了从"现收现付"向"社会统筹与个人账户相结合"的体制转变。1995年，国务院下发的《国务院关于深化企业职工养老保险制度改革的通知》明确提出，到20世纪末，基本建立起适应社会主义市场经济体制要求，适用城镇各类企业职工和个体劳动者，资金来源多渠道、保障方式多层次、社会统筹与个人账户相结合，权利与义务相对应，管理服务社会化的养老保险体系。1998年，国务院又出台了《关于建立城镇职工基本医疗保险制度的规定》。在此基础上，劳动和社会保障部将社会保险体系建设的基本思路定位在"低水平、广覆盖、多层次、双方负担、统账结合"。随后，一些省、市、自治区依据国家有关文件精神，相继建立了包括养老、失业、生育、医疗和大病在内的多层次基本社会保障体系。

20世纪80年代后期，随着中国农村经济体制改革的不断深入和完善，农村劳动力向非农产业的流动也开始加速。经济结构的多元化、利益主体的多极化和市场竞争的激烈化打破了农村传统集体保障赖以存在的基础。农村原有的以人民公社体制为基础的集体保障模式也逐渐弱化、消亡。随着国有企业改革的不断深入和工业化、城市化进程的不断加快，城镇出现了大量的下岗、失业人员，进城务工农民和农村失地农民也急剧增多。因此，如何打破传统城乡二元保障制度的壁垒，实现城乡社会保障的协调发展，日益成为社会关注的焦点。在农村社会保障建设方面，继民政部1987年3月发布了《关于探索建立农村社会保障制度的报告》之后，国务院于1991年1月正式决定由民政部负责开展建立农村社会养老保险制度的改革试点工作。随后，上海、大连等城市的一些农村进行了建立农村养老保险制度的试点。民政部在总结各地实验探索农村社会养老保险制度经验的基础上，研究制订了《农村社会养老保险基本方案》，并于1991年6月在山东省组织了较大规模的试点。1992年，民政部在武汉主持召开经验交流会，推广武汉、山东建立农村养老保险制度试点的经验。1993年12月，民政部在江苏省张家港市召开"全国农村社会养老保险工作会议"，宣布将这项工作推向全国有条件的地区。1995年10月，国务院办公厅转发《民政部关于进一步做好农村社会养老保险工作意见的通知》，在历史上首次提出了要建立农村正式的社会保障制度。在农民的基本医疗保障方面，1993年，党的十四届三中全会决定明确指出，要"发展和完善农村合作医疗制度"。1997年1月，中共中央、国务院发布《关于卫生改革与发展的决定》，提出了"积极稳妥地发展和完善合作医疗制度"的任务。随后，中国不仅制定了失业保险条例、农村"五保户"供养工作条例、城镇最低生活保障条例等法规，还制定了下岗职工基本生活保障制度及深化养老保险、医疗保险、城镇住房福利制度改革政策。1997年7月，国务院发布了《国务院关于建立统一的企业职工基本养老保险制度的决定》，明确提出要在1998年年底之前，在全国范围内实行统一的企业职工养老保险制度。

六　完善期

此时期为进入21世纪以来。随着中国社会各阶层收入差距的日益加大，人口老龄化进程的加快，中国的改革事业也面临着严峻的形势。统筹城乡发展，建设社会主义和谐社会和社会主义新农村日益成为时代发展的需要。在此背景下，不断完善社会保障制度、保护广大人民群众的基本利益已经成为政府的优先任务。特别是党的十六大以来，我们坚持以人为本、全面协调可持续的科学发展观，更加注重保障和改善民生，在社会保障制度建设方面迈出新步伐。近年来，国务院先后颁布了《失业保险条例》和《社会保险费征缴暂行条例》，不断完善社会保障的法律体系建设。在农村社会保障制度建设上，2006年，农村"五保户"实现了由以前的农民供养变成由国家财政供养。国家"十一五"规划承诺，到2010年，农村合作医疗覆盖率要达到80%以上。2007年3月，温家宝在《政府工作报告》中指出，2007年，要在农村地区全面建立起农村最低生活保障制度。同时，城市的社会保障改革和制度建设的步伐也进一步加快。在东北三省试点的基础上，国务院于2006年发布并实施了新的政策文件，规定城镇职工基本养老保险社会统筹和个人账户由过去的混合结构转化为板块结构，个人账户的缴费率全国统一定为8%，并由个人负担，全部计入个人账户。

中国建立了城镇居民基本医疗保险制度、新型农村合作医疗制度；实行城乡医疗救助制度，在新医改中大幅度提高基本医疗保障水平；建立农村最低生活保障制度；继续完善城镇职工基本养老保险制度，大力推进基金省级统筹和养老保险跨地区转移接续工作；养老保险基金规模不断扩大，并有效实现保值增值；连续八年增加企业退休人员养老金；在全国范围内解决了关闭破产国有企业退休人员参加医保、老工伤待遇、集体企业退休人员参加养老保险等一批历史遗留问题。2008年，社会保障制度不断完善，各项社会保险覆盖范围继续扩大，参保人数和基金规模持续增长。全年五项社会保险基金收入合计13696亿元，比上年增长2884亿元，增长率为26.7%。基金支出合计9925亿元，比上年增长2037亿元，增长率为25.8%。2015年7月，国务院办公厅发布《关于全面实施城乡居民大病保险的意见》。2015年8月23日，国务院正式颁布《基本养老保险基金投资管理办法》，标志着养老金投资管理改革正式启动。

第二节 中国社会保障发展现状

一 社会保障总体发展现状

社会保障是指国家通过立法，积极动员社会各方面资源，通过收入再分配，保证无收入、低收入以及遭受各种意外灾害的公民能够维持生存，保障劳动者在年老、失业、患病、工伤、生育时的基本生活不受影响，同时根据经济和社会发展状况，逐步增进公共福利水平，提高国民生活质量。中国社会保障支出规模经历了快速发展，通过一般公共预算支出中对社会保障与就业支出数据进行统计发现，如图3-1和图3-2所示，中国社会保障支出从1997年的320.00亿元增加到2015年的18295.60亿元，2015年是1997年的57.17倍，年均增长25.21%。其中，东部地区社会保障支出规模要大于中部地区，中部地区社会保障支出规模要大于西部地区。东部地区社会保障支出1997年为141.08亿元，2015年达到7183.04亿元，年均增长24.40%；中部地区社会保障支出2015年是1997年的67.48倍，年均增长26.36%；西部地区社会保障支出从1997年增加到2015年的4994.80亿元，年均增长25.13%。由此可见，社会保障支出增速中部地区要大于西部地区，西部地区要大于东部地区。

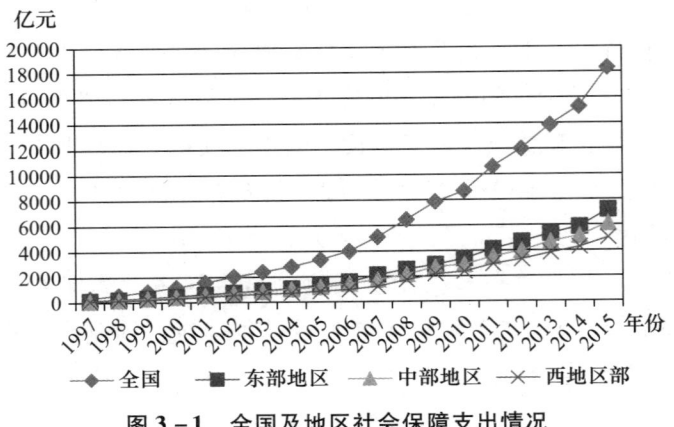

图3-1 全国及地区社会保障支出情况

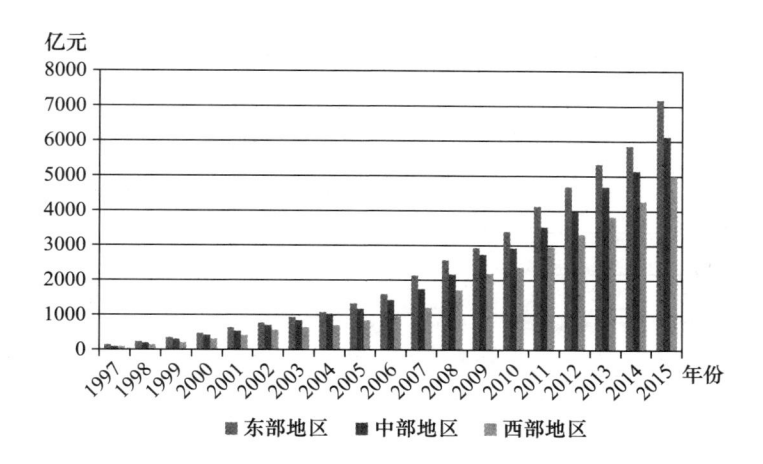

图 3-2 东部地区、中部地区、西部地区社会保障支出对比

图 3-3 显示了人均社会保障支出情况，全国及东部地区、中部地区、西部地区人均社会保障支出呈现逐年递增趋势。1997 年人均社会保障支出全国为 26.25 元，东部地区为 31.09 元，中部地区为 20.77 元，西部地区为 26.86 元，呈现东部地区、西部地区、中部地区依次递减趋势，并且一直延续到 2001 年。但随着全国社会保障支出政策的调整，国家加大了对中西部地区投入力度，2002 年，人均社会保障支出东部地区、中部地区、西部地区分别为 155.96 元、158.18 元和 168.47 元，西部地区人均社会保障支出最大，中部地区次之，东部地区最小，这种趋势一直延续到 2015 年。

从社会保障支出占一般公共预算支出比重来看，1997—2015 年呈现了先上升后下降再上升的趋势，大体可以划分为三个阶段：1997—2003 年为第一阶段，社会保障支出在一般公共预算支出中的比重逐年上升，到 2003 年达到 14.28%，增长了 1.88 倍；第二阶段为 2004—2012 年，这个阶段社会保障支出比重在逐渐下降，直到 2012 年的 11.20%，较 2003 年，年均降低 2.54%；第三阶段为 2013—2015 年，这社会保障支出比重在逐渐增加，但增加幅度较小，2015 年社会保障支出在一般公共预算支出中的比重达到 12.17%，仍然未达到历史最大值（见图 3-4）。

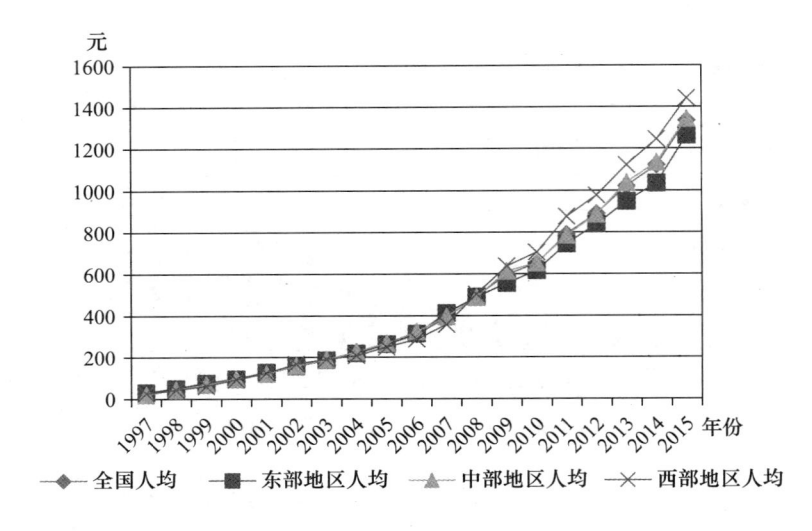

图3-3 各地区人均社会保障支出变动

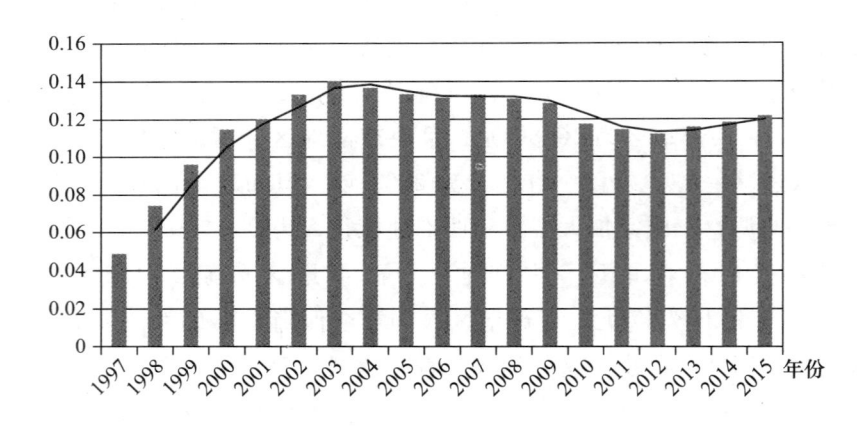

图3-4 社会保障支出在一般公共预算支出占比变动

从社会保障支出结构来看，社会保险支出占据最大比重。2001年，社会保险支出占四项目支出的92%，其次是社会优抚支出，占4%；社会福利支出占比最小，为1%。2014年，社会保险支出仍然占据最大份额，占89%，但社会救济支出超过了社会优抚支出，占7%；社会福利支出占比最小，仅为1%。

二 社会保险发展现状

社会保险是国家为了预防和分担年老、失业、疾病以及死亡等社会风险，实现社会安全，而强制社会多数成员参加的，具有所得重分配功能的非营利性的社会安全制度。社会保险是一种为丧失劳动能力、暂时失去劳动岗位或因健康原因造成损失的人口提供收入或补偿的一种社会和经济制度。社会保险计划由政府举办，强制某一群体将其收入的一部分作为社会保险税（费）形成社会保险基金，在满足一定条件的情况下，被保险人可从基金中获得固定收入或损失补偿，它是一种再分配制度，它的目标是保证物质及劳动力的再生产和社会的稳定。社会保险的主要项目包括养老保险、医疗保险、失业保险、工伤保险、生育保险。1951 年，《中华人民共和国劳动保护条例》的颁布标志着新中国社会保险体系的建立；1966 年社会保险制度转变成企业保险制度，国有企业承担了员工的养老、医疗等负担；1984 年，我国的社会保障制度进入到改革阶段，经过 20 多年的努力，中国建立了以城镇职工为保障对象的社会保险制度体系，主要包括社会统筹与个人账户制度相结合的养老社会保险、失业保险、社会统筹与个人账户制度相结合的医疗社会保险、工伤保险、生育保险 5 个项目。

表 3-1 给出了自 2001 年以来中国社会保险基金的收入、支出和参保人次情况。从社会保险基金的收支来看，社保基金收入和支出均保持着以两位数增长率稳步增长的态势，基金收入从 2001 年的 3101.05 亿元上升到 2012 年的 28905.72 亿元，年平均增长 22.50%，基金支出从 2001 年的 2747.67 亿元上升到 2012 年的 22177.98 亿元，年均增长率 20.91%。

从参加社会保险的人次来看，参保人次由 2001 年的 3.43 亿人次上升到 2012 年的 13.37 亿人次，年平均增长率为 13.16%，其中 2004 年和 2009 年均出现了较大的增长幅度，主要原因是 2004 年城镇基本养老保险参保人次比 2003 年增长了 4891.6 万人，增长率为 42.77%，工伤保险人数也比 2003 年增长了 2270.34 万人，增长率为 49.63%，2009 年城镇基本医疗保险参加人数比 2008 年增长了 20151.37 万人，增长率为 100.78%。

从社会保险基金人均收支来看，基金的人均收入从2001年的903.57元上升到2012年的2161.86元，年均增长率为8.25%，基金的人均支出从2001年的800.61元上升到2012年的1658.69元，年均增长率为6.85%。其中2004年和2009年由于参保人次出现较大的增长，导致出现了负增长率的现象。

表3-1　　　　　　　　　中国社会保险发展状况

年份	基金收入（万元）	增长率（%）	基金支出（万元）	增长率（%）	参保人次（万）	增长率（%）	基金人均收入（元）	增长率（%）	基金人均支出（元）	增长率（%）
2001	31010498.50	—	27476746.80	—	34319.79	—	903.57	—	800.61	—
2002	40473475.30	30.52	34255817.40	24.67	38583.97	12.42	1048.97	16.09	887.83	10.89
2003	48816086.44	20.61	40157974.18	17.23	41129.73	6.60	1186.88	13.15	976.37	9.97
2004	57784444.60	18.37	46260855.40	15.20	50546.59	22.90	1143.19	-3.68	915.21	-6.26
2005	69739304.19	20.69	53998671.10	16.73	55781.81	10.36	1250.22	9.36	968.03	5.77
2006	86418984.29	23.92	64762961.04	19.93	62389.32	11.85	1385.16	10.79	1038.05	7.23
2007	107673782.78	24.60	78758192.92	21.61	69727.33	11.76	1544.21	11.48	1129.52	8.81
2008	135388275.65	25.74	98595105.50	25.19	77304.85	10.87	1751.36	13.41	1275.41	12.92
2009	158695796.80	17.22	123006868.45	24.76	102160.42	32.15	1553.40	-11.30	1204.06	-5.59
2010	188198594.27	18.59	148164741.18	20.45	110819.12	8.48	1698.25	9.32	1337.00	11.04
2011	240399560.44	27.74	180522058.65	21.84	121615.95	9.74	1976.71	16.40	1484.36	11.02
2012	289057151.40	20.24	221779772.10	22.85	133707.79	9.94	2161.86	9.37	1658.69	11.74
平均	—	22.50	—	20.91	—	13.16	—	8.25	—	6.85

表3-2从社会保险地区分布的角度描述了我国东部地区、西部地区和中部地区的社会保险发展情况。从表3-2中可以看出，东部地区无论是基金收入还是基金支出均处于绝对优势，但是，这种优势随着时间推移在不断递减，基金收入占比从2001年的60.98%下降到2012年的58.71%，基金支出占比从2001年的59.74%下降到2012年的56.77%。与此同时，中部和西部地区社会保险仍然处于弱势地

位，中部地区的社会保险收入和支出占16%左右，西部地区的社会保险收入和支出占25%左右，但是，随着经济的发展，两者均呈现出上涨的趋势，且相对于中部地区，西部地区的上升态势更明显。

表3-2　　　　　　　　中国社会保险的地区分布

地区	2001年 收入(%)	2001年 支出(%)	2001年 参保人次(%)	2002年 收入(%)	2002年 支出(%)	2002年 参保人次(%)	2003年 收入(%)	2003年 支出(%)	2003年 参保人次(%)
东部	60.98	59.74	56.28	59.74	59.26	56.89	60.81	60.00	57.24
西部	15.65	15.73	14.60	15.72	15.71	14.62	15.55	15.76	14.53
中部	23.38	24.53	29.12	24.54	25.03	28.49	23.64	24.24	28.23

地区	2004年 收入(%)	2004年 支出(%)	2004年 参保人次(%)	2005年 收入(%)	2005年 支出(%)	2005年 参保人次(%)	2006年 收入(%)	2006年 支出(%)	2006年 参保人次(%)
东部	60.39	60.20	56.65	60.40	60.21	57.83	59.52	59.15	58.50
西部	15.32	15.42	14.88	15.16	15.21	14.90	15.51	15.78	14.64
中部	24.28	24.38	28.47	24.44	24.59	27.27	24.97	25.08	26.86

地区	2007年 收入(%)	2007年 支出(%)	2007年 参保人次(%)	2008年 收入(%)	2008年 支出(%)	2008年 参保人次(%)	2009年 收入(%)	2009年 支出(%)	2009年 参保人次(%)
东部	59.35	58.83	59.36	59.04	58.55	60.04	58.32	58.08	57.24
西部	15.62	15.71	14.29	16.10	16.02	14.09	16.07	16.59	14.74
中部	25.02	25.45	26.34	24.86	25.43	25.87	25.61	25.33	28.02

地区	2010年 收入(%)	2010年 支出(%)	2010年 参保人次(%)	2011年 收入(%)	2011年 支出(%)	2011年 参保人次(%)	2012年 收入(%)	2012年 支出(%)	2012年 参保人次(%)
东部	57.88	57.49	58.11	57.49	57.23	58.67	58.71	56.77	58.13
西部	17.42	17.04	14.75	17.94	17.31	15.18	17.34	17.67	16.43
中部	24.70	25.47	27.14	24.57	25.46	26.14	23.95	25.56	25.43

三　社会福利发展现状

广义的社会福利，是指国家为改善和提高全体社会成员的物质生活及精神生活所提供的福利津贴、福利设施和社会服务的总称。狭义的社会福利，是指国家向老人、儿童、残疾人等社会中需要给予特殊关心的人群提供的必要的生活保障。

从图3-5中的社会福利支出变化情况来看，在考察期内，经历了两个阶段：第一阶段为平稳上升期，2001—2010年，全国社会福利支出从247949.20万元增加到1098754.90万元，年均增长17.99%；第二阶段为快速增长期，2011—2014年，年均增长44.64%，明显快于第一阶段。

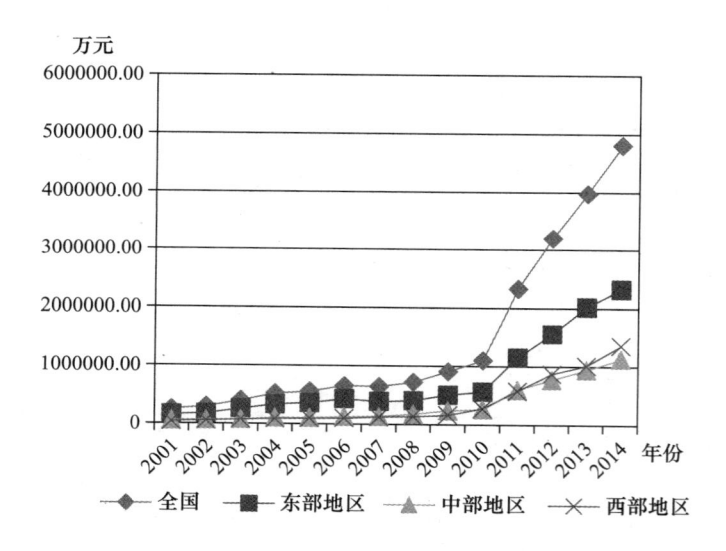

图3-5 各地区社会福利支出变动情况

从三大地区来看，东部地区社会福利支出最多，2001—2011年，中部地区社会福利支出高于西部地区，但2012—2014年西部地区社会福利支出要高于中部地区。

从图3-6中的人均数据来看，整体变动趋势类似于总额数据，也呈现了2001—2010年平稳增长，2011—2014年快速增长趋势。东部地区人均社会福利支出最大，西部地区次之，中部地区最小。2001年人均社会福利支出东中部地区、西部地区比例为59∶21∶20，2014年东部地区、中部地区、西部地区比例为39∶23∶38，东部地区、中部地区、西部地区人均社会福利支出差距在缩小。

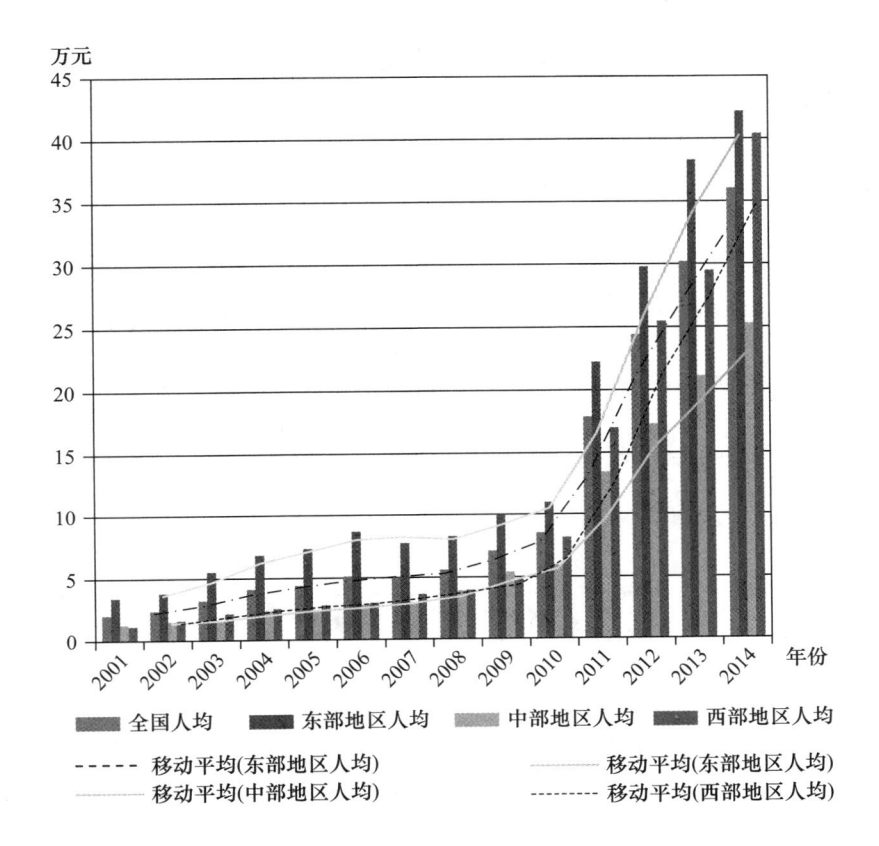

图 3-6 各地区人均社会福利支出比较

四 社会救济发展现状

社会救济,是指国家和社会对生活在贫困线以下的低收入者或者遭受灾害的生活困难者提供无偿物质帮助的一种社会保障制度。从历史发展来看,社会救济先于社会保险。早在 1536 年法国就通过立法要求在教区进行贫民登记,以维持贫民的基本生活需求。1601 年,英国制定了《济贫法》,规定对贫民进行救济。中国古代的"义仓"也是一种救济制度。这些都是初级形式的社会救济制度。维持最低水平的基本生活是社会救济制度的基本特征。社会救济经费的主要来源是政府财政支出和社会捐赠。

从图 3-7 中社会救济支出变动情况看,社会救济支出呈现逐年增加趋势，全国社会救济支出2014年是2001年的21.80倍，年均增长26.75%。其中2008年支出较大，为13398877.32万元，出现异常值，主要是受到汶川地震影响。社会救济支出更加偏向于中西部地区，中西部地区社会救济支出高于东部地区。

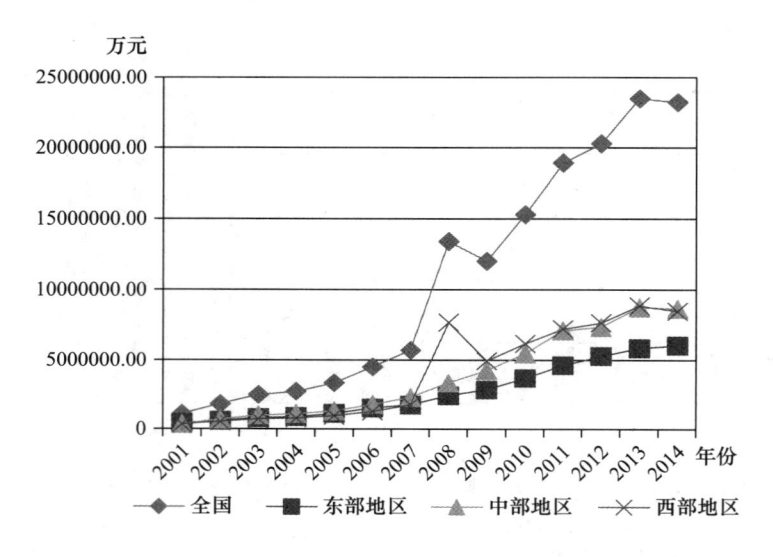

图3-7 各地区社会救济支出变动情况

通过对省份进行平均处理，社会救济支出表现为中西部地区偏向，中部地区省均社会救济支出最高，西部地区次之，东部地区最低（见图3-8）。2014年全国省均社会救济支出达到748275.63万元，中部地区为962835.96万元，西部地区为771601.30万元，东部地区为549400.61万元。

五 社会优抚发展现状

优抚安置，是指国家对从事特殊工作者及其家属，如军人及其亲属予以优待、抚恤、安置的一项社会保障制度。在我国，优抚安置的对象主要是烈军属、复员退伍军人、残疾军人及其家属；优抚安置的内容主要包括提供抚恤金、优待金、补助金，举办军人疗养院、光荣院，安置复员退伍军人等。

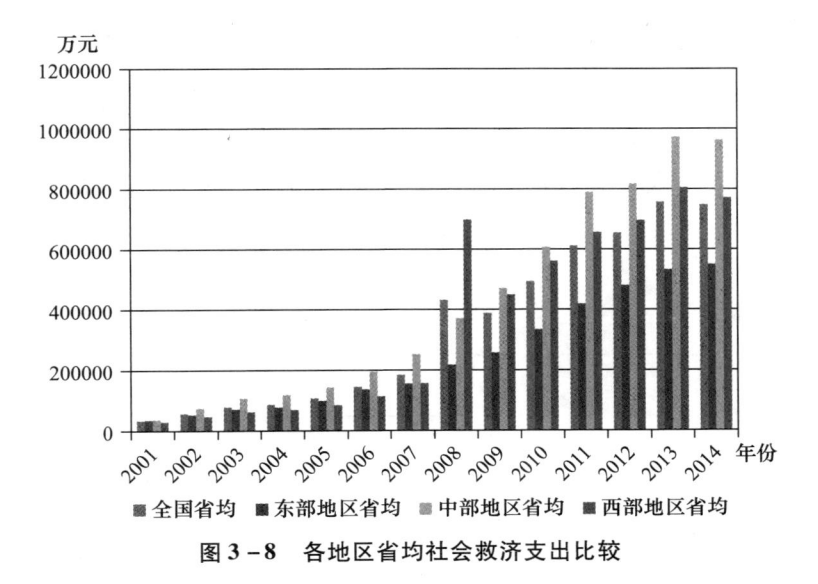

图 3-8 各地区省均社会救济支出比较

从图 3-9 中的各地区社会优抚支出变动情况看，社会优抚支出从 2001 年的 1058480.90 万元上升到 2014 年的 10931427.40 万元，年均增长 19.67%。其中，东部地区支出最大，中部地区次之，西部地区最小，2014 年东部地区、中部地区、西部地区社会优抚支出比重为 49∶29∶22，绝对数值东部地区和中西部地区差距在拉大。

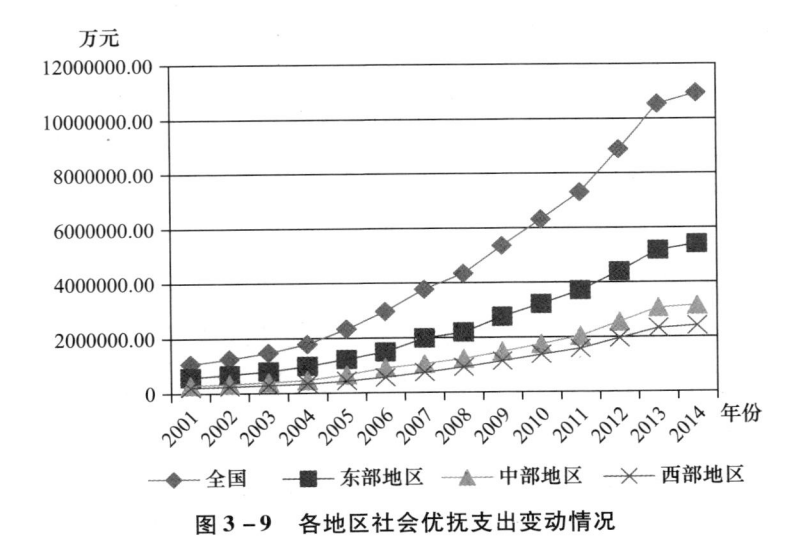

图 3-9 各地区社会优抚支出变动情况

从图3-10中的各地区省均社会优抚支出情况来看，东部地区省均社会优抚支出最多，中部地区次之，西部地区最少，与整体数据趋势一致。其中，2014年全国省均社会优抚支出为352626.69万元，东部地区为491336.49万元，中部地区为348169.67万元，西部地区为217563.55万元。

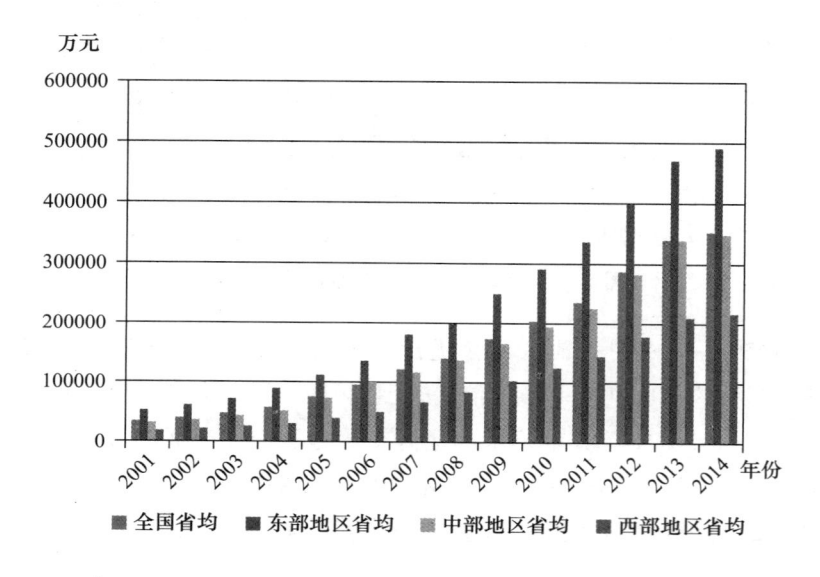

图3-10 各地区省均社会优抚支出比较

第三节 中国社会保障发展空间分布

一 社会保障空间分布

从全国来看，2001—2014年，中国人均社会保障支出不断增加，社会保障快速发展。从地区来看，中国社会保障发展存在明显的空间差距，随着时间的推移，这种空间差距非但没有缩小，反而进一步加剧。2001年、2005年东部地区人均社会保障支出远高于中西部地区，而在2009年、2014年西部地区的人均社会保障支出快速增加，超过了东中部地区。

二 社会保险空间分布

从社会保险支出空间分布来看，2001年，社会保险支出呈现东中低递减趋势，上海社会保险支出3246154.30万元，全国最多，西藏社会保险支出最少。2014年，社会保险支出较2001年有普遍的增长，但仍然维持了东部地区、中部地区、西部地区依次递减分布状态，其中，社会保险支出最多的是江苏省，达到24015948.21万元，支出最少的仍为西藏。考察期内，社会保险支出各省平均增长速度为20.92%，其中增加最快的是重庆，年均增长25.84%；而上海增长最慢，年均增长15.58%。2014年各省社会保险平均支出达到10136642.98万元。

从人均社会保险支出来看，2001年，人均社会保险支出表现为东部地区多西部地区少的分布态势，上海人均社会保险支出最多，为1945.75元；贵州人均社会保险支出最少，为71.42元。2014年人均社会保险支出整体分布态势并没有改变，上海人均社会保险支出仍然最多，达到8788.36元；贵州人均社会保险支出为930.46元，全国最少。考察期内，人均社会保险支出四川增长最快，年均增长25.01%；上海人均社会保险支出最慢，年均增长12.30%。各省人均社会保险支出平均增长速度达到19.39%。

三 社会福利空间分布

2001年，社会福利支出呈现东部地区、中部地区、西部地区递减态势，其中，北京社会福利支出最多，达到39933.98万元；青海最少，为316.30万元。2014年，江苏社会福利支出实现了超越，全国最多，达到424389.90万元；而宁夏社会福利支出为15125.90万元，全国最少。考察期内，社会福利支出各省年均增长28.23%，其中，西部地区增长较快，青海社会福利支出年均增长达到50.66%，全国最快；相对而言，东部地区年均增长较为缓慢，北京年均增长率仅为14.25%。

从人均社会福利支出来看，2001年，人均社会福利支出呈现东部地区、中部地区、西部地区递减空间分布，北京全国人均社会福利支出最多，为28.83元；青海人均社会福利支出为0.60元，北京是青海的47.68倍，相差巨大。然而到了2014年，随着国家对中部地区、西部地区的社会福利倾斜，全国人均社会福利支出空间分布呈现西部地区、中部地区、东部地区依次递减趋势，此时人均社会福利支出最多的是青海，达到111.83元；最少的是河南，为15.44元，地区差距进一步缩小。考察期内，青海年均增长率最快，达到49.41%，北京相对增长较慢。

四　社会救济空间分布

2001年，社会救济支出空间分布并没有明显的规律性，支出较多的省份集中在辽宁、广东、上海、云南和四川，中部地区社会救济支出较西部地区多，西部地区中宁夏、青海、西藏等地区支出总额较少。2014年，社会救济支出较多的省份为四川、云南、湖南等，中部地区较东部和西部地区社会救济支出较多。考察期内，各省社会救济支出增长较快，其中，广西社会救济支出年均增长32.99%，增长最快；上海、西藏等地区社会救济支出年均增长较为缓慢。

五　社会优抚空间分布

考察期内，社会优抚支出较多的省份主要集中在东部地区，全国呈现东部地区、中部地区、西部地区依次递减趋势。2001年，社会优抚支出较多的省份为山东、北京、江苏、河北等，而西部省份西藏、青海、宁夏等社会优抚支出较少。2014年，社会优抚支出较多的省份仍然集中在山东、北京、江苏、河北等，西部地区只有四川支出较多，而支出较少的省份主要集中在西部的新疆、西藏、青海、宁夏等。考察期内，全国社会优抚支出增长较快；新疆年均增长24.68%，全国最快，西藏增长较慢，为14.33%。

第四节　中国社会保障发展问题

一　社会保障体系不完善

我国的社会保障体系，是在生产力水平较低的公有制经济基础上、在计划经济体制向市场经济体制转轨过程中、在迈向工业化的道路建立起来的,经济的支持极其有限。世界各国的社会保障包括从生、老、病、死、伤、残,到子女抚养、各种收入保障和医疗服务等各个方面。特别是一些实行福利型社会保障制度的国家,对每个公民"从摇篮到坟墓"都给予安全保障。中国社会保障体系还存在诸多缺漏,不仅现有项目体系无法覆盖全体应当被覆盖的社会成员,而且还存在诸多项目空白。在监管等方面,除养老保险等少数项目的监督趋严与社会化服务进程在加快外,其他社会保障制度的监管体系与服务体系的建设均很欠缺,政府主导之外的社会保障体系也未能真正推进。因此,中国的社会保障安全网客观上存在巨大的漏洞,有一些人缺乏基本养老保险,有一些人没有基本医疗保障,乡村数以千万计的贫困人口尚未有制度化的社会援助制度,包括面向老年人、残疾人等在内的各项社会福利事业严重滞后,一些迫切需要国家与社会帮助的社会成员在遇到困难时易生绝望心态。由此可见,中国社会保障制度现阶段面临的主要问题,是社会保障不足的问题,中国的发展迫切需要建立健全的社会保障体系(韩俊江,2007)。

二 社会保障管理服务水平较低

由于社会保障制度管理主体多元,导致常常出现管理分工混乱、责任不清的乱象。由于各地社保经办部门普遍缺乏人力、物力、财力,致使社保管理服务水平不高、服务意识不强。由于城乡社保制度缺乏宏观设计和统筹规划,即便是相同的制度也存在被多部门分割的体制缺陷,导致制度环境的恶化和技术方案的逆向选择,不利于构建城乡完整统一的社会保障体系。以新农合为例,该制度与农村救助制度以及城镇职工医保制度之间一定程度上存在界限不清和功能重叠的问题。当前医疗保险仍未实现统一管理,社保部门与卫生部门"双龙治水"、多头管理以及管理层的重视程度及其在政策和筹资方面的博弈能力直接决定了医保工作的进度。由于缺乏制度推进及发展改革战略的统一规划设计,造成医保制度较易单项推进、体系内各制度间进展步调不一、体系缺乏顶层设计的局面。此外,信息管理系统建设既是影响欠发达地区提高社会保障管理服务水平的关键因素,也是提高社会保障制度统筹层次的必要条件。目前，由于缺乏经费和专业化人才，欠发达地区社会保障信息管理系统建设速度缓慢、基础设施陈旧、各地区发展不均衡，存在着分散建设、系统割裂的现象，直接导致信息错误、共享困难、效率低下等问题普遍存在，制约了社保经办能力和管理服务水平的提高（李春根等，2016）。

三 社会保障法规不健全

西方发达资本主义国家拥有比较完善的法律法规，实现社会保障监督体系的法律化、规范化管理。我国虽然也针对社会保障体系建立了一系列的有关规章制度，但是，现阶段我国社会保障立法和法律监督制度依旧严重存在发展滞后状况。首先，我国的社会保障立法没有一个成熟的理论定位，缺乏指导社会保障立法的理论基础、立法原则和立法精神。对社会保障立法的基本原则，在理论上认识不统一，效率和公平的关系在立法中一直没有理顺。目前的情况是地方性法规、部门性规章的订立与中央脱节甚至相互冲突，制约着社会保障立法的完善。其次，我国立法整体规划缺乏，社会保障法律体系不完备，社会保障制度各构成部分不平衡，人大立法少，行政法规多，立法层次低，缺乏较高的法律效力。由于立法滞后，导致仲裁机构和人民法院无法根据有效的法律规定对社会保障争议进行仲裁或判决。最后，社会保障的法律实施机制和监督机制薄弱，必要的法律责任制度欠缺。我国目前的社会保障制度中，有关社会保障体系的筹资机制、管理机制和运行方式等方面，都缺乏具有法律意义上的规范性措施（赵伟和张奇林，2014）。

四 城乡社会保障不均衡

虽然经过多年努力，我国社会保障制度不断建立健全，社会保障体系也日臻完善，基本实现了城乡社会保障制度的全覆盖，在"机会公平"上迈出了重要一步，但受经济发展水平制约，社会保障整体水平不高，还处于低水平起步阶段。不仅区域发展不平衡，而且城乡差距较大，在实现城乡公共服务均等化、真正达到增强公平性的目标还有很长的路要走。一是在养老保障方面，城乡之间差距较大。城乡居民养老保障水平的差距远远大于城乡居民收入水平的差距。二是在医疗保障方面，城市明显优于农村。从医疗报销比例、支付限额，到报销病种、诊疗项目、药品种类等，城镇职工医疗保险、居民医疗保险都比新农合优越得多。三是在住房保障方面，城乡差别更大。城镇有保障性住房、住房租赁补贴、住房公积金等制度，而农村尚未建立。四是在最低生活保障方面，农村远低于城市。城镇最低生活保障高出农村最低生活保障标准近两倍以上。另外，在公共服务设施建设方面，城乡差距则更大。破除城乡二元结构，实现城乡社会保障一体化发展，是新型城镇化进程中推进社会保障体系完善与优化的热点和难点问题（郑兰先，2016）。

五 区域社会保障存在差距

我国城乡的二元经济结构，以及从城镇企业职工保险模式发展而来的社会保障模式，导致社会保障水平的城乡差距极大。与此同时，劳动力从内陆地区流向沿海经济发达地区，在当地缴纳社会保险，但无法在原籍享受，社保费用无法跨省流转等问题导致了东部、中部、西部三大区域的社会保障水平差异极大。社会保障作为政府提供的主要公共物品，应该满足每一个社会成员的需要。随着分税制改革的进行，经济发展水平和模式的不同，各地经济差异日益显著，财政社会保障支出也显现出巨大的差异。在东部地区、中部地区、西部地区经济发展差距较大的情况下，我国东部地区、中部地区、西部地区的社会保障也存在明显差距。与东部地区相比，中西部地区社会保障覆盖范围小、保障水平低、养老负担偏重，而我国社会保障制度实行属地化管理，现有社会保险基金实行省级统筹，这就严重弱化了社会保障的区域收入再分配功能，同时也背离了区域基本公共服务均等化的目标（何秀芝，2015）。

六 社会保障基金收支困难

推进社会保障领域深化改革，妥善解决社会保障历史欠账，不断提高社会保障水平，使之与经济发展水平相适应，需要夯实社会保障的物质基础，建立社会保障制度长期稳定运行的长效机制。虽然从全国来看，保证社会保障可持续性所面临的困难与风险不大，但是，由于我国实行的是分级财政，社会保障尚未实现全国统筹，经济发展的不平衡性，导致社会保障统筹能力的区域差异性。建立满足供需平衡调节的筹资渠道和巨额资金投入是一些经济落后地区无法回避的重大现实问题。在少数经济实力薄弱的地方，存在养老保险赤字和医疗保险基金收支倒挂等不良现象。随着新型城镇化的加速推进，社会保障体系不断健全完善和提标升级，给一些财政困难的区域保证社会保障的可持续性带来巨大的资金压力（郑兰先，2016）。

第四章 中国社会保障发展空间差距

第一节 Dagum 基尼系数及其分解

为避免传统基尼系数不能分解的缺陷，本章采用 Dagum 基尼系数对中国社会保障发展的空间差距进行测算和分解。Dagum（1997）基尼系数的定义如式（4-1）所示：

$$G = \sum_{j=1}^{k}\sum_{h=1}^{k}\sum_{i=1}^{n_j}\sum_{r=1}^{n_h} |y_{ji} - y_{hr}| / 2n^2 \bar{y} \qquad (4-1)$$

$$\bar{y}_1 \leqslant \bar{y}_2 \leqslant \cdots \bar{y}_j \leqslant \cdots \leqslant \bar{y}_k \qquad (4-2)$$

式中，n 为全国省份个数，k 为划分的地区个数，j 和 h 分别代表不同的地区，j、$h=1, 2, \cdots, k$，n_j 和 n_h 分别表示 j 地区和 h 地区内包含的省份数，y_{ji} 表示 j 地区内 i 省份人均社会保障支出，y_{hr} 表示 h 区域 r 省份人均社会保障支出，为全国人均社会保障支出的均值。

在进行基尼系数分解时，首先将 k 个地区按照人均社会保障支出的均值进行排序，如式（4-2）所示。按照 Dagum（1997）基尼系数分解方法，可以将基尼系数分解为三个部分：地区内差距的贡献 G_w、地区间净值差距的贡献 G_{nb} 以及超变密度的贡献 G_t，它们之间关系满足 $G = G_w + G_{nb} + G_t$。式（4-3）和式（4-4）分别表示地区内基尼系数 G_{jj} 和地区内差距的贡献 G_w，式（4-5）和式（4-6）分别表示地区间基尼系数 G_{jh} 和地区间净值差距的贡献 G_{nb}，式（4-7）则表示超变密度的贡献 G_t。

$$G_{jj} = \sum_{i=1}^{n_j}\sum_{m=1}^{n_j} |y_{ji} - y_{jm}| / 2n_j^2 \bar{y}_j \qquad (4-3)$$

$$G_w = \sum_{j=1}^{k} G_{jj} p_j s_j \tag{4-4}$$

$$G_{jh} = \sum_{i=1}^{n_j} \sum_{r=1}^{n_h} |y_{ji} - y_{hr}| / n_j n_k (\bar{y}_j + \bar{y}_h) \tag{4-5}$$

$$G_{nb} = \sum_{j=2}^{k} \sum_{h=1}^{j-1} G_{jh} (p_j s_h + p_h s_j) D_{jh} \tag{4-6}$$

$$G_t = \sum_{j=2}^{k} \sum_{h=1}^{j-1} G_{ih} (p_j s_h + p_h s_j)(1 - D_{jh}) \tag{4-7}$$

在上述公式中，$p_j = \dfrac{n_j}{n}$，$s_j = \dfrac{n_j \bar{y}_j}{n \bar{y}}$，$j = 1, 2, \cdots, k$，并且满足 $\sum p_j = \sum s_j = 1$，$\sum_{j=1}^{k} \sum_{h=1}^{k} p_j s_h = 1$。$D_{jh}$ 表示 j、h 地区间人均社会保障支出的相对影响，其定义如式（4-8）所示，$0 \leq D_{jh} \leq 1$。d_{jh} 为地区间人均社会保障支出贡献率的差值，即所有 $y_{ji} - y_{hr} > 0$ 时样本值加总的数学期望；p_{jh} 为超变一阶矩，即所有 $y_{hr} - y_{ji} > 0$ 时样本值加总的数学期望。

$$D_{jh} = \frac{\mathrm{d}_{jh} - p_{jh}}{\mathrm{d}_{jh} + p_{jh}} \tag{4-8}$$

$$\mathrm{d}_{jh} = \int_0^{\infty} \mathrm{d}F_j(y) \int_0^y (y - x) \mathrm{d}F_h(x) \tag{4-9}$$

$$p_{jh} = \int_0^{\infty} \mathrm{d}F_h(y) \int_0^y (y - x) \mathrm{d}F_j(y) \tag{4-10}$$

第二节 数据来源及处理

本章从人均社会保障支出方面，分析中国社会保障发展的空间差距问题，人均社会保障支出等于社会保障总支出①与社会保障覆盖人次②之比。同时，为方便数据的获取，本章从狭义的社会保障概念出

---

① 社会保障总支出 = 社会保险基金支出 + 社会优抚支出 + 社会救助支出 + 社会福利支出。

② 社会保障覆盖人次 = 国家抚恤、补助优抚对象人数 + 社会保险参保人次 + 城市、农村最低生活保障和传统救济总人数 + 收养救助类单位年末在院人数。

发，参照党的十七大报告中对社会保障体系的描述，将社会保障总支出界定为社会保险[①]、社会优抚、社会福利、社会救济支出及其他类支出。

本章所用的数据来自《中国民政统计年鉴》《中国劳动统计年鉴》和《中国统计年鉴》。由于2001年之前统计年鉴分类与2001年之后的分类存在较大差别，因此，本章将样本考察期定为2001—2013年，同时，为避免31个省份的数据之和与全国总量数据不一致，全国数据采用31个省份数据的加总。根据地理位置、经济发展水平等因素，本章采取三区域分组方法，东部地区包括北京、天津、河北、辽宁、上海、江苏、浙江、福建、山东、广东和海南，中部地区包括内蒙古、山西、吉林、黑龙江、安徽、江西、河南、湖北和湖南，西部地区包括四川、重庆、贵州、云南、西藏、陕西、甘肃、青海、宁夏、新疆和广西。

第三节　中国社会保障发展空间差距的测算和分解

根据 Dagum（1997）提出的基尼系数及其分解方法，本章分别测算了2001—2013年中国社会保障及其各项目的基尼系数，并按照东部、中部和西部三大地区进行分解。

一　中国社会保障发展空间差距的测算和分解——基于总体

表4-1描述了社会保障基尼系数及其分解结果。从整体来看，在样本考察期内，总体基尼系数呈先下降后上升的"V"形趋势。考察期内分为两个阶段，第一阶段从2001—2006年，总体基尼系数由2001年的0.218下降到考察期内最低值0.103；第二阶段为2007—2013年，总体基尼系数由2007年的0.124上升到2013年的0.140。

[①] 由于农村社会保险数据统计的滞后性和未全面开展等原因，本章中使用的社会保险数据为城镇社会保险数据，包括养老、医疗、工伤、失业和生育保险五项内容。

这说明中国社会保障发展的空间差距在2001—2006年逐渐缩小，在2007—2013年却逐渐扩大。从地区内基尼系数来看，东中部地区内基尼系数的走势与总体基尼系数走势相同，也呈先下降后上升的"V"形趋势，2001—2006年，东部内基尼系数由0.184下降到0.124；中部地区内基尼系数由0.094下降到0.045；以2001年为基期，年均分别下降7.589%、13.699%。2007—2013年，东部地区内基尼系数由0.145上升到0.184。中部地区内基尼系数由0.075上升到0.103；以2007年为基期，年均分别上升4.049%、4.636%，这表明东中部地区社会保障发展的空间差距在考察期内呈现先缩小后扩大趋势。西部地区内基尼系数波动性较大，但与2001年相比，2013年地区内基尼系数呈下降趋势，由2001年的0.263下降到2013年的0.112；以2001年为基期，年均下降6.867%，这表明样本考察期内西部地区社会保障发展的空间差距总体上呈缩小趋势。

表4-1　　　　　　　　社会保障基尼系数及其分解

年份	G总	地区内基尼系数 G_{jj}			地区间基尼系数 G_{jh}			贡献率（%）		
		东部	中部	西部	东部和中部	东部和西部	中部和西部	G_{nb}	G_t	G_w
2001	0.218	0.184	0.094	0.263	0.190	0.237	0.244	38.895	29.645	31.459
2002	0.200	0.168	0.077	0.253	0.169	0.226	0.216	36.963	31.325	31.712
2003	0.173	0.190	0.076	0.164	0.185	0.187	0.172	35.421	33.806	30.773
2004	0.184	0.168	0.058	0.216	0.172	0.202	0.199	40.325	28.780	30.895
2005	0.143	0.144	0.059	0.166	0.134	0.161	0.141	31.763	36.263	31.975
2006	0.103	0.124	0.045	0.095	0.111	0.113	0.095	29.865	38.871	31.263
2007	0.124	0.145	0.075	0.114	0.134	0.134	0.111	25.541	42.399	32.060
2008	0.156	0.177	0.093	0.139	0.158	0.168	0.161	37.438	31.508	31.054
2009	0.152	0.186	0.084	0.127	0.165	0.165	0.143	31.861	36.922	31.216
2010	0.145	0.181	0.086	0.115	0.156	0.159	0.138	32.404	36.581	31.015
2011	0.143	0.179	0.092	0.114	0.153	0.158	0.131	30.169	38.405	31.426
2012	0.139	0.173	0.094	0.122	0.147	0.152	0.121	15.570	51.679	32.750
2013	0.140	0.184	0.103	0.112	0.154	0.155	0.115	9.933	57.295	32.773

此外，在样本考察期内，除个别年份以外，东部地区内基尼系数均高于中西部地区，这说明东部地区社会保障发展的空间差距高于中西部地区。从地区间基尼系数来看，东部和中部、东部和西部、中部和西部地区间基尼系数波动性均较大，但总体上均呈下降趋势，其中，东部和中部地区间基尼系数由2001年的0.190下降到2013年的0.154，东部和西部地区间基尼系数由2001年的0.237下降到2013年的0.154，中部和西部地区间基尼系数由2001年的0.244下降到2013年的0.115，若以2001年为基期，东部和中部、东部和西部、中部和西部地区间基尼系数年均分别下降1.735%、3.477%、14.079%。从贡献率来看，地区内差距的贡献率相对比较平稳，考察期内始终维持在30%左右。超变密度和地区间净值差距的贡献波动性均较大，不同的是，超变密度贡献率呈上升趋势，地区间净值差距的贡献率则呈现下降趋势。

二 中国社会保障发展空间差距的测算和分解——基于各项目

（一）社会保险发展空间差距的测算和分解

表4-2描述了2001—2013年社会保险基尼系数及其分解结果。在样本考察期内，社会保险基尼系数由2001年的0.214，经过连续五年的下降，在2006年达到考察期内最小值0.118，之后在2007—2013年呈现缓慢上升的趋势，这表明，2001—2006年社会保险发展的空间差距逐步缩小，2007—2013年逐步扩大。从地区内基尼系数来看，就整体而言，2001—2006年，西部地区内基尼系数最大，东部地区次之，中部地区最低，2007—2013年，东部地区内基尼系数最大，西部地区次之，中部地区最低，这表明在2001—2006年西部地区社会保险发展的空间差距最大，2007—2013年东部地区社会保险发展的空间差距超过西部地区，位于三大地区之首。就演变态势而言，东部地区内基尼系数在样本考察期内呈"V"形趋势，2001—2006年呈下降态势，由2001年的0.186下降到2006年的0.125，2007—2013年呈上升趋势，由2007年的0.150上升到2013年的0.192，这说明2001—2006年，东部地区社会保险发展的空间差距呈缩小趋势，而2007—2013年却呈现逐年扩大趋势。中部地区内基尼系数在样本考察

期内总体上呈现缓慢上升的趋势，以2001年为基期，年均上升0.911%。西部地区内基尼系数在样本考察期内呈快速下降态势，由2001年的0.254下降到2013年的0.111，以2001年为基期，年均下降6.706%，这说明，样本考察期内，西部地区社会保险发展的空间差距逐渐缩小。从地区间基尼系数来看，就整体而言，2001—2006年，东部和西部地区间基尼系数最大，中部和西部次之，东部和中部最小，但是，2007—2013年东部和中部地区间基尼系数最大，超过了东部和西部、中部和西部。就演变态势而言，东部和中部、东部和西部、中部和西部地区间基尼系数均在2001—2006年呈快速下降趋势，2007—2013年呈缓慢上升的趋势，以2001年为基期年均下降速度最快的是中部和西部，下降速度为12.018%，以2007年为基期年均上升速度最快的是东部和中部，上升速度为2.672%。从贡献率来看，样本考察期内，地区间净值差距贡献率远高于地区内差距和超变密度的贡献率，这意味着社会保险发展的空间差距主要是由地区间净值差距引起的。

表4-2　　　　　　　　社会保险基尼系数及其分解

年份	G总	地区内基尼系数 G_{jj} 东部	中部	西部	地区间基尼系数 G_{jh} 东部和中部	东部和西部	中部和西部	贡献率（%） G_{nb}	G_t	G_w
2001	0.214	0.186	0.103	0.254	0.188	0.232	0.239	42.878	25.449	31.673
2002	0.204	0.170	0.089	0.261	0.169	0.230	0.222	40.622	27.302	32.076
2003	0.193	0.190	0.082	0.209	0.180	0.215	0.202	40.346	28.429	31.225
2004	0.180	0.166	0.056	0.211	0.160	0.202	0.195	44.584	24.414	31.003
2005	0.140	0.144	0.063	0.158	0.127	0.158	0.139	38.828	29.077	32.095
2006	0.118	0.125	0.053	0.121	0.111	0.131	0.126	47.002	22.175	30.823
2007	0.135	0.150	0.086	0.125	0.140	0.143	0.132	39.555	28.700	31.745
2008	0.150	0.184	0.106	0.115	0.169	0.159	0.136	42.174	26.229	31.597
2009	0.157	0.195	0.091	0.120	0.178	0.167	0.145	42.334	26.747	30.919
2010	0.144	0.190	0.101	0.090	0.168	0.154	0.131	43.036	26.319	30.645
2011	0.144	0.188	0.106	0.100	0.165	0.154	0.128	43.378	25.148	31.475

续表

年份	G 总	地区内基尼系数 G_{jj}			地区间基尼系数 G_{jh}			贡献率（%）		
		东部	中部	西部	东部和中部	东部和西部	中部和西部	G_{nb}	G_t	G_w
2012	0.143	0.181	0.107	0.116	0.158	0.154	0.121	47.749	19.551	32.699
2013	0.146	0.192	0.115	0.111	0.164	0.159	0.118	48.334	18.893	32.773

（二）社会优抚发展的空间差距测算和分解

表4-3描述了2001—2013年社会优抚基尼系数及其分解结果。在样本考察期内，社会优抚基尼系数波动性不大，维持在0.3—0.4，2007年达到最大值0.418，2013年达到最小值0.340。从地区内基尼系数来看，就整体而言，东部地区内基尼系数最高，西部地区次之，中部地区最低，这说明样本考察期内，与中西部地区相比，东部地区社会优抚发展的空间差距最大。就演变态势而言，东部地区内基尼系数在样本考察期内出现了反复性上升和下降，但上升和下降的幅度不大，总体维持在0.3—0.4。中部地区内基尼系数在样本考察期内呈现上升的态势，由2001年的0.114上升到2013年的0.196，以2001年为基期，年均上升4.563%。西部地区内基尼系数在考察期内波动幅度较大，总体呈"W"形趋势，2005年达到最低值0.176，2007年达到最大值0.350。从地区间基尼系数来看，就整体而言，在整个样本考察期内，东部和中部地区基尼系数高于东部和西部、中部和西部，这说明东部和中部社会优抚发展差距最高，东部和西部次之，中部和西部地区最低。就演变态势而言，东部和中部地区间基尼系数在样本考察期内呈"M"形趋势，2001—2004年呈上升趋势，达到考察期内最大值0.543，2005—2006年呈下降趋势，在2006年下降到0.414，之后在2007年出现了快速上升，2008—2013年又出现了缓慢下降趋势，并在2013年达到考察期内最小值0.394。东部和西部地区间基尼系数在样本考察期内走势也呈现"M"形趋势，在2006年达到最小值0.369，在2007年达到最大值0.491。中部和西部地区间基尼系数由2001年的0.246，经过连续五年下降，在2006年达到样本

考察期内最小值0.167，之后在2007年快速上升，达到0.284，2008—2013年则出现了缓慢的下降。从贡献率来看，地区间净值差距贡献率最高，地区内差距贡献率次之，超变密度贡献率最低，这说明在样本考察期内，社会优抚发展的空间差距主要是由地区间净值差距引起的。

表4-3　　　　　　　　社会优抚基尼系数及其分解

年份	G总	地区内基尼系数 G_{jj}			地区间基尼系数 G_{jh}			贡献率（%）		
		东部	中部	西部	东部和中部	东部和西部	中部和西部	G_{nb}	G_t	G_w
2001	0.352	0.329	0.114	0.260	0.482	0.392	0.246	56.160	16.488	27.353
2002	0.366	0.348	0.109	0.255	0.502	0.408	0.244	55.024	17.570	27.406
2003	0.358	0.336	0.110	0.253	0.500	0.389	0.258	53.789	19.004	27.206
2004	0.378	0.357	0.085	0.206	0.543	0.435	0.207	57.915	16.183	25.902
2005	0.341	0.348	0.085	0.176	0.481	0.401	0.169	60.558	12.658	26.784
2006	0.307	0.315	0.099	0.190	0.414	0.369	0.167	56.956	15.586	27.458
2007	0.418	0.415	0.149	0.350	0.489	0.491	0.284	59.114	11.213	29.672
2008	0.380	0.366	0.161	0.304	0.469	0.439	0.263	59.310	11.787	28.903
2009	0.366	0.362	0.153	0.271	0.450	0.427	0.244	61.708	9.514	28.778
2010	0.363	0.372	0.150	0.245	0.447	0.431	0.224	63.238	7.923	28.839
2011	0.353	0.354	0.196	0.313	0.410	0.386	0.293	55.175	14.151	30.673
2012	0.354	0.381	0.198	0.295	0.408	0.390	0.282	55.847	12.826	31.327
2013	0.340	0.384	0.195	0.258	0.394	0.389	0.240	58.795	9.817	31.388

（三）社会福利发展的空间差距测算和分解

表4-4描述了2001—2013年，社会福利基尼系数及其分解结果。2001—2013年社会福利基尼系数变化趋势并不平稳，出现了反复的上升和下降，但与2001年相比，2013年总体基尼系数呈下降趋势，这表明在样本考察期内社会福利发展的空间差距在缩小。从地区内基尼系数来看，东部地区、中部地区和西部地区内基尼系数波动性均较大，但与2001年相比，东部和中部地区内基尼系数呈下降趋势，而西部地区内基尼系数却呈现上升的趋势，这表明在样本考察期内，东

部和中部地区社会福利的空间差距逐渐缩小,而西部地区却逐渐扩大。从地区间基尼系数来看,就整体而言,东部和中部地区社会福利发展的差距最大,就演变态势而言,与2001年相比,东部和中部、东部和西部地区间基尼系数均呈下降趋势,而中部和西部地区却呈上升趋势,其中,东部和中部、东部和西部地区年均分别下降2.367%、2.513%,中部和西部地区年均上升1.045%。从贡献率来看,贡献率在样本考察期内波动性不大,维持在30%左右;相反,地区内差距以及地区间净值差距的贡献率波动性均较大,其中,地区内差距贡献率由2001年的40.734%,经过反复上升下降后,在2007年达到样本考察期内最大值50.783%,随后出现回落趋势,达到2012年的32.370%,2013年又出现了小幅度的上升,达到38.026%。地区间净值差距贡献率由2001年的45.019%,也经过反复上升下降后达到样本考察期内最小值20.831%,随后出现上升趋势,达到2012年的40.319%,2013年出现了小幅度回落,达到34.210%。

表4-4　　　　　　　　社会福利基尼系数及其分解

年份	G总	地区内基尼系数 G_{jj}			地区间基尼系数 G_{jh}			贡献率(%)		
		东部	中部	西部	东部和中部	东部和西部	中部和西部	G_{nb}	G_t	G_w
2001	0.408	0.483	0.407	0.144	0.525	0.399	0.339	45.019	23.901	31.080
2002	0.391	0.353	0.444	0.345	0.434	0.365	0.426	15.948	52.087	31.965
2003	0.501	0.570	0.315	0.325	0.613	0.509	0.415	33.437	34.634	31.929
2004	0.454	0.489	0.317	0.312	0.570	0.459	0.378	33.095	35.627	31.278
2005	0.442	0.464	0.251	0.278	0.585	0.438	0.387	40.896	29.188	29.916
2006	0.515	0.528	0.356	0.421	0.596	0.527	0.472	39.279	28.916	31.804
2007	0.366	0.291	0.320	0.306	0.497	0.323	0.428	20.831	50.783	28.386
2008	0.353	0.318	0.360	0.245	0.474	0.316	0.395	26.824	44.280	28.896
2009	0.349	0.321	0.325	0.216	0.479	0.349	0.316	22.373	49.498	28.129
2010	0.371	0.332	0.340	0.286	0.496	0.330	0.421	27.800	42.898	29.302
2011	0.420	0.383	0.295	0.355	0.512	0.383	0.510	37.538	32.720	29.741
2012	0.348	0.287	0.332	0.251	0.433	0.292	0.493	40.319	32.370	27.311
2013	0.325	0.242	0.255	0.281	0.365	0.294	0.452	34.210	38.026	27.764

(四) 社会救济发展的空间差距测算和分解

表 4-5 描述了 2001—2013 年社会救济基尼系数及其分解结果。2001—2013 年，社会救济基尼系数波动幅度不大，维持在 0.2—0.3。从地区内基尼系数来看，就整体而言，除个别年份外，东部地区内基尼系数均高于中西部地区，这表明与中西部地区相比，东部地区社会救济发展的空间差距最大。就演变态势而言，2001—2013 年，东部地区内基尼系数呈现上升趋势，由 2001 年的 0.198 上升到 2013 年的 0.308，这说明东部地区社会救济发展的空间差距逐渐扩大。中部地区内基尼系数在 2001—2008 年呈现下降趋势，但是，在 2009 年快速上升，达到考察期内最大值 0.194，随后出现了连续两年的下降，下降到 2011 年的 0.088，但是，在 2012—2013 年又出现了小幅上升。西部地区内基尼系数由 2001 年的 0.364，经过反复几次上升和下降后，在 2007 年达到考察期内最小值 0.146，在 2008 年达到考察期内最大值 0.354。从地区基尼系数来看，2001—2013 年，东部和中部、东部和西部地区间基尼系数呈现明显的上升趋势，而中部和西部地区间基尼系数呈现明显的下降趋势，以 2001 年为基期，东部和中部、东部和西部地区间基尼系数年均分别上升 1.730%、0.987%，中部和西部年均下降速度为 6.327%。从贡献率来看，除 2002 年之外，地区间差距贡献率均大于地区内差距贡献率，这说明地区间差距贡献率是导致社会救济发展空间差距的主要原因。

表 4-5 社会救济基尼系数及其分解

年份	G总	地区内基尼系数 G_{jj}			地区间基尼系数 G_{jh}			贡献率 (%)		
		东部	中部	西部	东部和中部	东部和西部	中部和西部	G_{nb}	G_t	G_w
2001	0.302	0.198	0.141	0.364	0.252	0.317	0.384	49.347	20.355	30.298
2002	0.240	0.196	0.111	0.268	0.256	0.243	0.275	30.876	39.179	29.946
2003	0.233	0.256	0.132	0.180	0.293	0.241	0.200	43.974	25.756	30.270
2004	0.271	0.250	0.148	0.276	0.310	0.278	0.272	47.293	22.064	30.643
2005	0.254	0.260	0.112	0.225	0.311	0.285	0.198	52.024	18.155	29.821

续表

年份	G总	地区内基尼系数 G_{jj}			地区间基尼系数 G_{jh}			贡献率（%）		
		东部	中部	西部	东部和中部	东部和西部	中部和西部	G_{nb}	G_t	G_w
2006	0.285	0.298	0.103	0.160	0.361	0.381	0.139	58.811	14.499	26.690
2007	0.274	0.294	0.065	0.146	0.313	0.393	0.149	66.708	7.327	25.964
2008	0.308	0.303	0.075	0.354	0.307	0.357	0.277	39.140	29.304	31.556
2009	0.247	0.272	0.194	0.179	0.273	0.289	0.194	50.192	18.913	30.895
2010	0.251	0.273	0.118	0.205	0.287	0.308	0.174	56.735	13.400	29.864
2011	0.235	0.281	0.088	0.132	0.285	0.312	0.118	63.794	7.630	28.576
2012	0.278	0.319	0.111	0.140	0.343	0.362	0.131	64.016	7.582	28.402
2013	0.275	0.308	0.156	0.154	0.309	0.357	0.175	56.955	14.131	28.913

第五章　中国社会保障发展非均衡

第一节　MS 基尼系数及其分解

基尼系数测算和分解有不同的算法与公式，本章采取 Mookheerjee 和 Shorrocks（1982）提出的方法来测算与分解基尼系数。基尼系数 G 的计算公式如下：

$$G = \sum v_k^2 \lambda_k G_k + 1/2 \sum_k \sum_h v_k + v_h |\lambda_k - \lambda_h| + R \qquad (5-1)$$

式中，G 代表基尼系数，用来衡量社会保障发展的总体非均衡程度；v_k 表示第 k 组样本的份额，λ_k 表示第 k 组人均社会保障支出与全国人均社会保障支出的比值，G_k 是第 k 组的基尼系数。式（5-1）右边第一项代表组内非均衡，第二项代表组间非均衡，R 为剩余项，反映的是由于不同组之间的重叠而产生的交互影响。

第二节　数据来源及处理

本章采取人均社会保障支出作为衡量中国社会保障发展水平的指标，在具体测算中，该指标等于社会保障总支出[①]同社会保障覆盖人次的比值。由于目前社会保障支出统计口径尚未统一、规范，为了方便数据的获取，本章从狭义的社会保障概念范围出发，参照十七大报

---

①　社会保障总支出＝社会优抚支出＋社会保险基金支出＋社会救助支出＋社会福利支出。

告中对社会保障体系的描述,将社会保障总支出界定为社会优抚、社会保险①、社会福利和社会救助支出。

本章使用的数据来自《中国民政统计年鉴》《中国劳动统计年鉴》和《中国统计年鉴》。为避免31个省份的数据之和与全国总量数据不一致,全国数据采用31个省份数据的加总。样本数据的时间跨度为2003—2012年,根据地理位置、经济发展水平等因素,本章采取三区域分组方法,东部地区包括北京、天津、河北、辽宁、山东、江苏、浙江、上海、广东、福建和海南,西部地区包括广西、陕西、甘肃、四川、贵州、重庆、云南、新疆、宁夏、青海和西藏,中部地区包括内蒙古、黑龙江、吉林、山西、河南、安徽、湖北、湖南和江西。

第三节 中国社会保障发展非均衡测算及分解

一 中国社会保障发展非均衡测算

中国社会保障发展非均衡及演变态势。本章按照三大地区的划分方法对中国社会保障发展非均衡进行了测算。测算结果如表5-1所示。

根据测算结果可以看出,总体基尼系数的变化趋势虽然波动较大,但呈现出总体下降的态势,从2003年的0.1791下降到2012年的0.1373,这表明样本考察期内中国社会保障发展的地区差距在逐渐缩小。从具体的演变过程来看,总体基尼系数从2003年的0.1791下降到2006年的0.1032,随后出现反弹,到2009年上升到了0.1515的水平。此后,2008—2012年总体基尼系数呈现出较为平稳的下降趋势。从东部、西部和中部三大地区社会保障发展的地区内非均衡发展

---

① 由于农村社会保险数据统计的滞后性和未全面开展等原因,本书中社会保险数据为城镇社会保险数据,包括养老、医疗、工伤、失业和生育保险五项内容。

态势来看，东部和西部地区基尼系数的变化趋势与总体基尼系数基本一致，呈现先下降后上升又下降的趋势，在考察期内存在较大波动，但总体呈现下降的态势，中部地区的基尼系数呈现出先下降后上升的趋势，在整个考察期内波动幅度较小。从具体数值来看，在样本考察期内，东部和西部地区的基尼系数均大于中部地区，说明东部和西部地区差距较大，而中部地区差距较小。

表5-1 中国社会保障空间发展的非均衡程度与分解（2003—2012年）

年份	G	东部	西部	中部	$G_w(\%)$	$G_b(\%)$	$R(\%)$
2003	0.1791	0.1996	0.1636	0.0804	30.71	34.59	34.71
2004	0.1797	0.1674	0.2119	0.0613	31.25	38.75	30.00
2005	0.1398	0.1436	0.1588	0.0593	31.91	30.74	37.35
2006	0.1032	0.1252	0.0950	0.0453	31.30	29.13	39.57
2007	0.1114	0.1392	0.1064	0.0540	32.39	19.82	47.79
2008	0.1394	0.1601	0.1353	0.0616	31.00	36.27	32.73
2009	0.1515	0.1887	0.1227	0.0841	31.27	30.01	38.72
2010	0.1426	0.1842	0.1078	0.0866	31.21	28.80	39.99
2011	0.1376	0.1810	0.1005	0.0929	31.51	26.66	41.83
2012	0.1373	0.1748	0.1165	0.0963	32.83	12.99	54.18

从演变过程来看，地区内差距的贡献率波动幅度较小，维持在30%左右，变化较为平稳，地区间差异和剩余项波动较大，且剩余项的贡献率呈现出扩大的态势，这表明中国各省份的社会保障发展水平因三大地区间的重叠而造成的较高程度的交互影响，且交错涉及较多的省份，换言之，三大地区间的分界线并不明显。地区间差异贡献率虽然波动较大，但整体呈现下降趋势，其贡献率从2003年的34.59%下降到2007年的19.82%，2008年出现反弹至36.27%，此后至2012年持续下降至12.99%。

二 中国社会保障发展非均衡的分解

表 5-2 描述了造成中国社会保障总体非均衡的来源情况。从各支出来源分析社会保障分项目的非均衡，社会优抚、社会保险、社会救助和社会福利构成了社会保障的一般内容，社会保险为广大公民提供了最有效、最直接的保障，是社会保障的主体；社会救助为社会的一些不幸群体提供最低的生活需要，是社会保障的"地基"；社会福利和社会优抚则以侧面形式补充和提高社会保障的全面性。

根据样本考察期内基尼系数的测算结果（见表 5-2）可以看出，社会福利和社会优抚支出的基尼系数值均大于社会救助和社会保险，且前面两者的基尼系数值均大于 0.3，这意味着社会福利和社会优抚的发展自身存在较大的空间非均衡，而且对我国社会保障发展非均衡起到扩大作用。样本考察期内，社会福利的基尼系数总体呈现了下降的趋势，从 2003 年的 0.4949 下降至 2012 年的 0.3421。社会优抚的走势可以分为两个阶段：第一阶段为 2003—2006 年，社会优抚的基尼系数从 0.3577 下降到 0.3073；第二阶段为 2007—2012 年，社会优抚的基尼系数在 2007 年出现反弹，上涨到 0.4183，然后以较为平稳的降幅开始逐渐下降，到 2012 年下降至 0.3539。社会救助基尼系数虽然一直存在波动，但变化不大，基尼系数维持在 0.2—0.3。社会保险支出的基尼系数值虽然较小，但与社会保障支出的基尼系数走势基本一致，主要是因为社会保险支出占社会保障总支出的比重最大，在考察期内，社会保险支出占社会保障总支出的比重维持在 85%—90%，这表明社会保险对社会保障发展的非均衡起到了决定性的重要作用。

从东部、西部和中部三大地区来分析社会保障支出区域非均衡。东部地区各项目支出的基尼系数均比较稳定，东部地区社会福利的基尼系数下降明显，从 2003 年的 0.5817 下降至 2012 年的 0.3185；社会保险虽也出现了下降的现象，但较社会福利降幅较小，从 2003 年的 0.2004 下降至 2012 年的 0.1807；社会优抚和社会救助的基尼系数均出现小幅上涨，分别从 2003 年的 0.3359 和 0.2560 上升至 2012 年的 0.3812 和 0.3185。中部地区各分项目支出的基尼系数较东部有所波动,除社会救助的基尼系数有所下降,社会优抚、社会保险和社会福利均出现上升。西部地区各分项目支出的基尼系数波动较大,社会福利、社会优抚、社会救助分别于2006年、2007年、2008年出现巨大波动,社会福利、社会救助和社会保险出现下降趋势,社会优抚在波动中呈上升趋势。

在我国社会保障发展的区域差异演化过程中,在样本考察期内,各项目支出的地区内部差异对总体差异的贡献率保持着较为稳定的水平,保持在27%—32%;各项目支出的地区间差异和剩余项对总体贡献率则变化较大,随着时间的推移,社会优抚和社会保险的地区间差异的贡献率出现较为明显的下降态势,分别从2003年的64.82%和37.24%下降至2012年的31.33%和12.24%,社会救助和社会福利较前两者则出现相反走势,分别从2003年的48.52%和32.60%上升至2012年的61.20%和48.56%。除少数几个年份外,社会保障各项目支出的地区间差异对总体差异的贡献率均大于地区内差异,这意味着地区间差异是造成我国社会保障各项目支出区域差异的主要原因。

表5-2　　　　　中国社会保障非均衡基尼系数及分解

年份		2003	2004	2005	2006	2007	2008	2009	2010	2011	2012
社会优抚	东部	0.3359	0.3566	0.3485	0.3154	0.4148	0.3663	0.3624	0.3724	0.3536	0.3812
	西部	0.2525	0.2056	0.1761	0.1905	0.3503	0.3045	0.2706	0.2445	0.3130	0.2950
	中部	0.1102	0.0849	0.0852	0.0993	0.1489	0.1609	0.1531	0.1495	0.1960	0.1977
	G_w (%)	27.21	25.90	26.78	27.46	29.67	28.90	28.78	28.84	30.67	31.33
	G_b (%)	64.82	70.34	69.12	65.01	57.43	58.71	60.37	60.80	48.96	46.82
	R (%)	7.97	3.76	4.10	7.53	12.90	12.39	10.85	10.37	20.36	21.86
	G	0.3577	0.3783	0.3408	0.3073	0.4183	0.3802	0.3657	0.3628	0.3527	0.3539

续表

	年份	2003	2004	2005	2006	2007	2008	2009	2010	2011	2012
社会保险	东部	0.2004	0.1664	0.1444	0.1248	0.1415	0.1639	0.1947	0.1899	0.1877	0.1807
	西部	0.2186	0.2111	0.1583	0.1209	0.1169	0.1089	0.1202	0.0902	0.0999	0.1162
	中部	0.0898	0.0564	0.0628	0.0535	0.0586	0.0672	0.0912	0.1013	0.1062	0.1069
	G_w (%)	31.20	31.00	32.09	30.82	31.61	31.30	30.92	30.65	31.47	32.70
	G_b (%)	37.24	40.73	32.53	39.03	33.55	32.80	32.12	30.10	26.21	12.24
	R (%)	31.56	28.27	35.37	30.15	34.84	35.91	36.97	39.26	42.31	55.06
	G	0.2034	0.1796	0.1398	0.1181	0.1206	0.1289	0.1567	0.1439	0.1441	0.1430
社会救助	东部	0.2560	0.2502	0.2601	0.2979	0.2940	0.3027	0.2724	0.2729	0.2808	0.3185
	西部	0.1803	0.2761	0.2255	0.1601	0.1455	0.3543	0.1788	0.2049	0.1315	0.1400
	中部	0.1318	0.3308	0.1118	0.1030	0.0653	0.0750	0.1944	0.1180	0.0877	0.1107
	G_w (%)	30.27	31.64	29.82	26.69	25.96	31.55	30.90	29.86	28.58	28.40
	G_b (%)	48.52	16.03	51.12	57.14	66.84	36.11	40.95	47.06	56.89	61.20
	R (%)	21.21	52.33	19.06	16.17	7.19	32.34	28.16	23.08	14.53	10.40
	G	0.2326	0.2966	0.2541	0.2853	0.2740	0.3080	0.2474	0.2512	0.2350	0.2776
社会福利	东部	0.5817	0.5075	0.4744	0.5022	0.3488	0.3386	0.3908	0.3449	0.3812	0.3158
	西部	0.3799	0.2566	0.2455	0.3649	0.3060	0.2528	0.1958	0.2383	0.3622	0.2520
	中部	0.2702	0.2613	0.1847	0.3501	0.2563	0.3138	0.2980	0.2729	0.2394	0.2801
	G_w (%)	32.12	31.86	31.01	32.19	30.63	31.54	31.02	30.38	31.00	28.00
	G_b (%)	32.60	40.83	50.47	39.16	37.04	28.27	34.18	32.25	38.42	48.56
	R (%)	35.28	27.31	18.52	28.65	32.33	40.19	34.80	37.37	30.58	23.44
	G	0.4949	0.4140	0.3992	0.4635	0.3571	0.3237	0.3343	0.3254	0.3907	0.3421

第六章　中国社会保障分项目发展非均衡

第一节　Yao 基尼系数测算及其分解

基尼系数测算和分解有不同的算法，由于各省份参与社会保障的人数不相等，属于非均衡分组数据，因此，采用 Yao（1999）的算法对基尼系数进行测算和分解。

基尼系数测算公式。将中国按省份分成 n 组，设 w_i、m_i、p_i 分别代表第 i 组的社会保障支出份额、人均社会保障支出和参加社会保障人口频数，i = 1，2，…，n，对全部样本按人均社会保障支出（m_i）由小到大排序后，基尼系数（G）可由式（4 - 1）表示：

$$G = 1 - \sum_{i=1}^{n} 2B_i = 1 - \sum_{i=1}^{n} p_i(2Q_i - w_i) \qquad (6-1)$$

$$Q_i = \sum_{k=1}^{i} = w_k \qquad (6-2)$$

分项目基尼系数分解方法。每个省份的社会保障支出可以按照社会保障项目分为 F 类（f = 1，2，…，F），设 C_f 为第 f 类支出的集中率，U_f 为第 f 类的人均支出，U 为总的社会保障人均支出，$W_f = U_f/U$ 为第 f 类支出占总支出的比重，则 C_f 可由以式（6 - 3）求得：

$$C_f = 1 - \sum_{i=1}^{n} 2B_{fi} = 1 - \sum_{i=1}^{n} p_i(2Q_{fi} - w_{fi}) \qquad (6-3)$$

$$Q_{fi} = \sum_{k=1}^{i} w_{fk} \qquad (6-4)$$

式中，Q_{fi} 是项目 f 从 1 到 i 的累计支出比重，令 m_{fi} 为第 i 省份 f 项目人均支出，则 $w_{fi}=p_i\times m_{fi}/U_f$ 是第 i 省份 f 项目支出在 f 项目全国总支出中的比重。各省份按人均支出 m_i 由小到大排序后，总基尼系数可以表示为：

$$G = \sum_{f=1}^{F} W_f C_f \tag{6-5}$$

$$shG_f = C_f/G \tag{6-6}$$

$$\sum_{f=1}^{F} shG_f = 1 \tag{6-7}$$

式中，shG_f 表示 f 项目支出对总支出非均衡的贡献率。若为负数则表明该社会保障项目起到了均衡支出的作用；反之则起扩大作用。

第二节 泰尔指数测算及其分解

泰尔指数（Theil）是通过利用信息论中熵概念来计算收入不平等的方法，具有将总差异分解为组间差异和组内差异的特征，被广泛运用在测量区域差异的研究中，泰尔指数数值越大，说明差距越大。其计算公式如下：

$$T_p = \sum_i \sum_j \frac{R_{ij}}{R} \ln\left(\frac{R_{ij}/R}{N_{ij}/N}\right) \tag{6-8}$$

$$T_i = \sum_j \frac{R_{ij}}{R_i} \ln\left(\frac{R_{ij}/R_i}{N_{ij}/N_i}\right) \tag{6-9}$$

式中，R_{ij} 表示第 i 地区 j 省份的社会保障支出，R 为全国社会保障总支出，N_{ij} 为第 i 地区 j 省份的参加社会保障的人数，N 为参加社会保障总人数，T_p 表示全国各省份之间的差异，T_i 代表 i 地区内各省份之间的差异，R_i 和 N_i 分别代表 i 地区社会保障总支出和参加社会保障人数。

$$T_{BR} = \sum_i \frac{R_i}{R} \ln\left(\frac{R_i/R}{N_i/N}\right) \tag{6-10}$$

$$T_{WR} = \sum_i \sum_j \left(\frac{R_i}{R}\right)\left(\frac{R_{ij}}{R_i}\right) \ln\left(\frac{R_{ij}/R_i}{N_{ij}/N_i}\right) \tag{6-11}$$

$$T_p = T_{BR} + T_{WR} \tag{6-12}$$

式中，T_{BR}为区域间差异，T_{WR}为区域内差异，总支出的泰尔指数为区域间差异和区域内差异之和，泰尔指数越大，各地区间社会保障支出的差异越大；反之，则说明各地区间社会保障支出差异越小。

第三节 数据来源及处理

本章从社会保障总支出和社会保障覆盖人次方面，分析中国社会保障发展的非均衡及收敛性问题，其中，收敛性问题采用人均社会保障支出数据，人均社会保障支出等于社会保障总支出与社会保障覆盖人次之比。为方便数据的获取，本章从狭义的社会保障概念出发，参照十七大报告中对社会保障体系的描述，将社会保障总支出界定为社会保险、社会优抚、社会福利、社会救济支出及其他类支出。

本章所用的数据来自《中国民政统计年鉴》《中国劳动统计年鉴》和《中国统计年鉴》。由于数据统计口径的差异，本书将分析时段选取为2003—2013年，为避免31个省份的数据之和与全国总量数据不一致，全国数据采用31个省份数据的加总。根据地理位置、经济发展水平等因素，本书采取三大地区分组方法，东部地区包括北京、天津、河北、辽宁、上海、江苏、浙江、福建、山东、广东和海南，中部地区包括山西、吉林、黑龙江、安徽、江西、河南、湖北、湖南和内蒙古，西部地区包括四川、重庆、贵州、云南、西藏、陕西、甘肃、青海、宁夏、新疆和广西。

第四节 中国社会保障分项目非均衡测算及分解

一 中国社会保障分项目非均衡测算和分解——基于基尼系数

如表6-1所示，从整体来看，中国社会保障支出基尼系数呈现出先下降后上升的"V"形趋势。考察期内分为两个阶段：第一阶段从 2003—2006 年，基尼系数从 0.163 下降到 0.111。第二阶段从 2007—2013 年，基尼系数从 0.124 上升到 0.181。从社会保障各项目看，在考察期内，社会福利和社会优抚支出的集中率波动性较大，但始终小于社会保障总支出基尼系数，这说明两者均起到了抑制社会保障发展非均衡的作用。社会保险支出集中率走势与社会保障总支出基尼系数的走势基本相同，也呈现先下降后上升的趋势，并且除了 2008 年，社会保险支出集中率均大于社会保障总支出基尼系数，说明社会保险起到了扩大社会保障发展非均衡作用。此外，样本考察期内，社会救济支出集中率波动性较大，并且在 2008 年超过了社会保障支出基尼系数，但是，随后呈现快速下降趋势，2009—2013 年社会救济支出集中率 $C_f < G$，这表明，除 2008 年以外，社会救济也起到了抑制社会保障发展非均衡作用。

表 6-1　中国社会保障发展非均衡的基尼系数测算和分解

年份		2003	2004	2005	2006	2007	2008	2009	2010	2011	2012	2013
社会保险	C_f	0.171	0.149	0.138	0.125	0.136	0.138	0.169	0.173	0.177	0.180	0.187
	W_f	0.890	0.890	0.883	0.877	0.867	0.823	0.850	0.848	0.849	0.858	0.862
	shG_f	0.935	0.959	0.967	0.982	0.950	0.700	0.889	0.887	0.895	0.892	0.889
社会优抚	C_f	0.080	0.055	0.048	0.051	0.103	0.088	0.114	0.123	0.117	0.142	0.146
	W_f	0.033	0.034	0.038	0.040	0.041	0.036	0.037	0.036	0.034	0.034	0.034
	shG_f	0.016	0.014	0.014	0.018	0.035	0.020	0.026	0.027	0.024	0.028	0.028
社会救济	C_f	0.091	0.016	0.000	-0.022	0.025	0.385	0.134	0.130	0.123	0.137	0.156
	W_f	0.054	0.052	0.054	0.061	0.063	0.112	0.083	0.088	0.089	0.078	0.076
	shG_f	0.030	0.006	0.000	-0.012	0.013	0.267	0.069	0.069	0.065	0.062	0.066
社会福利	C_f	0.138	0.117	0.110	0.073	-0.081	-0.010	-0.009	0.091	0.086	0.090	0.089
	W_f	0.022	0.010	0.009	0.009	0.007	0.006	0.006	0.011	0.012	0.013	
	shG_f	0.019	0.009	0.008	0.006	-0.005	0.000	0.000	0.003	0.006	0.006	0.006
G		0.163	0.138	0.126	0.111	0.124	0.162	0.161	0.166	0.168	0.173	0.181

二　中国社会保障分项目非均衡测算和分解——基于泰尔指数

（一）中国社会保障发展非均衡测算和分解

本章采用三大地区分组方法测算和分解泰尔指数，如表 6-2 所示，从整体来看，2003—2013 年，泰尔指数的走势也呈"V"形趋势，2003—2006 年呈下降趋势，从 0.023 降到 0.010，2007—2013 年呈上升趋势，从 0.011 上升到 0.024，这说明中国社会保障发展空间非均衡程度在 2003—2006 年间逐渐缩小，而在 2007—2013 年却进一步加大。在样本考察期内，地区内贡献率始终大于地区间贡献率，地区内贡献率总体呈上升趋势，由 2003 年的 88.630% 上升到 2013 年的 96.210%；相反，地区间贡献率却呈下降趋势，由 2003 年的 11.370% 下降到 2013 年的 3.790%，这意味着中国社会保障发展空间非均衡主要是由地区内差异引起的。从三大地区分解来看，在样本考察期内，东部地区社会保障支出泰尔指数也呈先下降后上升的趋势，在 2006 年达到最小值 0.014，中部地区社会保障支出泰尔指数相对比较平缓，波动性不大，而西部地区社会保障支出泰尔指数波动性较大，在 2003—2008 年快速上升，达到最大值 0.016，随后下降到 2013 年的 0.007。此外，东部地区社会保障支出的泰尔指数始终大于中西部地区，这说明东部地区社会保障发展非均衡程度远高于中西部地区。

表 6-2　中国社会保障空间非均衡的泰尔指数测算和分解

年份	泰尔指数	T_{WR}	区域内贡献率（%）	T_{BR}	区域间贡献率（%）	东部	中部	西部
2003	0.023	0.020	88.630	0.003	11.370	0.031	0.006	0.006
2004	0.016	0.014	82.840	0.003	17.160	0.021	0.003	0.006
2005	0.013	0.012	89.690	0.001	10.310	0.018	0.003	0.004
2006	0.010	0.009	94.320	0.001	5.680	0.014	0.002	0.003
2007	0.011	0.011	98.690	0.000	1.310	0.018	0.002	0.004
2008	0.019	0.017	87.340	0.002	12.660	0.023	0.003	0.016
2009	0.018	0.017	94.870	0.001	5.130	0.028	0.005	0.006
2010	0.019	0.018	94.350	0.001	5.650	0.031	0.005	0.005
2011	0.021	0.019	94.990	0.001	5.010	0.033	0.005	0.003
2012	0.022	0.022	97.480	0.001	2.520	0.035	0.005	0.008
2013	0.024	0.023	96.210	0.001	3.790	0.038	0.007	0.007

(二) 中国社会保障分项目非均衡测算和分解

如表6-3所示,在样本考察期内,社会保险支出泰尔指数较小,但与社会保障总支出泰尔指数的走势基本相同,这主要是因为社会保险支出占社会保障总支出的比重最大。社会优抚支出的泰尔指数一直存在波动,但总体上波动性不大,维持在0.050—0.100。社会救济支出的泰尔指数,在2003—2007年波动性不大,但是,从2007—2008年快速上升,达到考察期内最大值0.124,随后又快速下降到2009年的0.030,在2010—2013年维持在0.020—0.030。社会福利支出的泰尔指数总体上呈下降趋势,由2003年的0.160下降到2013年的0.081,年均下降速度为6.535%。此外,社会福利和社会优抚支出的泰尔指数均大于社会救济和社会保险,这意味着与社会救济和社会保险相比,社会福利和社会优抚的发展存在着较大的非均衡性。

表6-3 中国社会保障项目非均衡的泰尔指数测算和分解

年份	社会保险 泰尔指数	T_{BR}	T_{WR}	社会优抚 泰尔指数	T_{BR}	T_{WR}	社会救济 泰尔指数	T_{BR}	T_{WR}	社会福利 泰尔指数	T_{BR}	T_{WR}
2003	0.024	0.002	0.022	0.066	0.030	0.036	0.029	0.009	0.019	0.160	0.042	0.118
2004	0.016	0.002	0.014	0.075	0.035	0.040	0.030	0.011	0.018	0.202	0.059	0.143
2005	0.014	0.001	0.013	0.060	0.028	0.033	0.025	0.007	0.018	0.180	0.058	0.123
2006	0.011	0.001	0.010	0.051	0.020	0.031	0.033	0.010	0.023	0.240	0.044	0.196
2007	0.013	0.000	0.013	0.098	0.037	0.061	0.027	0.008	0.019	0.158	0.053	0.105
2008	0.017	0.001	0.016	0.073	0.030	0.043	0.124	0.023	0.100	0.154	0.041	0.113
2009	0.021	0.001	0.020	0.076	0.030	0.046	0.030	0.001	0.030	0.159	0.034	0.125
2010	0.022	0.001	0.021	0.076	0.029	0.047	0.028	0.002	0.026	0.125	0.033	0.092
2011	0.023	0.001	0.023	0.066	0.018	0.048	0.019	0.003	0.016	0.099	0.028	0.071
2012	0.025	0.000	0.025	0.064	0.015	0.049	0.024	0.005	0.018	0.097	0.027	0.069
2013	0.030	0.001	0.029	0.065	0.015	0.050	0.028	0.005	0.023	0.081	0.022	0.059

第七章 中国社会保障发展空间极化

第一节 空间极化的测算方法

事件或事物沿某一方向持续发展并达到顶峰称为极化，这既表示出事件或事物发展的动态过程，也表示了发展结果。空间极化意味着极化的基本特征和过程在空间上的显著表现，也就是说，在一定的时期和范围内，事件或事物的发展存在不均衡性，发展要素在空间上存在差异与集聚现象。为此，本章通过 ER 指数、EGR 指数、LU 指数来测度中国社会保障发展的空间极化程度。

一 ER 指数

根据埃斯特班和雷（Esteban and Ray）基于认同感和疏远感所提出的极化程度的测度方法，本章构建中国社会保障极化程度的埃斯特班—雷指数（Esteban and Ray，1994），如式（7-1）所示。

$$ER = K \sum_{i=1}^{n} \sum_{j=1}^{n} p_i^{1+\alpha} p_j \mid x_i - x_j \mid \qquad (7-1)$$

式中，n 为分组个数，p 为权重，p_i、p_j 分别表示第 i、j 组样本数量占总体样本数量的份额；x_i、x_j 分别为第 i、j 组样本的人均社会保障支出水平；K 为是起标准化作用的常数，为保证 ER 指数介于 0—1，可依据研究需要选择对 K 的取值；α 为（0，1.6）之间的任意值，α 越接近 1.6，说明 ER 指数与基尼系数的差距越大，本章对 α 取 1.5。ER 指数越大说明中国社会保障发展空间分布极化程度越高；反之则说明极化程度越低。

二 EGR 指数

为了克服 ER 指数假定组内成员具有完全一致的认同感的局限性，埃斯特班、格雷丁和雷（Esteban, Gradin and Ray, 1999）对现有 ER 指数进行改进后提出了 EGR 指数，本章在此基础上构建社会保障分布极化的 EGR 指数，如式（7-2）所示。

$$EGR = K \sum_{i=1}^{n} \sum_{j=1}^{n} p_i^{1+\alpha} p_j |x_i - x_j| - \beta \{G - G_x\} \quad (7-2)$$

式中，式（7-2）中，右边的第一项即 ER 指数，第二项中 G 为基尼系数，G_x 为基尼系数分解中组间基尼系数的贡献。K 同上文 ER 指数；$\beta > 0$，是衡量组内聚合程度的敏感性参数，在实际测算过程中，通过调整 K、β 的值来保证 EGR 指数介于 0—1；在 EGR 指数中，对 α 取 1.5，β 取值 0.5。EGR 指数越大，说明中国社会保障发展的极化程度越高；反之则说明极化程度越低。

三 LU 指数

当各组成员的社会保障支出存在重叠时，EGR 指数中第二项不能准确地反映出组内不平等程度，为此，Lasso 和 Urrutia（2006）提出了 LU 指数以克服 EGR 指数存在的缺陷。在此基础上，本章构造中国社会保障发展空间分布的极化 LU 指数，如式（7-3）所示。

$$LU = K \sum_{i=1}^{n} \sum_{j=1}^{n} p_i^{1+\alpha} p_j (1 - G_i)^{\beta} |x_i - x_j| \quad (7-3)$$

式中，G_i 表示第 i 组样本的基尼系数，K、α、β 同上文中 ER、EGR 指数，在 LU 指数中，α 取 1.5，β 取 0.5。同样，LU 指数越大，说明中国社会保障发展的极化程度越高；反之则说明极化程度越低。

第二节 数据来源及处理

为了确保本章极化指数在 0—1 之间，我们对极化指数中的 K、α、β 等相关参数进行了调试，最终设置如下：当以社会保障总支出测度极化时，$K = 100$、$\alpha = 1.5$、$\beta = 0.5$；当以社会优抚支出测度极化时，$K=1500$、$\alpha=1.5$、$\beta=0.5$；当以社会保险支出测度极化时，$K=100$、$\alpha=1.5$、$\beta=0.5$；当以社会福利支出测度极化时，$K=1500$、$\alpha=1.5$、$\beta=0.1$；当以社会救助支出测度极化时，$K=500$、$\alpha=1.5$、$\beta=0.1$。

第三节　中国社会保障发展空间极化及演变态势

为更合理地表述和揭示中国社会保障发展的空间极化格局，我们按照三大地区的划分方法测度中国社会保障发展的空间极化的 ER 指数、LU 指数和 EGR 指数，表 7-1 报告了社会保障空间分布的极化指数和总体基尼系数。从表 7-1 中可以看出，中国社会保障的极化程度除在 2008 年出现较大波动外，总体上呈现出下降的趋势。2003—2007 年，以 2003 年为基期，中国社会保障发展极化的 ER、LU 和 EGR 指数年均增长率分别为 -20.17%、-19.66% 和 -26.49%；2008—2012 年，以 2008 年为基期，中国社会保障发展极化的 ER、LU 和 EGR 指数年均增长率分别为 -17.92%、-17.94% 和 -26.63%。由此可以看出，中国社会保障发展的空间极化程度在逐渐缩小。

表 7-1　中国社会保障发展的极化程度（2003—2012 年）

年份		2003	2004	2005	2006	2007	2008	2009	2010	2011	2012
社会保障	ER	0.2415	0.2657	0.1660	0.1220	0.0981	0.2854	0.2333	0.2401	0.2483	0.1295
	LU	0.2238	0.2459	0.1563	0.1168	0.0932	0.2670	0.2179	0.2247	0.2327	0.1211
	EGR	0.1829	0.2107	0.1176	0.0854	0.0534	0.2410	0.1803	0.1893	0.1979	0.0698
	G	0.1791	0.1797	0.1398	0.1032	0.1114	0.1394	0.1515	0.1426	0.1376	0.1373
社会优抚	ER	0.2273	0.3172	0.3572	0.3696	0.5202	0.5235	0.6396	0.7531	0.5351	0.5644
	LU	0.1955	0.2734	0.3102	0.3232	0.4210	0.4359	0.5369	0.6329	0.4460	0.4673
	EGR	0.1644	0.2611	0.3046	0.3158	0.4312	0.4450	0.5671	0.6820	0.4451	0.4703
	G	0.3577	0.3783	0.3408	0.3073	0.4183	0.3802	0.3657	0.3628	0.3527	0.3539

续表

年份		2003	2004	2005	2006	2007	2008	2009	2010	2011	2012
社会保险	ER	0.3116	0.2764	0.1750	0.1938	0.1885	0.2271	0.2440	0.2360	0.2340	0.1162
	LU	0.2839	0.2556	0.1642	0.1837	0.1780	0.2136	0.2274	0.2209	0.2186	0.1083
	EGR	0.2478	0.2232	0.1278	0.1578	0.1485	0.1838	0.1908	0.1857	0.1809	0.0534
	G	0.2034	0.1796	0.1398	0.1181	0.1206	0.1289	0.1567	0.1439	0.1441	0.1430
社会救助	ER	0.0725	0.0373	0.1020	0.1375	0.1624	0.1541	0.1575	0.2231	0.3150	0.4631
	LU	0.0709	0.0361	0.0996	0.1340	0.1587	0.1498	0.1517	0.2174	0.3079	0.4509
	EGR	0.0605	0.0124	0.0896	0.1253	0.1533	0.1344	0.1429	0.2098	0.3049	0.4523
	G	0.2326	0.2966	0.2541	0.2853	0.2740	0.3080	0.2474	0.2512	0.2350	0.2776
社会福利	ER	0.0734	0.0864	0.1091	0.1190	0.0726	0.0524	0.0830	0.0866	0.2859	0.3859
	LU	0.0694	0.0824	0.1046	0.1126	0.0700	0.0505	0.0800	0.0838	0.2747	0.3735
	EGR	0.0400	0.0619	0.0893	0.0908	0.0501	0.0292	0.0610	0.0646	0.2618	0.3683
	G	0.4949	0.4140	0.3992	0.4635	0.3571	0.3237	0.3343	0.3254	0.3907	0.3421

从支出来源看，社会保障各分项目的极化程度与演变态势，如图7-1、图7-2、图7-3和图7-4所示。从这个4图可以看，可以将2003—2012年社会保障各分项目的极化变动趋势分为两个阶段，2003—2010年，社会优抚、社会救助和社会福利的极化指数均出现明显的上涨趋势，但社会保险的极化指数出现了下降。以2003年为基期，2010年社会优抚支出的极化指数ER、LU、EGR年均增长分别为18.67%、18.27%、22.54%，社会救助支出的极化指数ER、LU、EGR年均增长分别为17.42%、17.37%、19.44%，社会福利支出的极化指数ER、LU、EGR年均增长分别为2.4%、2.72%、7.07%，社会保险的极化指数ER、LU、EGR年均增长分别为-3.89%、-3.52%、-4.04%，这表明在此期间，社会优抚、社会救助和社会福利的空间极化程度在增大，而社会保险支出的极化程度在减小。2010—2012年，社会优抚、社会保险的极化指数出现明显下降态势，而社会救助和社会福利的极化指数出现大幅增长。

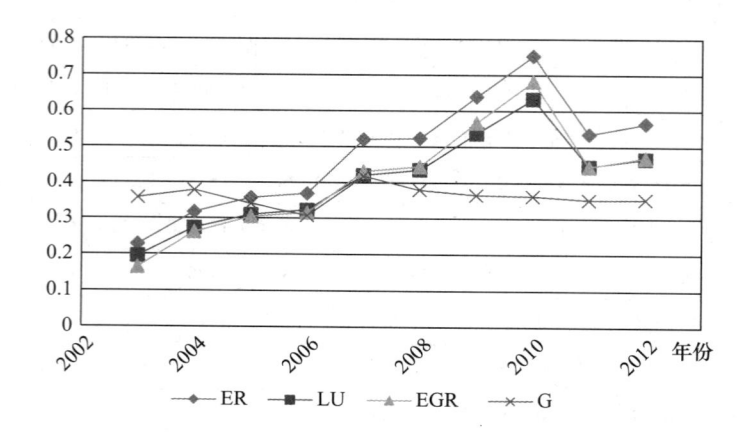

图 7-1　中国社会优抚支出的极化指数演变态势

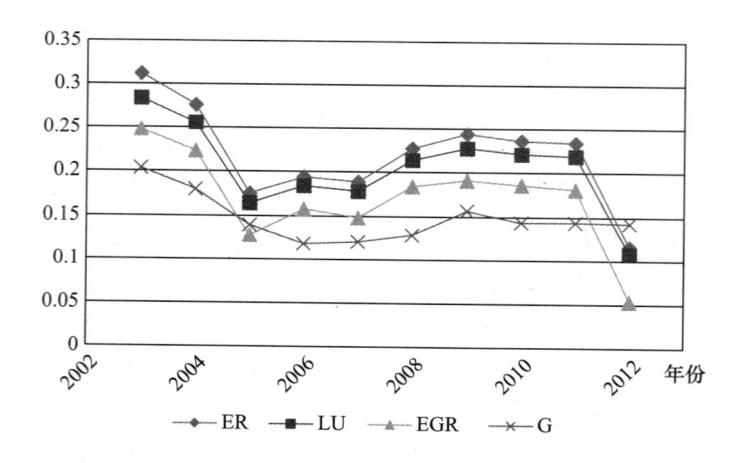

图 7-2　中国社会保险支出的极化指数演变态势

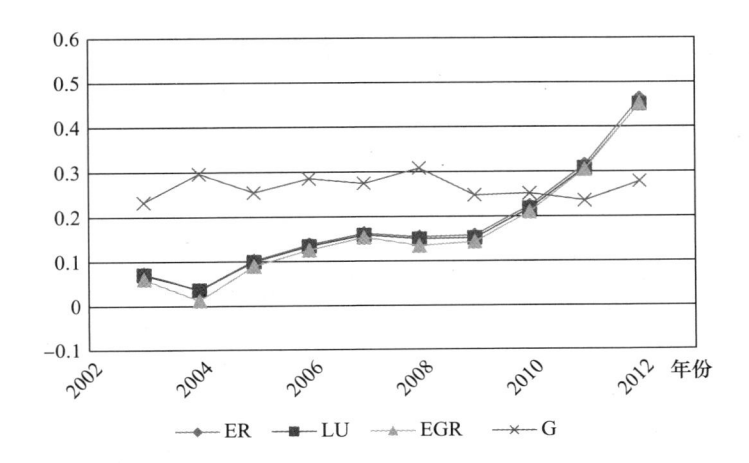

图 7-3 中国社会救助支出的极化指数演变态势

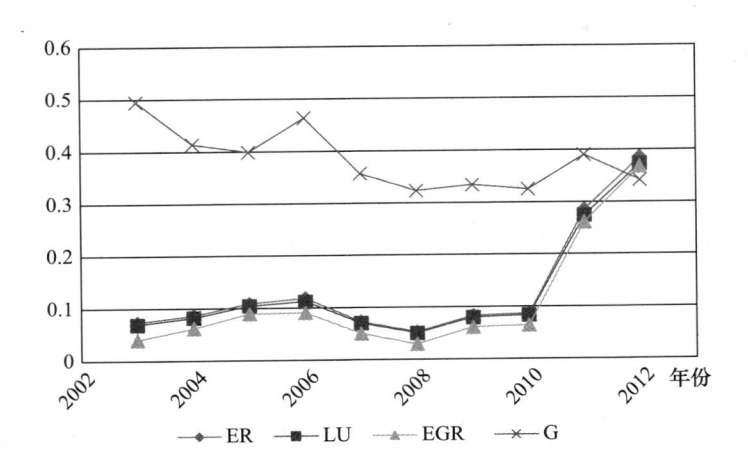

图 7-4 中国社会福利支出的极化指数演变态势

第八章　中国社会保障发展非均衡影响因素

第一节　影响因素设计

社会保障作为国民收入再分配的一种形式，在经济发展中起到了"减震器"和"安全网"的重要作用。首先，社会保障能够维持无收入、低收入及遭受意外灾害的公民的基本生存；其次，社会保障可以保证劳动者在年老、失业、工伤、患病、生育时的基本生活；最后，根据经济和社会的发展情况，社会保障进一步起到了增进公共福利水平，逐步提高国民生活质量的作用。在社会保障资金的分配使用过程中，影响社会保障支出的主要原因可归结为两个方面：一方面与收入因素有关，另一方面与人口因素相关。根据社会保障的收入来源分析可知，收入因素主要包含经济发展水平、居民收入、政府财政支出、居民储蓄等，人口因素包括人口老龄化、受教育程度、劳动者就业水平等。

一　经济发展水平

从我国社会保障支出的整体情况来看，社会保障支出水平与地区的经济发展水平存在一定的相关性，人均地区生产总值经常被作为一项重要的宏观经济指标反映各地区经济的整体运行情况。

二　人口老龄化

社会保障为老年劳动者提供一定的经济保障，以避免因年老失去劳动能力造成基本生活困难，因此，人口老龄化会对社会保障支出产生一定的影响。本书使用老年人口抚养比（ODR）来衡量人口老龄化，ODR = P_{65+}/P_{15-64}，P_{65+} 为 65 岁及以上的老年人口数，P_{15-64} 为 15—64 岁的劳动年龄人口数。

三 受教育程度

教育是经济发展的内在动力，在经济发展中起着重要的支撑作用。由于教育具有正的外部效应，受教育水平越高的地区，劳动者对社会保障的依赖程度可能会较弱。本书使用 6 岁及以上受大专及以上教育人口数作为衡量各地教育水平的指标。

四 劳动者就业水平

受经济周期波动等因素影响，当遭遇经济萧条时，为缓和因劳动者收入减少和失业人数增长而造成的消费需求下降，社会保障支出通过发放失业保险、生活救助等来刺激经济的增长。所以，劳动者就业水平可以和社会保障支出水平存在一定的相关性，一个地区的劳动者就业水平可以通过城镇登记失业率来衡量，城镇登记失业率＝城镇登记失业人员/［城镇单位就业人员（扣除使用的农村劳动力、聘用的离退休人员、港澳台地区及外方人员）＋城镇登记失业人员、城镇单位中的不在岗职工、城镇私营业主、个体户主、城镇私营企业和个人就业人员］。

五 居民收入

社会保障对收入起到了再分配作用。当劳动者当期可支配收入增加时，随着生活水平的提高，人们对医疗卫生、教育福利等社会保障项目的需要可能会增加，因此，居民收入的变化可能影响社会保障支出的变动。

六 政府财政

社会保障是政府通过财政向面临生活困难的社会成员提供基本生活保障的一种支出形式，因此，地方财政支出是影响社会保障支出的因素之一。

七 居民储蓄

社会保障支出是以收入再分配的方式得以实现的，而收入又是储蓄的函数，所以，社会保障支出在一定程度上与居民储蓄存在一定的相关性。

八 循环累积效应

缪尔达尔（1957）认为，在动态社会发展过程中，社会经济因素之间存在循环累积因果关系，某个因素的改变会引发另一个因素的变化，并强化前一个因素的变化，导致经济会沿着最初的因素变化的方向发展，形成循环累积效应。由于社会保障基金以支出方式流入享受社会保障的群体时，会对这一群体收入的增加起到促进作用，进而引起他们对教育、医疗等社会保障项目需求的进一步增加，从而使社会保障本期支出不可避免地受到上一期的影响。

第二节 计量模型设定及变量说明

根据上述提出的社会保障支出影响因素，本章分别构建以社会保障总支出、社会优抚支出、社会保险支出、社会救助支出、社会福利支出为被解释变量，以上述影响因素为解释变量的计量模型。

$$\ln SSE_{it} = \alpha + \beta_1 \ln SSE_{i,t-1} + \beta_2 \ln AGDP_{it} + \beta_3 \ln ODR_{it} + \beta_4 \ln EDU_{it} + \beta_5 \ln UR_{it} + \beta_6 \ln INC_{it} + \beta_7 \ln LFE_{it} + \beta_8 \ln SD_{it} + \mu_i + \varepsilon_{it} \quad (8-1)$$

$$\ln SCF_{it} = \alpha + \beta_1 \ln SSE_{i,t-1} + \beta_2 \ln AGDP_{it} + \beta_3 \ln ODR_{it} + \beta_4 \ln EDU_{it} + \beta_5 \ln UR_{it} + \beta_6 \ln INC_{it} + \beta_7 \ln LFE_{it} + \beta_8 \ln SD_{it} + \mu_i + \varepsilon_{it} \quad (8-2)$$

$$\ln SIE_{it} = \alpha + \beta_1 \ln SSE_{i,t-1} + \beta_2 \ln AGDP_{it} + \beta_3 \ln ODR_{it} + \beta_4 \ln EDU_{it} + \beta_5 \ln UR_{it} + \beta_6 \ln INC_{it} + \beta_7 \ln LFE_{it} + \beta_8 \ln SD_{it} + \mu_i + \varepsilon_{it} \quad (8-3)$$

$$\ln SAE_{it} = \alpha + \beta_1 \ln SSE_{i,t-1} + \beta_2 \ln AGDP_{it} + \beta_3 \ln ODR_{it} + \beta_4 \ln EDU_{it} + \beta_5 \ln UR_{it} + \beta_6 \ln INC_{it} + \beta_7 \ln LFE_{it} + \beta_8 \ln SD_{it} + \mu_i + \varepsilon_{it} \quad (8-4)$$

$$\ln SWE_{it} = \alpha + \beta_1 \ln SSE_{i,t-1} + \beta_2 \ln AGDP_{it} + \beta_3 \ln ODR_{it} + \beta_4 \ln EDU_{it} + \beta_5 \ln UR_{it} + \beta_6 \ln INC_{it} + \beta_7 \ln LFE_{it} + \beta_8 \ln SD_{it} + \mu_i + \varepsilon_{it} \quad (8-5)$$

式中，*SSE*、*SCE*、*SIE*、*SAE*、*SWE* 分别表示社会保障支出、社会优抚支出、社会保险支出、社会救助支出和社会福利支出，以上五项内容作为被解释变量代表中国社会保障发展水平。考虑到存在循环累积效应，被解释变量的一阶滞后项表示中国社会保障的初始发展水平。*AGDP* 表示人均地区生产总值；*ODR* 表示老年人口抚养比，反映人口老龄化因素；EDU 表示 6 岁及以上受大专及以上教育人口数；UR 表示城镇登记失业率；INC 表示城镇居民人均收入；LFE 为地方财政一般预算支出，反映地方财政对社会保障的影响情况；SD 表示各地区城乡居民人民币储蓄存款（年底余额）；α 为常数项；μ_i 是个体效应；ε_{it} 代表随机扰动项。通过对各变量取自然对数来消除模型异方差。

第三节 回归结果分析

本章采用 GMM 估计方法对上述动态面板模型进行的拟合结果如表 8-1 所示，尽管 Arellano-Bond AR（1）说明扰动项的差分存在一阶序列相关，但是，Arellano-Bond AR（2）说明扰动项的差分不存在二阶序列相关，则可接受"扰动项不存在序列相关"的原假设。此外，萨根（Sargan）过度识别检验结果表明，可接受"所有工具变量都有效"的原假设，即模型所选取的工具变量是恰当的。所以，本书的模型设定是恰当的。下面根据 GMM 估计结果来说明各影响因素对社会保障支出的影响。

循环累积效应对社会保障及各分项目支出具有显著的正向作用。在五个模型估计中，除社会救助估计模型外，其余模型的循环累积效应的估计结果均通过了 1% 的显著性水平检验，而且回归系数均大于零，这说明社会保障支出确实存在显著的循环累积效应。人均地区生产总值仅对社会保障总支出和社会救助具有一定的正向影响，可能是由于社会保障是由国家法律规定按照一定规则实施的保障政策，造成当地的经济发展水平对社会保障支出的影响并不十分强烈。社会保障对退休人员、退伍军人等的保障功能决定了人口老龄化会直接增加养老保险、优抚安置等费用的支出。因此，对社会保障总支出、社会优抚、社会保险存在一定的正向影响，回归系数分别为 0.1126、0.3389、0.0899。教育对社会保险、社会救助支出产生了一定的负作用，回归系数分别为 -0.0516 和 -0.4211，可能的原因是教育产生的正外部效应使人们对社会保障的依赖性会有所下降。失业率仅对社会优抚和社会福利造成比较显著的负向作用,在其他模型中则显著性并不明显。居民收入对社会救助、社会福利和社会优抚的支出起到了一定的负向作用,而居民收入则对社会保障总支出和社会保险支出起到了较为显著的正向作用,这表明受居民收入水平提高的影响,社会保障和社会保险的支出也随之逐步上升。地方财政对社会保障支出具有重要的影响,lnLFE 在以 lnSSE、lnSCE、lnSIE、lnSAE、lnSWE 为被解释变量的估计模型中分别通过了1%、10%、5%、1%、1%的显著性水平检验,回归系数分别为 0.1906、0.1545、0.0475、1.4929、1.0479,这表明地方财政对社会保障支出具有重要影响,尤其对社会救助和社会福利水平的提高起到了至关重要的作用。居民个人储蓄因素在社会保障总支出、社会保险支出、社会救助支出和社会福利支出模型中分别通过了1%、5%、1%、5%的显著性水平检验,从回归系数来看,储蓄因素对社会保障总支出、社会保险支出和社会救助支出具有正向促进作用,对社会福利却呈现出负向影响。

表 8 - 1　　　　　　　动态面板模型的估计结果

解释变量	变量说明	lnSSE 为被解释变量模型	lnSCE 为被解释变量模型	lnSIE 为被解释变量模型	lnSAE 为被解释变量模型	lnSWE 为被解释变量模型
lnAGDP	人均地区生产总值对数	0.1247 ** (2.38)	- 0.1137 (- 0.76)	- 0.0356 (- 0.81)	1.4232 *** (4.20)	0.5363 (1.44)
lnODR	老年人口抚养比对数	0.1126 * (1.88)	0.3389 *** (3.00)	0.0899 ** (2.19)	0.1533 (0.75)	- 0.9004 ** (- 2.46)
lnEDU	6 岁及以上受大专及以上受教育人口数对数	- 0.0238 (- 0.71)	0.0417 (0.99)	- 0.0516 ** (- 2.05)	- 0.4211 ** (2.00)	0.4332 * (1.7)
lnUR	城镇登记失业率对数	0.0668 (0.78)	- 0.2245 *** (- 3.09)	0.0010 (0.02)	0.4202 * (1.84)	- 1.0691 *** (- 2.96)
lnINC	城镇居民人均总收入对数	0.3541 ** (2.00)	- 0.2049 * (- 1.67)	0.6616 *** (2.70)	- 0.7827 * (- 1.79)	- 1.2315 ** (- 2.05)

续表

解释变量	变量说明	lnSSE 为被解释变量模型	lnSCE 为被解释变量模型	lnSIE 为被解释变量模型	lnSAE 为被解释变量模型	lnSWE 为被解释变量模型
lnIFE	地方财政一般预算支出对数	0.1906*** (3.2)	0.1545* (1.77)	0.0475** (2.05)	1.4929*** (4.05)	1.0479*** (4.22)
lnSD	城乡居民人民币储蓄存款对数	0.2489*** (3.22)	-0.0299 (-0.39)	0.1269** (2.51)	1.222*** (3.10)	-0.5382** (-2.06)
_cons	常数项	2.7039*** (3.38)	2.2591*** (2.94)	0.6594** (2.34)	10.8361*** (3.80)	-1.0109 (-0.48)
L.lnSSE	社会保障支出对数的滞后一期	0.5819*** (4.85)				
L.lnSCE	社会优抚支出对数的滞后一期		0.8748*** (12.84)			
L.lnSIE	社会保险支出对数的滞后一期			0.8818*** (15.94)		
L.lnSAE	社会救助支出对数的滞后一期				0.2541* (1.85)	
L.lnSWE	社会福利支出对数的滞后一期					0.5939*** (6.17)
A-B AR(1)	扰动项自相关检验	-2.1915 (0.0028)	-3.0155 (0.0026)	-2.9303 (0.0034)	-3.3739 (0.0007)	-3.4059 (0.0007)
A-B AR(2)		1.8941 (0.0582)	0.4696 (0.6386)	0.9512 (0.3415)	0.3506 (0.7259)	-0.2249 (0.8221)
萨根检验	过度识别检验	(27.51742) 1.0000	(23.4726) 1.0001	(21.9627) 1.0000	(22.3423) 1.0000	(28.4078) 1.0000

注：***、**、* 分别表示在1%、5%、10%的显著性水平下显著。参数估计括号内数值表示 Z 值；Arellano-Bond 括号外数值表示 Z 值，括号内数值表示 P 值；萨根检验括号外数值表示 χ^2 值，括号内数值表示 P 值。

第九章 中国社会保障发展收敛性

第一节 收敛性测度方法

一 σ收敛

σ收敛反映的是每个省份社会保障发展水平偏离整体平均水平的差异及其不平衡的动态过程。如果人均社会保障支出的离散程度随着时间的推移而下降,则认为存在σ收敛,通常用来检验σ收敛的方法有标准差、变异系数、基尼系数等,本书采用变异系数来测量人均社会保障支出的σ收敛,具体公式如下:

$$\sigma_t = \frac{\sqrt{\frac{1}{N}\sum_{i=1}^{N}\left(P_{it} - \frac{1}{N}\sum_{i=1}^{N}P_{it}\right)^2}}{\frac{1}{N}\sum_{i=1}^{N}P_{it}} \tag{9-1}$$

式中,σ_t为第t年的人均社会保障支出的变异系数,P_{it}为i省t年的人均社会保障支出。如果σ_t随着时间的推移而呈现下降的趋势,则认为在该时期内人均社会保障支出具有σ收敛,发展不平衡程度有可能缩小;反之则可能扩大。

二 β收敛

β收敛用来描述变量的增长率与其初始变量之间的负相关关系。如果人均社会保障支出的增长速率与初期人均社会保障支出呈负相关关系,则认为存在β收敛。β收敛又分为β绝对收敛、β条件收敛和俱乐部收敛。

（一）β 绝对收敛

假设各地区具有相似的结构特征，无论初始条件如何，不同地区的社会保障最终将会趋向于相同的稳态水平，那么认为，存在 β 绝对收敛。参照萨拉—伊—马丁（Sala-i-Martin，1996），β 绝对收敛的数据模型如下：

$$\ln(C_{i,t+T}/C_{it})/T = \alpha + \beta\ln(C_{it}) + \mu_{it} \quad (9-2)$$

式中，t 表示不同的时期，C_{it} 为期初人均社会保障支出，α 为常数项，β 为估计系数，μ_{it} 为随机扰动项，T 为时间间隔，$\ln(C_{i,t+T}/C_{it})/T$ 为从 t 时期到 $t+T$ 时期人均社会保障支出的平均增长率。如果 $\beta<0$，则认为存在 β 绝对收敛，即人均社会保障支出的增长与其初始值成反比，不同地区的社会保障最终趋向于同一个稳态值。同时，根据 β 值还可以计算出收敛所达到的稳态值 γ_0、收敛速度 θ 收敛半生命周期，收敛半生命周期 T 表示社会保障水平较低地区追赶上较高地区所用时间。具体计算公式如下：

$$\gamma_0 = \frac{\alpha}{1-\beta} \quad (9-3)$$

$$\theta = \frac{-\ln(1+\beta)}{T} \quad (9-4)$$

$$T = \frac{\ln 2}{\theta} \quad (9-5)$$

（二）β 条件收敛

与 β 绝对收敛不同，β 条件收敛认为，各省份人均社会保障支出的增长速度不仅取决于初期水平，还可能受到其他因素（控制变量）的影响。条件收敛意味着无论各省份的初始条件如何，长期内不同省份将趋向于各自的稳定状态，检验条件收敛的模型如下：

$$\ln(G_{i,t+T}/C_{it})/T = \alpha + \beta\ln(C_{it}) + \gamma X_{it} + \mu_{it} \quad (9-6)$$

根据已有研究，穆怀中（1998）提出，失业率与社会保障水平具有正向关系。曹朴（2006）论证了人口老龄化、居民储蓄、通货膨胀率、地区差异以及失业率等因素对社会保障支出具有重要影响。张天芳（2007）认为，老年人口比重提高使我国社会保障承受越来越大的压力。邓群钊（2013）研究得出老年人口比重、失业率以及财政收入对社会保障水平具有显著影响。因此，本书总结出影响社会保障发展的控制变量（X_{it}），包括人均地区生产总值（AGDP）、总抚养比（DR）、6岁及以上受大专及以上受教育人口（EDU）、城镇登记失业率（UR）、城镇居民人均总收入（INC）和地方财政一般预算支出（LFE）。

当 T = 1 时，式（9-6）可以写为：

$$\ln(C_{i,t+1}) - \ln(C_{it}) = \alpha + \beta \ln(C_{it}) + \gamma X_{it} + \mu_{it} \qquad (9-7)$$

进一步地，将式（9-7）转变成动态面板数据模型，如下：

$$\ln(C_{it}) = \alpha + (1+\beta)\ln(C_{i,t-1}) + \gamma X_{it} + \mu_{it} \qquad (9-8)$$

（三）俱乐部收敛

加洛（Galor，1996）认为，俱乐部收敛是指初期经济发展水平接近的集团内部不同经济系统之间，在具有相似结构特征前提下趋于收敛，即各个集团内部各自存在着收敛特征，两个集团之间却没有收敛的迹象。检验俱乐部收敛通常采用的方法是：将大区域划分为具有相似结构特征和制度的小区域，在小区域内部用检验绝对收敛方法进行检验，但是，这一检验的前提是小区域所在的整个大区域具有条件收敛特征。基于此，本书认为，社会保障发展俱乐部收敛是指东部、中部、西部三大地区以及社会保障各项目内部存在绝对收敛，而地区之间、项目之间却没有收敛现象。依据加洛（1996）分析俱乐部收敛的思路，先判断中国社会保障发展是否存在条件收敛，如果存在，然后进一步检验三大地区以及社会保障各项目是否存在绝对收敛，检验方法与前文介绍相同。

第二节　数据来源及处理

本章从社会保障总支出和社会保障覆盖人次方面，分析中国社会保障发展的非均衡及收敛性问题，其中，收敛性问题采用人均社会保障支出数据，人均社会保障支出等于社会保障总支出与社会保障覆盖人次之比。为方便数据的获取，本书从狭义的社会保障概念出发，参照十七大报告中对社会保障体系的描述，将社会保障总支出界定为社会保险、社会优抚、社会福利、社会救济支出及其他类支出。

本章所用的数据来自《中国民政统计年鉴》《中国劳动统计年鉴》和《中国统计年鉴》。由于数据统计口径的差异，本书将分析时段选取为 2003—2013 年，为避免 31 个省份的数据之和与全国总量数据不一致，全国数据采用 31 个省份数据的加总。根据地理位置、经济发展水平等因素，本书采取三大地区分组方法，东部地区包括北京、天津、河北、辽宁、上海、江苏、浙江、福建、山东、广东和海南，中部地区包括山西、吉林、黑龙江、安徽、江西、河南、湖北、湖南和内蒙古，西部地区包括四川、重庆、贵州、云南、西藏、陕西、甘肃、青海、宁夏、新疆和广西。

第三节　中国社会保障发展 σ 收敛分析

以上对中国社会保障发展非均衡程度进行了测算和分解，那么中国社会保障发展是否存在 σ 收敛特征？运用上文介绍的变异系数，本章分别对全国及三大地区社会保障发展的 σ 收敛进行分析，如图 9-1 所示。从全国来看，2003—2006 年人均社会保障支出变异系数波动性很大，但总体呈下降趋势，由 2003 年的 0.375 下降到 2006 年的 0.196，年均下降速度为 19.448%，因此，在该时期中国社会保障发展存在 σ 收敛，社会保障非均衡程度有所下降，这与上文基尼系数和泰尔指数的测算结果基本一致。随后在 2007—2013 年波动性较小，稳定在 0.200—0.250。从三大地区来看，2003—2006 年，东部地区人均社会保障支出变异系数快速下降，说明在该阶段东部地区人均社会保障支出存在着明显的 σ 收敛，而在 2007—2013 年却呈现波动性上升的趋势，表明东部地区社会保障发展非均衡程度逐渐扩大。中部地区人均社会保障支出变异系数在样本考察期缓慢上升，这说明中部地区社会保障发展非均衡程度也在逐渐扩大。而西部地区人均社会保障支出基尼系数波动性较大，2004 年达到最大值 0.565，2006 年达到最小值 0.175，2008—2013 年逐年下降，这说明在该阶段西部地区社会保障发展存在着较为明显的 σ 收敛。

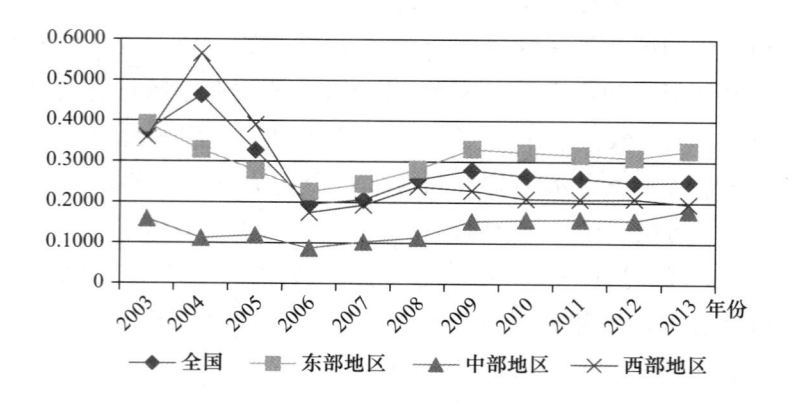

图 9-1　2003—2013 年中国社会保障发展 σ 收敛

第四节　中国社会保障发展 β 收敛分析

一　中国社会保障发展 β 绝对收敛分析

根据式（9-2），本章采用截面数据对中国社会保障发展 β 绝对收敛进行检验，同时，为避免异方差与序列相关，保证结果的可靠性与稳健性，本章运用广义最小二乘法进行分阶段回归，回归结果见表 9-1。2003—2013 年收敛系数为 -0.053，并且通过了 1% 的显著性水平检验，表明在这个时期内中国社会保障发展存在着显著的 β 绝对收敛，收敛的稳态值为 0.421，收敛速度为 1.818%，社会保障水平较低的地区追上较高地区所用时间为 38.127 年。2003—2006 年、2011—2013 年收敛系数均为负，不同的是前者收敛系数在 1% 显著性水平下显著为负，而后者则没有通过显著性水平，这说明中国社会保障在 2003—2006 年存在显著的 β 收敛特征，2011—2013 年其收敛特征则不显著。2007—2010 年收敛系数为 0.067，通过了 5% 的显著性水平检验，因此，在该阶段中国社会保障发展不存在 β 绝对收敛，而是呈现发散趋势，这意味着初期社会保障发展水平高的地区社会保障发展越快，落后的地区社会保障发展越慢。

表 9-1　　2003—2013 年中国社会保障发展绝对 β 收敛

模型及变量	2003—2006 年	2007—2010 年	2011—2013 年	2003—2013 年
收敛系数	-0.156*** (-10.910)	0.067** (2.260)	-0.002 (-0.050)	-0.053*** (-5.340)
常数项	1.105*** (11.070)	-0.396* (-1.880)	0.124 (0.530)	0.444*** (6.310)
调整的 R^2	0.804	0.120	-0.034	0.479
F 值	119.000	5.110	0.000	28.540
稳态值	0.956	—	0.124	0.421
收敛速度（%）	5.648	—	0.058	1.818
半生命周期	12.272	—	1195.081	38.127

注：括号内为 t 检验值，***、**和*分别表示 1%、5% 和 10% 的显著性水平。

二　中国社会保障发展 β 条件收敛分析

根据估计式（9-6），本章采用面板数据对我国社会保障发展的 β 条件收敛进行实证分析。通常，面板数据常用的估计方法有普通最小二乘法（OLS）、固定效应模型（FE）和系统 GMM，然而，普通最小二乘法（OLS）和固定效应模型（FE）都存在自身的局限性，比如，模型随机误差项服从正态分布或某一已知分布时，才是可靠的估计量，而系统 GMM 不需要知道随机误差项的准确分布信息，允许随机误差项存在异方差和序列相关，并可以解决模型内生性问题，因而所得到的参数估计量比其他估计方法更有效。因此，本章以系统 GMM 的回归结果为准，同时，为了保证检验稳健性，也给出了普通最小二乘法（OLS）和固定效应模型（FE）的回归结果，见表 9-2。系统 GMM 回归结果显示，尽管 Arellano-Bond AR（1）说明一阶差分不存在序列相关，但是，Arellano-Bond AR（2）说明扰动项的二阶差分不存在序列相关，因此，可接受"扰动项不存在序列相关"的原假设。萨根过度识别检验结果表明，可接受"所有工具变量都有效"的原假设，即模型所选取的工具变量是恰当的。人均社会保障支出滞后一期在估计模型中通过了1%的显著性检验，回归系数为0.444，这说明中国社会保障存在着显著条件收敛特征。总抚养与人均社会保障支出存在显著的正向关系，总抚养比每增加一个单位，人均社会保障支出则增加0.329个单位。6岁及以上受大专以上受教育人口数对人均社会保障支出产生了一定的副作用，回归系数为-0.055，在10%的显著性水平下显著，可能的原因是教育产生的正外部效应使人们对社会保障的依赖性会有所下降。此外，人均地区生产总值、城镇登记失业率、城镇居民人均总收入以及地方财政一般预算支出都对社会保障具有一定的正向影响，但是，这种正向影响并不显著。

表9-2　　　　2003—2013年中国社会保障发展 β 条件收敛

解释变量	变量说明	OLS	FE	系统GMM
lnC	人均社会保障支出滞后一期	-0.102*** (-2.710)	-0.505*** (-7.380)	0.444*** (4.430)
lnAGDP	人均地区生产总值对数	0.0195 (0.610)	0.0530 (-0.520)	0.149 (1.170)
lnDR	总抚养比对数	-0.044 (-0.870)	0.156*** (1.610)	0.329** (2.450)
lnEDU	6岁及以上受大专以上受教育人口数对数	-0.038** (-2.250)	0.023 (-0.540)	-0.055* (-1.890)
lnUR	城镇登记失业率对数	-0.051* (1.730)	0.036 (0.430)	0.050 (0.410)
lnINC	城镇居民人均总收入对数	0.006 (0.130)	0.584*** (3.370)	0.308 (1.220)
lnIFE	地方财政一般预算支出对数	0.057*** (2.970)	0.103 (-1.260)	0.319 (0.490)
_con	常数项	0.560** (0.221)	-1.249*** (-1.660)	0.272 (0.360)
R^2	调整的 R^2	0.083	—	—

续表

解释变量	变量说明	OLS	FE	系统 GMM
F	F 统计值	4.860	12.910	—
AR（1）	随机扰动项自相关检验	—	—	-3.045***
		—	—	(0.002)
AR（2）		—	—	0.550
		—	—	(0.582)
萨根检验	过度识别检验	—	—	27.407
		—	—	(1.000)

注：***、**和*分别表示1%、5%和10%的显著性水平，OLS、FE 括号内数值为 t 检验值，系统 GMM 括号内数值为 Z 检验值，Arellano-Bond 括号外数值表示 Z 值，括号内数值表示 P 值，萨根检验括号外数值表示 χ^2 值，括号内数值表示 P 值。

第五节　中国社会保障发展俱乐部收敛

运用上文检验 β 绝对收敛的方法，本章分别从空间和项目两个角度检验中国社会保障发展的俱乐部收敛。

一　中国社会保障发展空间俱乐部收敛

如表9-3所示，从2003—2013年整个期间来看，东部、中部、西部三大地区均得到较显著的结果，收敛系数均为负，这说明在整个样本考察期内东部、中部、西部地区均显著收敛，存在俱乐部趋同效应。但是，这三大地区的收敛速度均较慢，其中，东部地区收敛速度为0.274%，中部地区收敛速度为0.108%，西部地区收敛速度为0.777%，并且收敛的半生命周期均较高，这意味着社会保障水平较低地区追赶上较高地区所用时间较长。从分阶段回归来看，2003—2006年，东部、中部、西部收敛系数均通过了1%的显著性检验，显著为负，这表明在该时期三大地区均存在较显著的收敛特征，三大地区收敛速度按照由低到高的顺序排列，依次为东部、西部、中部，而收敛半生命周期按照由低到高的顺序排列却为中部、西部、东部，这说明收敛速度较高的地区收敛半生命周期却较短。2007—2010年，东部地区收敛系数显著为正，因此，在该时期东部地区存在显著发散趋势。而中西部地区收敛系数虽为负，但没有通过显著性检验，因此，在该时期，中西部地区收敛特征并不显著。2011—2013年三大地区收敛系数均没有通过显著性检验，表明东部地区、中部地区、西部地区不存在显著的收敛特征。

表9-3　　2003—2013年中国社会保障发展空间俱乐部收敛

模型及变量		收敛系数	常数项	调整的R^2	F值	稳态值	收敛速度（％）	半生命周期
2003—2006年	东部	-0.142*** (-8.990)	1.005*** (8.850)	0.889	80.750	0.881	5.096	13.603
	中部	-0.217*** (-3.780)	1.515*** (3.920)	0.656	14.320	1.245	8.142	8.513
	西部	-0.178*** (-6.550)	1.259*** (6.570)	0.792	42.970	1.069	6.523	10.626
2007—2010年	东部	0.105*** (5.990)	-0.683*** 	0.778	35.940	—	—	—
	中部	-0.031 (-0.380)	0.275 (0.490)	-0.139	0.150	0.267	1.039	66.698
	西部	-0.012 (-0.260)	0.189 (0.057)	-0.093	0.670	0.186	0.400	173.309
2011—2013年	东部	0.008 (0.230)	0.555 (0.210)	-0.105	0.050	—	—	—
	中部	0.076 (1.240)	-0.408 (-0.920)	0.072	1.530	—	—	—
	西部	-0.111 (-1.020)	0.924 (1.120)	0.001	1.030	0.832	5.871	11.807
2003—2013年	东部	-0.027* (-2.110)	0.255** (2.720)	0.2569	4.460	0.248	0.274	252.972
	中部	-0.011** (-2.580)	0.817** (2.890)	0.448	6.680	0.809	0.108	641.803
	西部	-0.075*** (-3.990)	0.598*** (4.540)	0.6139	15.900	0.557	0.777	89.208

注：括号内为t检验值，***、**和*分别表示1％、5％和10％的显著性水平。

二 中国社会保障发展项目俱乐部收敛

从全时段回归结果来看,社会保险、社会优抚、社会救济、社会福利收敛系数均通过了显著性检验,显著为负,这意味着在样本考察期内,社会保险、社会优抚、社会救济、社会福利均存在显著收敛特征,但是,这四大类的收敛速度均较低,收敛半生命周期均较长。分时段回归结果表明,2003—2006 年,社会保险、社会优抚、社会救济收敛系数均显著为负,社会福利收敛系数虽然也为负,但没有通过显著性检验,并且其收敛速度表现得也十分微弱,为 0.673%,半生命周期高达 102.994,因此,在该时期内,社会保险、社会优抚、社会救济存在显著收敛特征,社会福利的收敛特征并不显著。2007—2010 年,社会优抚、社会救济、社会福利收敛系数为负,分别通过了 1%、5%、10% 的显著性检验,这说明在该时期内社会优抚、社会救济、社会福利存在显著收敛特征,收敛半生命周期最高的为社会救济,最低的为社会福利。而社会保险在该时段收敛系数为正,不具有收敛特征。2011—2013 年,仅有社会优抚、社会福利收敛系数显著为负,社会保险、社会救济收敛系数为正,在该时间段内,社会优抚、社会福利具有收敛特征,而社会保险和社会救济不具有收敛特征。

表 9-4 2003—2013 年中国社会保障项目非均衡俱乐部收敛

模型及变量		收敛系数	常数项	调整的 R^2	F 值	稳态值	收敛速度(%)	半生命周期
2003—2006 年	社会保险	-0.162*** (-13.380)	1.145*** (13.250)	0.856	178.910	0.985	5.891	11.766
	社会优抚	-0.075*** (-4.010)	0.822** (13.250)	0.355	16.120	0.765	2.599	26.669
	社会救济	-0.121* (-1.810)	0.862* (1.990)	0.070	3.270	0.769	4.299	16.123
	社会福利	-0.020 (-0.580)	0.234 (0.840)	-0.023	0.330	0.229	0.673	102.994

续表

模型及变量		收敛系数	常数项	调整的 R^2	F 值	稳态值	收敛速度（%）	半生命周期
2007—2010 年	社会保险	0.039 (1.390)	-0.223 (-1.120)	0.029	1.920			
	社会优抚	-0.054*** (-3.800)	0.651*** (5.620)	0.335	16.120	0.618	1.850	37.467
	社会救济	-0.048** (-2.580)	0.583*** (4.110)	0.158	6.640	0.556	1.639	42.291
	社会福利	-0.063* (-1.930)	0.644** (2.370)	0.083	3.710	0.606	2.169%	31.957
2011—2013 年	社会保险	0.029 (1.110)	-0.960 (-0.510)	0.007	1.230			
	社会优抚	-0.066** (-2.280)	0.715*** (2.800)	0.150	0.005	0.671	3.414	20.303
	社会救济	0.044 (1.560)	-0.214 (-0.88)	0.039	2.240			
	社会福利	-0.144*** (0.001)	1.485*** (4.350)	0.316	14.830	1.298	7.774	8.916
2003—2013 年	社会保险	-0.045*** (-3.050)	0.382*** (3.730)	0.216	9.280	0.365	0.466	148.744
	社会优抚	-0.021** (-2.180)	0.305*** (3.920)	0.141	4.740	0.299	0.211	328.505
	社会救济	-0.054*** (-2.810)	0.512*** (4.080)	0.214	7.870	0.486	0.558	124.219
	社会福利	-0.069*** (-5.340)	0.708*** (6.960)	28.500	0.496	0.662	0.716	96.808

注：括号内为 t 检验值，***、**和*分别表示1%、5%和10%的显著性水平。

第十章 中国社会保障发展随机收敛

第一节 随机收敛检验方法

与传统收敛（如 β 收敛、σ 收敛）关注增长率的绝对差距不同，随机收敛则是在一个动态、长期的环境下，研究不同经济体之间的差距随时间变化的趋势，它强调只要不同经济体之间的差距保持一个相对平稳的变化路径，即可视为存在随机收敛。埃文斯和卡拉斯（Evans and Karras，1996）认为，如果不同经济体之间的差距构成了一个稳定的不随时间变化的差距均衡，即随机收敛。因此，本章参照埃文斯和卡拉斯（1996）分析随机收敛的思路，构造中国社会保障发展的随机收敛模型：

首先考虑 1，2，…，N 个省份，当且仅当存在有限个参数 μ_N 和 α_t 使式（10-1）成立，那么则认为中国社会保障发展存在随机收敛：

$$\lim_{K\to\infty} E_t(y_{i,t+k} - a_{t+k}) = \mu_i \qquad i = 1, 2, \cdots \qquad (10-1)$$

在式（10-1）中，t 表示不同的时期，$y_{i,t}$ 表示 i 省份 t 时期的人均社会保障支出，a_t 为社会保障发展的共同趋势。由于上式中 a_t 具有不可观察性，为保证估计结果可行，必须将其剔除。剔除的方法是首先将式（10-1）进行平均，得到式（10-2），然后用式（10-1）减去式（10-2），得到式（10-3），其中，$\bar{y}_t = \frac{1}{N}\sum_{i=1}^{N} y_{i,t}$。

$$\lim_{k\to\infty} E_t(\bar{y}_{t+k} - a_{t+k}) = \frac{1}{N}\sum_{i=1}^{N} u_i \qquad (10-2)$$

$$\lim_{k\to\infty} E_t(\bar{y}_{i,t+k} - \bar{y}_{t+k}) = \mu_i - \frac{1}{N}\sum_{i=1}^{N} u_i \qquad (10-3)$$

根据式（10-3），对于每一个省份即 $n=1,2,\cdots,N$，当且仅当 $y_{i,t+k} - \bar{y}_{t+k}$ 是平稳序列时，这 N 个省份存在随机收敛趋势。在这种界定下，是否存在随机收敛也就可以通过检验下式中自回归参数 β_i 是否为零来确定。

$$\Delta(y_{i,t} - \bar{y}_t) = \delta_i + \beta_i(y_{i,t-1} - \bar{y}_{t-1}) + \sum_{k=1}^{k_t} \phi_{i,k}\Delta(y_{i,t-k} - \bar{y}_{t-k}) + \mu_{i,t} \qquad (10-4)$$

式（10-4）中，如果各省份之间是收敛的，则 β_i 为负，如果各省份之间是发散的，则 β_i 为零。此外，在式（10-4）中，$i=1,2,\cdots,N$，$t=1,2,\cdots,T$，δ_i 和 $\phi_{i,k}$ 是参数，它们使 $\phi_{i,k}L_i$ 的所有单位根处于单位圆之外，L 为滞后算子，同时，假设 N 趋于无穷大时，式（10-4）中所有的参数在各省份间均不存在相关关系。因此，检验随机收敛就变为检验 $y_{i,t} - \bar{y}_t$ 是否平稳，如果 $y_{i,t} - \bar{y}_t$ 是平稳序列，则外部冲击效应会随着时间的推移，逐步消失，最终使 N 个省份的人均社会保障支出趋向共同趋势；反之，如果 $y_{i,t} - \bar{y}_t$ 为非平稳序列，那么外部冲击效应是持久的，最终使各省份人均社会保障支出呈随机发散趋势。

第二节 数据来源及处理

本章从人均社会保障支出方面，分析中国社会保障发展的空间差距及随机收敛性问题，人均社会保障支出等于社会保障总支出与社会保障覆盖人次之比，其中，在研究全国性随机收敛时，将各省份人均社会保障支出的自然对数值减去全国均值的自然对数值，在研究地区随机收敛时，将地区内各省份人均社会保障支出自然对数值减去地区均值的自然对数值。同时，为方便数据的获取，本书从狭义的社会保障概念出发，参照十七大报告中对社会保障体系的描述，将社会保障总支出界定为社会保险支出、社会优抚支出、社会福利支出、社会救济支出及其他类支出。

本章所用的数据来自《中国民政统计年鉴》《中国劳动统计年鉴》和《中国统计年鉴》。由于2001年之前统计年鉴分类与2001年之后的分类存在较大差别，因此本书将样本考察期定为2001—2013年，同时，为避免31个省份的数据之和与全国总量数据不一致，全国数据采用31个省份数据的加总。根据地理位置、经济发展水平等因素，本书采取三大地区分组方法，东部地区包括北京、天津、河北、辽宁、上海、江苏、浙江、福建、山东、广东和海南，中部地区包括内蒙古、山西、吉林、黑龙江、安徽、江西、河南、湖北和湖南，西部地区包括四川、重庆、贵州、云南、西藏、陕西、甘肃、青海、宁夏、新疆和广西。

第三节 总体社会保障发展随机收敛

中国社会保障发展是否具有随机收敛？根据上文介绍的模型，检验中国社会保障发展的随机收敛即检验中国社会保障是否存在单位根。通常单位根检验包括传统的单变量单位根检验和面板单位根检验，然而，在样本时间跨度较短的情况下，传统的单变量单位根检验存在"势"值较低的问题，也就是在备选假设为真时，正确拒绝原假设的概率较低，而面板单位根检验具有更高"势"值的优势，因此，本章采用面板单位根检验。面板单位根检验常用的方法有Quach检验、LL检验、LLC检验、IPS检验、ADF-Fisher检验、PP-Fisher检验、Hadri检验等，根据本章的数据特征，本章采用IPS检验、ADF-Fisher检验、PP-Fisher检验，同时以Hadri检验作为数据平稳性的补充。同时，根据本章数据形态，上述四种检验方法均采用只有截距项的方程，其中，IPS检验方程中自变量的滞后阶数根据AIC准则确定。

表10-1描述了2001—2013年中国社会保障发展随机收敛的检验结果。根据检验结果，从全国来看，IPS、ADF-Fisher、PP-Fisher检

验均未能显著拒绝存在单位根的原假设,而 Hadri 检验则显著拒绝了平稳性的原假设,这表明各省份人均社会保障支出相对于全国均值呈随机发散。从三大地区来看,东部地区 IPS、PP-Fisher 检验未能显著拒绝存在单位根的原假设,而 ADF-Fisher 检验则显著性地拒绝存在单位根的原假设,Hadri 检验也显著性地拒绝了平稳性的原假设,因此,只有 ADF-Fisher 检验结果支持东部地区各省份人均社会保障支出相对于区域均值呈随机收敛,IPS、PP-Fisher、Hadri 检验结果均支持随机发散。中部地区 IPS、PP-Fisher 检验结果支持存在相对于区域均值的随机收敛,ADF-Fisher、Hadri 检验结果支持发散,这表明中部地区可能只有部分省份存在随机收敛,其他省份可能存在随机发散。西部地区 IPS 检验、ADF-Fisher 检验、PP-Fisher 检验均未能显著拒绝原假设,Hadri 检验显著地拒绝了原假设,这表明西部地区各省份人均社会保障支出相对于区域均值呈随机发散。

表 10-1　　2001—2013 年中国社会保障发展随机收敛检验

地区	IPS 统计量	IPS P值	ADF-Fisher 统计量	ADF-Fisher P值	PP-Fisher 统计量	PP-Fisher P值	Hadri 统计量	Hadri P值
全国	-0.433	0.333	76.814	0.098	67.299	0.301	14.911	0.000
东部	-0.788	0.216	36.613	0.026	20.012	0.582	9.273	0.000
中部	-2.732	0.003	18.856	0.401	56.094	0.000	7.075	0.000
西部	-0.616	0.269	27.214	0.203	24.329	0.330	8.656	0.000

第四节　分项目社会保障发展随机收敛

表 10-2 描述了 2001—2013 年社会保障各项目随机收敛的检验结果,根据检验结果,对于社会保险而言,全国和东部地区 ADF-Fisher 检验显著拒绝了存在单位根的原假设,支持随机收敛,而 IPS、PP-Fisher、Hadri 的检验结果却支持随机发散。中部和西部地区的

IPS、ADF-Fisher、PP-Fisher 检验均未能显著拒绝存在单位根的原假设，而 Hadri 检验则显著拒绝了平稳性的原假设，这表明，在样本考察期内中部和西部地区各省份人均社会保险支出相对于本部区域均值呈随机发散。对于社会优抚而言，无论是从全国，还是从东部、中部、西部三大地区来看，均只有 PP-Fisher 检验结果支持随机收敛。对于社会福利而言，从全国来看，IPS、ADF-Fisher、PP-Fisher、Hadri 检验均显著拒绝了原假设，这说明也只有部分省份人均社会福利支出相对于区域均值呈随机发散。从三大地区来看，东部地区 IPS、ADF-Fisher、PP-Fisher 检验未能显著拒绝存在单位根的原假设，而 Hadri 检验却显著拒绝平稳性的原假设，这说明在样本考察期内，东部地区各省份人均社会福利支出相对于区域均值呈随机发散。中部和西部地区的 IPS、PP-Fisher 检验结果支持随机收敛，ADF-Fisher、Hadri 检验结果支持随机发散。对于社会救济而言，全国以及东部、中部、西部三大地区的 IPS、ADF-Fisher、PP-Fisher、Hadri 检验均显著拒绝了原假设，这说明 IPS、ADF-Fisher、PP-Fisher 检验结果支持随机收敛，而 Hadri 检验结果支持随机发散，因此，通过联合检验得出，全国及东部、中部、西部三大地区内可能只有部分省份人均社会救济支出相对于本区域均值呈随机收敛，其余省份呈随机发散。

表 10-2　2001—2013 年中国社会保障各项目随机收敛检验结果

地区		IPS		ADF-Fisher		PP-Fisher		Hadri	
		统计量	P 值	统计量	P 值	统计量	P 值	统计量	P 值
社会保险	全国	-0.353	0.362	86.296	0.022	62.807	0.448	15.710	0.000
	东部	-0.302	0.381	42.945	0.005	20.931	0.525	8.526	0.000
	中部	0.654	0.743	12.573	0.816	13.428	0.766	7.631	0.000
	西部	-0.276	0.391	29.002	0.145	19.645	0.605	9.854	0.000
社会优抚	全国	-0.923	0.178	59.453	0.568	87.444	0.018	12.690	0.000
	东部	-0.217	0.414	26.210	0.243	38.069	0.018	6.806	0.000
	中部	-0.629	0.265	10.025	0.931	27.738	0.066	6.994	0.000
	西部	-0.959	0.169	24.359	0.329	33.783	0.052	7.879	0.000

续表

地区		IPS		ADF-Fisher		PP-Fisher		Hadri	
		统计量	P值	统计量	P值	统计量	P值	统计量	P值
社会福利	全国	-2.731	0.003	90.957	0.010	103.899	0.001	9.037	0.000
	东部	-0.963	0.168	21.262	0.505	29.718	0.126	6.171	0.000
	中部	-1.829	0.034	20.248	0.319	42.367	0.001	3.870	0.000
	西部	-2.876	0.002	26.047	0.250	46.860	0.002	3.434	0.000
社会救济	全国	-8.231	0.000	211.294	0.000	187.633	0.000	8.393	0.000
	东部	-4.147	0.000	72.402	0.000	57.657	0.000	3.911	0.000
	中部	-4.405	0.000	81.763	0.000	55.981	0.000	1.599	0.055
	西部	-4.909	0.000	44.796	0.000	79.339	0.000	4.795	0.000

第十一章 社会保障与区域经济增长

第一节 问题的提出

  社会保障通过国家立法手段，合理配置公共资源，保证劳动者在面临失业、年老、患病、生育、工伤及自然灾害等状态时基本生活不受影响，保障无收入和低收入人群能够维持基本生存，以期维护社会公平与福利，提高国民生活质量。社会保障是国民收入再分配的一种制度设计，主要包括社会保险、社会福利、社会救济和社会优抚等项目，通过制度和经济手段来解决社会问题（吕承超和白春玲，2016）。社会保障的有效实施将会影响微观和宏观经济社会的各个层面，改变消费者的预算收入约束和社会福利函数，影响微观主体的消费、储蓄、投资等经济决策，进而改变资本、人力等宏观经济部门变量，最终影响区域经济增长。然而，20世纪70年代后，伴随着西方主要发达国家陷入"滞胀"状态，失业率上升，通货膨胀严峻，经济增长开始放缓，人口老龄化速度加剧，政府财政负担增加，人们重新开始审视社会保障对经济增长的作用。有关社会保障与经济增长的关系研究，开始引起学术界的广泛关注。国外学者从微观和宏观等多种视角，对社会保障与经济增长关系进行了研究，两者到底呈现出正相关、负相关还是不相关关系，得出了不同的研究结论。

  自改革开放以来，我国对社会保障制度进行了积极探索，社会保障取得了长足发展。随着我国经济的快速增长，财政社会保障支出的规模在不断扩大，从2001年的3015.29亿元增加到2014年的

35814.85亿元，年均增长20.97%，远高于经济增长速度。然而，在发展的同时，我国现行的社会保障仍然存在覆盖面不够宽、资金筹集困难、多头管理、体制分散等方面的问题，若处理不当，很可能会影响国民经济发展和社会稳定。社会保障与经济增长的关系研究同样引起了我国学者的重视。

社会保障为经济发展提供必要的制度保障，同时经济可持续发展是社会保障的重要基础。社会保障存在适度发展问题，一方面要与社会的"需求"和"供给"相匹配均衡发展，另一方面也要适应经济发展水平的需要。社会保障需要平衡公平与效率的问题。那么，我国社会保障是否促进了区域经济增长？两者之间究竟存在什么关系？关于上述问题的研究，对于我国新常态背景下新型城镇化建设以及经济发展具有重要的现实意义，对于丰富社会保障与经济增长相关理论具有重要的研究价值。

第二节　理论模型与计量模型设定

一　理论模型

（一）基础模型

本章借鉴并扩展巴罗（1990）、Davoodi和Zou（1998）的经济增长理论模型，采用柯布—道格拉斯生产函数形式，引入私人资本和公共资本，并将公共资本划分为社会保障提供的公共资本部分和其他公共资本部分，则人均产出水平可以表示为：

$$y = Ah^{\alpha}r^{\beta}k^{\gamma} \qquad (11-1)$$

式中，y表示人均产出，A表示技术进步，h表示人均社会保障公共资本[①]，r表示人均其他公共资本，k表示人均私人资本。令g为人均公共资本，则$g = h + r$。α、β、γ分别表示不同资本的产出弹性，并且$\alpha \in (0, 1)$，$\beta \in (0, 1)$，$\gamma \in (0, 1)$。假定经济生产规模报酬

---

① 本章假设社会保障公共资本均由公共财政支出形成，不考虑资本折旧因素。

不变，则 $\alpha + \beta + \gamma = 1$。

假设消费者是理性经济人，且无限期寿命，则消费者的效用函数设定为：

$$u(c) = \frac{c^{1-\theta} - 1}{1 - \theta} \qquad (11-2)$$

式中，θ 表示边际效用弹性系数，且 $\theta > 0$，c 表示人均消费。那么，当贴现率为 ρ 时，消费者的总效用贴现可以表示为：

$$U = \int_0^\infty u[c(t)] e^{-\rho t} dt \qquad (11-3)$$

假设政府实施平衡预算政策，按照税率为 δ 一次性向企业征收比例税，并且所得税收全部用于公共投资，则 $g = \delta y = h + r$。为简化分析，假定折旧率为 0，则人均私人资本 k 变化率为：

$$\dot{k} = \frac{dk}{dt} = (1-\delta)y - c = (1-\delta)Ah^\alpha r^\beta k^\gamma - c \qquad (11-4)$$

式（11-4）可以看作经济资源的约束条件，当经济均衡时，构建当前值汉密尔顿函数为：

$$H = \frac{c^{1-\theta} - 1}{1 - \theta} + \lambda[(1-\delta)Ah^\alpha r^\beta k^\gamma - c] \qquad (11-5)$$

其中，λ 为资本的影子价格，则动态最优化一阶条件为：

$$\frac{\partial H}{\partial c} = c^{-\theta} - \lambda = 0 \qquad (11-6)$$

$$\frac{\partial H}{\partial k} = \rho\lambda - \dot{\lambda} \qquad (11-7)$$

在 $g = \delta y = \delta Ah^\alpha r^\beta k^\gamma$、$\alpha + \beta + \gamma = 1$ 的条件下，由式（11-6）和式（11-7）可得：

$$c^{-\theta} = \lambda \qquad (11-8)$$

$$\frac{\dot{c}}{c} = \left[\gamma(1-\delta)\delta^{\frac{1-\gamma}{\gamma}} A^{2-\gamma} \left(\frac{h}{g}\right)^{\frac{\alpha}{\gamma}} \left(\frac{r}{g}\right)^{\frac{\beta}{\gamma}} - \rho\right]/\theta \qquad (11-9)$$

当经济处于均衡状态时，人均产出增长率与人均消费增长率一致，则：

$$\frac{\dot{y}}{y} = \frac{\dot{c}}{c} = \left[\gamma(1-\delta)\delta^{\frac{1-\gamma}{\gamma}} A^{2-\gamma} \left(\frac{h}{g}\right)^{\frac{\alpha}{\gamma}} \left(\frac{r}{g}\right)^{\frac{\beta}{\gamma}} - \rho\right]/\theta \qquad (11-10)$$

由式（11-10）可以得到：

命题一：经济增长不仅与政府税率有关，还与社会保障规模（人均社会保障公共资本规模）$\frac{h}{g}$有关。

（二）进一步拓展与解释

社会保障一般包含社会保险、社会福利、社会救济和社会优抚等项目，其中，社会保险是社会保障的核心内容，社会福利是国家向社会成员提供的物质和精神产品或服务，社会救济是国家向低收入或遭受灾害的群体提供的无偿产品或服务，社会优抚是国家向特殊工作群体及家属提供优抚安置的保障。因此，人均社会保障公共资本主要由四大类保障项目所构成：

$$h = s_1 + s_2 + s_3 + s_4 + s_5 \quad (11-11)$$

其中，s_1、s_2、s_3、s_4、s_5 分别表示人均社会保险公共资本、人均社会福利公共资本、人均社会救济公共资本、人均社会优抚公共资本和人均其他社会保障公共资本。将式（11-11）代入式（11-10）可得：

$$\frac{\dot{y}}{y} = \frac{\dot{c}}{c} = \left[\gamma(1-\delta)\delta^{\frac{1-\gamma}{\gamma}} A^{2-\gamma} \left(\frac{s_1 + s_2 + s_3 + s_4 + s_5}{g} \right)^{\frac{\alpha}{\gamma}} \left(\frac{r}{g} \right)^{\frac{\beta}{\gamma}} - \rho \right]/\theta$$

$$(11-12)$$

由式（11-12）可以得到：

命题二：经济增长除与社会保障规模有关外，还与社会保障结构有关，涉及社会保险规模（人均社会保险公共资本规模）$\frac{s_1}{g}$、社会福利规模（人均社会福利公共资本规模）$\frac{s_2}{g}$、社会救济规模（人均社会救济公共资本规模）$\frac{s_3}{g}$、社会优抚规模（人均社会优抚公共资本规模）$\frac{s_4}{g}$和其他社会保障规模（人均其他社会保障公共资本规模）$\frac{s_5}{g}$。

二　计量模型设定

经济增长处于动态变化之中，某一因素的变化将引起其他因素的改变，并导致前一因素影响加强，经济沿着初始因素变动的方向发展，并通过回波效应与扩散效应①形成循环累积因果关系（吕承超，2015），最终使前期经济增长影响当期经济增长。为此，本章引入动态要素来探讨经济变量的时间效应。此外，区域经济增长并非孤立的，受到内因和外因的影响，其中，内因主要包括区域供求因素和自身结构等，外因主要包括不同区域之间生产要素流动和贸易往来，因此，区域经济增长具有空间溢出效应，并且空间数据往往具有空间自相关和空间依赖性的现象（Anselin，1988）。本章引入空间要素探讨经济变量的空间效应。

在此基础上，构建动态空间面板模型探讨社会保障支出与区域经济增长的时空关系。动态空间面板模型主要包含空间误差模型（Spatial Error Model，SEM）、空间滞后模型（Spatial Lag Model，SLM）和空间杜宾模型（Spatial Durbin Model，SDM）三种类型，其中，空间杜宾模型既考虑了被解释变量的空间相关性，又考虑了解释变量的空间相关性，同时还引入解释变量和被解释变量空间滞后项。因此，本章选用空间杜宾模型，进一步考虑区域经济增长的时间依赖性和空间依赖性，引入被解释变量的时间滞后项、空间滞后项以及时空滞后项，构建动态空间杜宾模型分别检验社会保障规模、社会保障结构与区域经济增长的时间效应、空间效应和时空效应（Pace and LeSage，2006）。本章借鉴埃尔赫尔斯特（Elhorst，2014）的研究，构建动态空间面板模型，如式（11-13）所示：

$$Y_t = \tau Y_{t-1} + \rho W Y_t + \eta W Y_{t-1} + X_t \beta_1 + W X_t \beta_2 + v_t \quad (11-13)$$

式中，Y_t 为被解释变量，为 $N \times 1$ 向量，Y_{t-1} 代表被解释变量滞后一期；X_t 为解释变量，包括核心解释变量和控制变量，为 $N \times K$ 矩

---

① 回波效应，即劳动力、资金、技术等生产要素受收益差异的影响，由落后地区向发达地区流动，导致地区间发展差距的进一步扩大。由于回波效应的作用并不是无节制的，地区间发展差距的扩大也是有限度的，当发达地区发展到一定程度后，由于人口稠密、交通拥挤、污染严重、资本过剩、自然资源相对不足等原因，使其生产成本上升，外部经济效益逐渐变小，从而减弱了经济增长的势头。这时，发达地区生产规模的进一步扩大将变得不经济，资本、劳动力、技术就自然而然地向落后地区扩散，这一过程称为扩散效应。

阵；W 为空间权重矩阵，v_t 为模型误差项，包含个体效应和时间效应；τ、ρ、η 分别表示被解释变量时间滞后项 Y_{t-1} 系数、被解释变量空间滞后项 WY_t 系数、被解释变量时空滞后项 WY_{t-1} 系数；β_1、β_2 分别表示解释变量 X_t 系数、解释变量空间滞后项 WX_t 系数。不同于传统 OLS 回归系数的解释，当空间面板模型 $\rho \neq 0$ 时，则 WY_t、WY_{t-1}、WX_t、X_t 的回归系数并不能直接衡量解释变量对被解释变量的时空效应，而需要对模型进行分解，本章采用偏微分方法对时空效应进行分解（Elhorst，2014）。式（11-13）可以进一步化简为：

$$Y_t = (I - \rho W)^{-1}(\tau + \eta W)Y_{t-1} + (I - \rho W)^{-1}(X_t \beta_1 + WX_t \beta_2) + (I - \rho W)^{-1} v_t \qquad (11-14)$$

由式（11-14）可以推导出短期效应和长期效应：

$$\left[\frac{\partial Y}{\partial x_{1k}} \cdots \frac{\partial Y}{\partial x_{Nk}}\right]_t = (I - \rho W)^{-1}[\beta_{1k} I_N + \beta_{2k} W] \qquad (11-15)$$

$$\left[\frac{\partial Y}{\partial x_{1k}} \cdots \frac{\partial Y}{\partial x_{Nk}}\right]_t = [(1-\tau)I - (\rho + \eta)W]^{-1}[\beta_{1k} I_N + \beta_{2k} W] \qquad (11-16)$$

式（11-15）和式（11-16）分别表示短期效应和长期效应。无论短期效应矩阵和长期效应矩阵，其对角线上元素表示本区域解释变量对本区域被解释变量的影响，视为直接效应；其非对角线上元素表示本区域解释变量对其他区域被解释变量的影响；直接效应和间接效应加总为总效应（LeSage and Pace，2009）。

三 变量选取

（一）被解释变量

人均地区生产总值（agdp）代表被解释变量，表示区域经济增长，以人均地区生产总值增长率来测度。人均地区生产总值以地区生产总值与地区人口数量比值来表示。

（二）核心解释变量

社会保障规模（ass）以人均社会保障支出占人均地区公共财政支出的比例来度量。社会保障结构包括社会保险规模（asi）、社会福利规模（asw）、社会救济规模（asa）、社会优抚规模（asc）和其他社会保障规模。① 社会保障各项目规模以各项目支出占人均地区公共财政支出比例来度量，例如，社会保险规模以人均社会保险支出占人均地区公共财政支出比例来度量，其他项目规模测算方法类似。

（三）控制变量

本章选取以下控制变量：政府税率（tax），以地区公共财政收入占地区生产总值比重来衡量；人力资本（hum），以各地区普通高校在校人数占地区人口比重来衡量；经济开放程度（ope），以地区进出口总额与地区生产总值比重来度量；城镇化率（cit），以地区城市人口占总人口比重来表示；资本形成率（inv），以资本形成总额占地区生产总值比重来衡量。本章没有选取更多的控制变量，主要基于以下考虑：过多的控制变量可能导致多重共线性的问题；模型中引入区域经济增长的时间滞后期，可以考虑到没有纳入控制变量的因素对经济增长的影响。

四　空间相关性检验与空间权重矩阵构建

为了保证空间计量模型的可行性，需要对经济变量进行空间相关性检验。本章引用莫兰（Moran）指数对区域经济增长进行全局空间相关性检验，公式如下：

$$莫兰指数 = \frac{\sum_{i=1}^{n}\sum_{j=1}^{n}w_{ij}(x_i - \bar{x})(x_j - \bar{x})}{s^2 \sum_{i=1}^{n}\sum_{j=1}^{n}w_{ij}} \quad (11-17)$$

式中，$s^2 = \frac{1}{n}\sum_{i=1}^{n}(x_i - \bar{x})^2$，$\bar{x} = \frac{1}{n}\sum_{i=1}^{n}x_i$，$x_i$表示空间单元$i$的观测值，$n$表示空间单元的数量，$w_{ij}$表示空间权重矩阵的元素。莫兰指数取值介于-1—1，当指数值大于零时，表明存在空间正相关；当指数值小于零时，表明存在空间负相关；当指数值等于零时，则存在空间独立性。莫兰指数绝对值越趋近于1，表明空间相关性越强，空间集聚特征越明显。

为了方便分析并简化模型，本章仅考虑邻接空间权重矩阵，当空

---

① 为避免模型共线性问题，本章并未将人均其他社会保障公共资本规模作为解释变量。

间单元 i 和 j 相邻时，矩阵元素 w_{ij} 取值为 1，当不相邻时取值为 0。地理距离空间权重矩阵和经济距离空间权重矩阵分析方法一致，结论类似于邻接权重矩阵分析结果，本章不做赘述。

五 数据来源

本章考虑到《中国民政统计年鉴》2001 年前后数据统计口径差异，因此，选取 2001—2014 年 31 个省份相关数据，以 31 个省份数据加总作为全国总量数据。其中，社会福利支出、社会救济支出、社会优抚支出和其他社会保障支出来源于历年《中国民政统计年鉴》，社会保险支出来源于历年《中国劳动统计年鉴》，社会保障总支出为社会保险支出、社会福利支出、社会救济支出、社会优抚支出和其他社会保障支出的加总数据，人均社会保障支出为各省份社会保障支出与人口比值。各省份人口数量、地区生产总值、地区公共财政收入和支出、普通高校在校人数、进出口总额、城镇化率、资本形成率等数据均来源于《中国统计年鉴》。相关数据以 2001 年为基期，将历年居民消费价格指数折算成实际值进行测算。

第三节 经验检验与实证结果分析

一 空间相关性检验结果

本章采用莫兰指数检验考察期内各省份区域经济增长空间相关性，结果如表 11-1 所示，图 11-1 描述了指数的演变趋势。在邻接空间权重矩阵下，区域经济增长的莫兰指数值在考察期内均为正，并且均通过了 1% 的显著性水平，表明 31 个省份区域经济增长具有显著的空间正相关性，即区域经济增长较快的省份相对集聚，区域经济增长较慢的省份相对集聚，这一结论验证了潘文卿（2012）、刘华军（2014）的研究。从指数的演变趋势来看，以 2005 年为拐点，2001—2005 年区域经济增长莫兰指数处于较高水平，2005 年后莫兰指数逐年下降，直至 2014 年的 0.378，表明区域经济增长总体呈现较强的空间相关性，但近年来这种效应在逐渐减弱。

表 11-1 区域经济增长莫兰指数

年份	I	Z	p
2001	0.469	4.281	0.000
2002	0.483	4.394	0.000
2003	0.490	4.448	0.000
2004	0.479	4.380	0.000
2005	0.481	4.377	0.000
2006	0.463	4.219	0.000
2007	0.459	4.171	0.000
2008	0.447	4.054	0.000
2009	0.444	4.027	0.000
2010	0.443	4.013	0.000
2011	0.439	3.971	0.000
2012	0.421	3.812	0.000
2013	0.402	3.650	0.000
2014	0.378	3.453	0.000

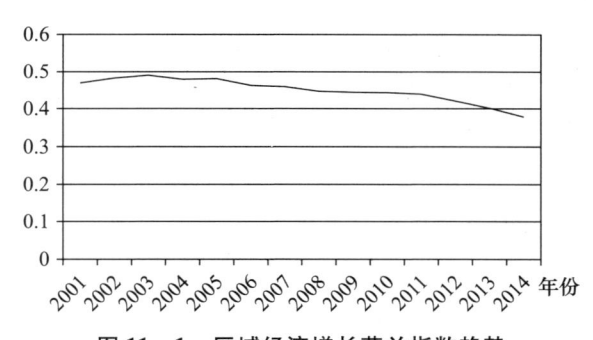

图 11-1 区域经济增长莫兰指数趋势

为进一步考察区域经济增长的空间集聚特征，本章绘制了莫兰散点图（限于篇幅，仅绘制了 2014 年莫兰指数散点图），如图 11-2 所示。在邻接空间权重矩阵下，有 22 个省份位于一、三象限，有 9 个省份位于二、四象限，说明区域经济增长存在高度的空间集聚特征，因此，在研究社会保障与区域经济增长时必须考虑空间因素影响，否则可能造成估计结果偏误。

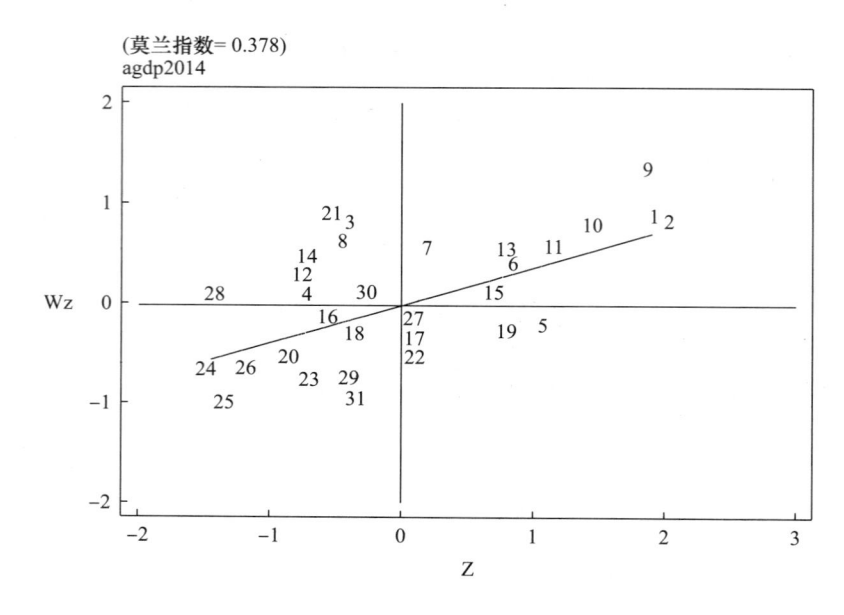

图 11-2　2014 年区域经济增长莫兰指数散点

二　估计结果

本章基于社会保障规模和社会保障结构两种研究视角，分别以社会保障规模和社会保障结构为被解释变量来建立动态空间面板模型进行估计。为了保证回归结果的稳健性，本章在两种研究视角下，分别构建了无时空效应模型（普通面板模型）、时间效应模型（动态面板模型）、空间效应模型（空间面板模型）和时空效应模型（动态空间面板模型）进行回归，估计结果如表 11-2 和表 11-3 所示。虽然在进行时空效应分解时，主要依据分解后的解释变量短期和长期的直接效应、间接效应和总效应对被解释变量作用效果进行分析，但是，分解前的模型选择和回归结果依然重要，两者是进行效应分解的基础，决定了效应分解的准确性。在估计过程中，本章采用豪斯曼（Hausman）检验选择固定效应（FE）和随机效应（RE），采用 Wald 检验和 LR 检验选择空间误差模型（SEM）、空间滞后模型（SLM）和空间杜宾模型（SDM），最终综合评估回归结果的 R^2、赤池信息准则（AIC）和自然对数似然函数值（Loglikelihood）来对模型进行选择。

表 11-2　　　　基于社会保障规模视角的估计结果

变量及模型	无时空效应 面板数据模型 ——固定效应	时间效应 动态面板模型 ——2SGMM	空间效应 空间面板模型 ——SDM-RE	时空效应 动态空间面板模型 ——SDM-FE
$agdp_{t-1}$		0.9734***		0.8807***
ass	0.0170**	-0.0157***	-0.0084***	-0.0026**
tax	0.1080***	-0.0111**	-0.0005	-0.0054
hum	0.0833***	0.0053***	0.0213***	0.0037*
ope	-0.0002	0.0002	-0.0013***	-0.0003**
cit	0.0048*	-0.0001	-0.0015	-0.0007**
inv	0.0059**	0.0002	-0.0001	-0.0004
ρ			0.5034***	0.2353***
$Wagdp_{t-1}$				-0.1211**
Wass			0.0110***	0.0017
Wtax			0.0770***	0.0124*
Whum			0.0266**	-0.0001
Wope			0.0002	0.0004***
Wcit			0.0006	-0.0014
Winv			0.0005	0.0004
R^2	0.9164	—	0.7386	0.9919
LogL			548.0749	548.0750
豪斯曼检验	60.46***	—	-12.73	—
AIC	-266.1667		-708.8381	-1649.366
Arellano-Bond (1)		-3.3269 (0.0009)		
Arellano-Bond (2)		-1.1314 (0.2579)		
萨根检验		28.9180 (1.0000)		

注：***、**、*分别表示在1%、5%、10%的显著性水平下显著。Arellano-Bond括号外数值表示Z值，括号内数值表示P值；萨根检验括号外数值表示χ^2值，括号内数值表示P值。

表 11 – 3　　基于社会保障结构视角的估计结果

变量及模型	无时空效应 面板数据模型 ——固定效应	时间效应 动态面板模型 ——2SGMM	空间效应 空间面板模型 ——SDM-RE	时空效应 动态空间面板模型 ——SDM-FE
$agdp_{t-1}$		0.9623***		0.8654***
asi	0.0140*	－0.0161***	－0.0085**	－0.0029**
asw	0.0341	－0.0155	0.0655	0.0094
asa	0.0341*	0.0052	－0.0088*	－0.0024
asc	0.2123	－0.0564	－0.1083*	－0.0472***
tax	0.1126***	－0.0103	－0.0008	－0.0061
hum	0.0817***	0.0066***	0.0192***	0.0034*
ope	－0.0002	0.0003	－0.0012	－0.0004**
cit	0.0045	－0.0001	－0.0013	－0.0007**
inv	0.0057	0.0001	－0.0002	－0.0004
ρ			0.4695***	0.2144***
$Wagdp_{t-1}$				－0.1319**
Wasi			0.0127***	0.0010
Wasw			－0.1148	－0.0122
Wasa			0.0347***	0.0067
Wasc			－0.0087	0.0058
Wtax			0.0792***	0.0112*
Whum			0.0293**	0.0018
Wope			－0.0001	0.0003**
Wcit			0.0018	－0.0014
Winv			0.0008	0.0005
R^2	0.9176	—	0.7308	0.9926
LogL	—	—	548.0749	655.1859
豪斯曼检验	72.47***	—	－84.93	—
AIC	－266.4436	—	－716.145	－1648.519
Arellano-Bond（1）		－3.3062（0.0009）		
Arellano-Bond（2）		－1.8189（0.0689）		
萨根检验		28.7447（1.0000）		

注：***、**、* 分别表示在 1%、5%、10% 的显著性水平下显著。Arellano-Bond 括号外数值表示 Z 值，括号内数值表示 P 值；萨根检验括号外数值表示 χ^2 值，括号内数值表示 P 值。

无时空效应模型中，通过豪斯曼检验采用固定效应；时间效应模型采用两步法系统 GMM 估计，并且通过了扰动项无自相关检验和工具变量过度识别检验；空间效应模型中，通过 Wald 检验和 LR 检验选择空间杜宾模型（SDM），通过豪斯曼检验采用随机效应，应用极大似然估计方法进行估计；时空效应模型中，最终选择空间杜宾模型（SDM）的固定效应，并且采用极大似然估计方法进行估计。从四个模型回归结果来看，无时空效应面板数据模型虽然具有较为显著的回归系数，但未考虑时空因素，可能造成模型内生性问题，导致结果有偏；引入时间因素并且采用系统 GMM 估计一定程度上解决了内生性问题，但模型未考虑空间溢出效应；而引入空间要素的空间面板模型也具有局限性，未考虑时间滞后和时空滞后交互项。动态空间面板模型既考虑时间滞后、空间滞后，又考虑时空滞后交互项，可以解决遗失变量和内生性问题，采用极大似然估计方法进行无偏估计，进一步解决内生性问题（林春艳和孔凡超，2016）。此外，从回归结果来看，动态空间面板模型的 R^2 和对数似然函数值均大于其他模型，AIC 值小于其他模型，表明该模型拟合效果最优，最终本章选择时空效应的动态空间面板模型，并以此为解释模型进行时空效应分解。

根据表 11-2 和表 11-3 的估计结果，在社会保障规模与结构两种研究视角下，被解释变量的时间滞后项系数和空间滞后项系数均显著为正，表明区域经济增长存在明显的循环累积时间效应，前期经济增长会影响当期经济增长，同时区域经济增长存在空间溢出效应，省际经济增长具有明显的空间依赖性，进一步验证了空间相关性检验结果，表明某地区经济增长会带动相邻地区经济增长，表现为区域经济增长的集聚特征。被解释变量的时空滞后交互项系数为负值，并且通过 5% 的显著性水平检验，表明区域经济增长存在明显的负时空效应，某地区在不同时期对相邻地区经济增长的影响方向是相反的，即某地区前一期经济增长加快时，相邻地区在当期经济增长将放缓，这体现了地区之间经济的竞争性，而且这种竞争具有滞后性（董理和张启春，2014）。

三 时空效应分解

由于表 11-2 和表 11-3 中，ρ 值均显著不为零，因此，不能用上述回归系数直接来解释经济变量的含义。为此，本章采用动态空间面板模型偏微分方法，将核心解释变量社会保障规模、结构及控制变量对被解释变量的时空效应进行分解，划分为长期、短期两种时间效应以及直接效应、间接效应和总效应三种空间效应，最终形成六种时空效应，分别为短期直接效应、短期间接效应、短期总效应、长期直接效应、长期间接效应和长期总效应，在此基础上加以分析，如表 11-4 和表 11-5 所示。

表 11-4　　基于社会保障规模视角的时空效应分解

变量	短期			长期		
	直接效应	间接效应	总效应	直接效应	间接效应	总效应
ass	-0.0025**	0.0015	-0.0009	0.0002	0.0001	0.0002
tax	-0.0046	0.0145	0.0099	0.0001	0.0007	0.0008
hum	0.0040**	0.0005	0.0046	0.0001	0.0001	0.0002
ope	-0.0003**	0.0004**	0.0001	1.02e-06	5.45e-07	1.56e-06
cit	-0.0007***	-0.0019	-0.0027*	8.36e-06	3.76e-05	4.60e-05
inv	-0.0004	0.0003	-0.0001	2.39e-06	-5.26e-06	-2.88e-06

注：***、**和*分别表示在1%、5%和10%的显著性水平下显著。

表 11-5　　基于社会保障结构视角的时空效应分解

变量	短期			长期		
	直接效应	间接效应	总效应	直接效应	间接效应	总效应
asi	-0.0028**	0.0002	-0.0026	0.0001	-0.0003	-0.0002
asw	0.0089	-0.0141	-0.0051	0.0041	0.0156	0.0197
asa	-0.0018	0.0066	0.0048	0.0001	0.0001	0.0002
asc	-0.0444***	-0.0012	-0.0455	0.0212	0.0455	0.0667
tax	-0.0055	0.0108	0.0053	0.0003	0.0002	0.0006
hum	0.0035**	0.0031	0.0066*	0.0001	-0.0001	-1.50e-05
ope	-0.0004**	0.0003**	-0.0001	1.41e-06	-1.71e-06	-3.00e-07

续表

变量	短期			长期		
	直接效应	间接效应	总效应	直接效应	间接效应	总效应
cit	-0.0007***	-0.0018*	-0.0025**	6.28e-06	3.37e-05	4.00e-05
inv	-0.0003	0.0007	0.0004	1.56e-06	-8.31e-06	-6.75e-06

注：***、**和*分别表示在1%、5%和10%的显著性水平下显著。

(一) 社会保障规模和结构的时空效应

在社会保障规模和结构两种研究视角下，社会保障规模和结构对区域经济增长的长期空间效应均不显著，表明从长期来看，社会保障无论在规模上还是在结构上都对本地区和其他地区的经济增长没有空间溢出效应，社会保障对区域内和区域间经济增长的作用效果并不明显。

从短期来看，社会保障规模对区域经济增长的空间溢出效应要比长期明显。短期社会保障规模对区域经济增长的直接效应为-0.0025，并且通过了5%的显著性水平检验，表明在短期内本地区社会保障规模对区域内经济增长具有一定的抑制作用，但作用效果较弱，意味着社会保障规模扩大时，区域内经济增长具有减缓的趋势。而短期社会保障规模对区域经济增长的间接效应和总效应并未通过显著性水平检验，表明短期内本地区社会保障规模并不能影响其他区域经济增长。

从短期来看，社会保障结构同样对区域经济增长产生了空间溢出效应。具体到社会保障各项目而言，社会保险规模和社会优抚规模的直接效应均为负值，分别通过了5%和1%的显著性水平检验，表明社会保险规模和社会优抚规模对区域内经济增长具有抑制作用，并且社会优抚规模对区域内经济增长的抑制作用要强于社会保险规模，但是社会保险规模和社会优抚规模间接效应和总效应均不显著，意味着两者对其他地区的经济增长并不能产生作用。社会福利规模和社会救济规模在短期内对区域经济增长的直接效应、间接效应和总效应并没有通过显著性水平检验。

从社会保障规模和结构对区域经济增长分解后的时空效应来看，社会保障规模和结构无论从时间还是空间方面并没有促进区域经济的增长，反而在短期内对区域内经济增长具有一定的抑制性，进一步验证了赵建国和李佳（2012）的研究结论，那么，导致这种时空效应特征的原因可能存在以下两个方面：第一，社会保障规模扩大意味着政府公共支出增加，而政府干预过多可能对市场效率产生不利影响，政府支出对私人投资可能产生"挤出效应"（戴园晨，1999），进而阻碍经济增长，因此，表现为社会保障在短期内对区域内经济增长的抑制特征。第二，我国社会保障体系和制度并不完善，表现为多头管理、体制分散，城乡分割、区域分割，流动人口社会保障缺失（秦立建，2015），导致了社会保障无法统筹管理，造成了劳动力不能合理流动，资源得不到优化配置，因此，社会保障的区域间溢出效应并不显著。

（二）控制变量的时空效应

从表11-4和表11-5可知，控制变量的长期空间效应均不显著，表明长期内控制变量对区域经济增长的区域内和区域间溢出效应并不存在，但是，短期内控制变量对区域经济增长具有一定的空间效应。从具体的控制变量来看：第一，政府税率。无论从社会保障规模还是结构来看，政府税率的短期空间效应均未通过显著性水平检验，表明政府税率对区域经济增长并没有时空效应（温娇秀，2006）。第二，人力资本。以各地区普通高校在校人数占地区人口比重来衡量的人力资本在短期内具有显著的正向直接效应，而间接效应和总效应并不显著，表明人力资本对本地区经济增长具有促进作用，而对其他地区经济增长的影响不明显，意味着本地区培养的人才更多服务于当地经济，而人才等生产要素区域间溢出效果不明显，这一结论与周文通（2016）的研究一致。第三，经济开放程度。在两种研究视角下，经济开放程度在短期内对区域经济增长的直接效应和间接效应均通过了5%的显著性水平检验，但存在负向的直接效应和正向的间接效应，表明经济开放程度对本地区经济增长具有抑制作用（唐沿源，2012），对其他地区经济增长具有促进作用，可能的原因是开放型经济促进了区域间各生产要素的流动,产生了区域间空间溢出。第四,城镇化率。基于社会保障规模视角下的短期城镇化率对区域经济增长具有负向的直接效应,且通过了1%的显著性水平检验,而间接效应和总效应并不显著,表明了城镇化率对区域内经济增长存在抑制作用,这与社会保障结构视角下的回归结果一致,可能是由于"过度"和"弱质"的城镇化也会带来挤出效应、拥挤等问题,而不利于经济增长(孙祁祥等,2013)。第五,资本形成率。在社会保障规模和结构两种视角下,资本形成率短期空间效应均未通过显著性检验,表明资本形成率对区域经济增长的时空效应并不明显。

第十二章　社会保障与城乡收入差距

第一节　问题的提出

改革开放以来，中国经济社会取得了飞速发展，国民收入水平不断提高。然而，在经济发展的同时，也出现了城乡户籍制度分割、二元经济结构等方面的问题，阻碍了城乡要素的自由流动，导致了城乡收入差距的扩大。1997年，中国城镇居民人均可支配收入为5160.30元，农村居民人均纯收入为2090.13元；2014年，中国城镇居民人口可支配收入为28843.85元，农村居民人均可支配收入[①]为10488.88元，可以发现，城乡收入差距绝对数值在不断增加。城乡收入差距的扩大，不仅影响到国民经济持续健康的发展，而且可能导致矛盾激化，引发社会问题。因此，对城乡收入差距的研究具有重要的现实意义。

党的十八届三中全会明确提出，建立更加公平可持续的社会保障制度，推进基本公共服务均等化，实现发展成果更多更公平惠及全体人民，确保社会既充满活力又和谐有序。社会保障是实现国民收入再分配的一种重要制度安排，是实现社会安定的重要保证，包括社会保险、社会福利、社会救济及社会优抚等方面，其中，社会保险是核心内容。社会保障具有国民收入再分配的调节功能，主要表现在：第

[①] 2013年，统计口径发生改变，从农村居民人均纯收入转变为农村居民人均可支配收入。

一，社会保障保证了低收入和无收入人群的生存需要，保障了劳动者养老、医疗、失业、工伤、生育等方面的权益。第二，通过广泛的强制缴费制度，获得社会保障收入，实现社会保障基金的普惠性，降低了初次分配的不公平性。第三，社会保障通过税收的转移支付和国有资产的无偿划拨，增加了社会保障基金供给，实现了全体公民共享发展成果。新中国成立60多年来，中国城镇社会保障在逐步优化完善，农村社会保障建设也在有序推进，社会保障事业取得了令人瞩目的成就，已经初步建立覆盖城乡的社会保障体系。然而，中国社会保障在发展的同时，仍然存在城乡社会保障制度的差别，导致了城乡社会保障发展不均衡，社会保障各项目碎片化，区域社会保障发展存在差异，最终阻碍了经济均衡发展，在一定程度上扩大了城乡收入差距。

那么，中国城乡收入差距在考察期内如何变动？哪些因素影响城乡收入差距？中国社会保障支出是否缩小了城乡收入差距？其作用效果如何？社会保障支出规模和结构又是如何影响城乡收入差距的？本章将对上述问题进行详细分析并做出解答。

第二节 理论模型与计量模型构建

一 理论模型构建

本章借鉴巴罗（1990）方法扩展内生经济增长模型，引入社会保障支出作为公共资本的重要来源，构建城镇和农村宏观生产函数。由于农村地区社会保障不完善，支出投入比例较少，因此，假定社会保障支出仅形成城镇资本，而农村生产过程中不包含社会保障支出，农村生产仅依靠土地和劳动力，模型如下所示：

$$Y_c = A_c N^\alpha K^\beta S^\delta \qquad (12-1)$$

$$Y_v = A_v T \theta N_{v1}^{1-\theta} \qquad (12-2)$$

式中，Y_c 和 Y_v 分别表示城镇和农村产出水平；A_c 和 A_v 表示城镇和农村技术进步水平；考虑到劳动力的流动性特点，N 表示城镇劳动力数量，包括城镇自有劳动力数量 N_c 和农村流入城镇的劳动力数量

N_{v2}，$N = N_c + N_{v2}$，N_{v1} 表示从事农业生产的劳动力数量，因此，农村劳动力人口数量 $N_v = N_{v1} + N_{v2}$；T 表示农村土地资本，S 表示社会保障支出资本，K 表示城镇物质资本，假定农村资本主要用于储蓄，通过金融市场流动到城镇，城镇资本主要用于投资，因此，城镇资本包含城镇居民自有资本 K_c 和来自农村储蓄的资本 K_v 两部分，并且 $K = K_c + K_v$。假设生产过程存在规模报酬不变，则 α、β、δ 和 θ 分别表示城镇劳动力产出弹性系数、城镇物质资本产出弹性系数、社会保障支出资本产出弹性系数和农村土地资本产出弹性系数，并且 α、β、δ 和 θ 均大于零小于 1，$\alpha + \beta + \delta = 1$。

鉴于城乡生产效率和生产要素的差别，本章假设城乡劳动力市场处于完全竞争状态，则城乡劳动力价格取决于劳动边际产量：

$$W_c = \frac{\partial Y_c}{\partial N} = \alpha A_c N^{\alpha - 1} K^\beta S^\delta \qquad (12-3)$$

$$W_v = \frac{\partial Y_c}{\partial N_{v1}} = (1 - \theta) A_v \left(\frac{T}{N_{v1}}\right)^\theta \qquad (12-4)$$

式中，W_c 和 W_v 分别表示城镇和农村地区劳动力价格。此外，假设城镇资本市场也处于完全竞争状态，则城镇资本价格即市场利率由资本边际产量决定。

$$r_c = \frac{\partial Y_c}{\partial K} = \beta A_c N^\alpha K^{\beta - 1} S^\delta \qquad (12-5)$$

式中，r_c 表示城镇资本边际产量。那么，城镇和农村居民人均收入来自劳动力工资及利息收入，其中，城镇居民利息收入决定于资本市场利率 r_c，农村居民利息收入决定于储蓄固定利率 r_v。因此，城乡居民人均收入可以分别表示为：

$$E_c = W_c + \frac{r_c K - r_v K_v}{N_c} \qquad (12-6)$$

$$E_v = W_v + \frac{r_v K_v}{N_v} \qquad (12-7)$$

式中，E_c 和 E_v 分别表示城镇和农村居民人均收入。在此基础上，本章引入泰尔指数来测算城乡收入差距，公式为：

第十二章 社会保障与城乡收入差距

$$Theil = \sum_{i=1}^{2} \frac{Y_{it}}{Y_t} \ln\left(\frac{Y_{it}}{Y_t} \Big/ \frac{P_{it}}{P_t}\right) = \frac{Y_{1t}}{Y_t} \ln\left(\frac{Y_{1t}}{Y_t} \Big/ \frac{P_{1t}}{P_t}\right) + \frac{Y_{2t}}{Y_t} \ln\left(\frac{Y_{2t}}{Y_t} \Big/ \frac{P_{2t}}{P_t}\right) \quad (12-8)$$

式中，$Theil$ 表示城乡收入差距的泰尔指数，指数越大，表明城乡收入差距越大；反之则越小。Y_{it} 表示城镇或农村地区 t 时期收入，P_{it} 表示城镇或农村地区 t 时期人口数，Y_t 和 P_t 分别表示 t 时期城乡总收入和总人口，$i=1$ 表示城镇地区，$i=2$ 表示农村地区。那么，城镇和农村地区人口数分别为 N_c 和 N_v，城乡总人口为（$N_c + N_v$），城镇居民和农村居民总收入分别表示为 $E_c N_c$ 和 $E_v N_v$，则式（12-8）可以进一步写为：

$$Theil = \frac{E_c N_c}{E_c N_c + E_v N_v} \ln\left(\frac{E_c N_c}{E_c N_c + E_v N_v} \Big/ \frac{N_c}{N_c + N_v}\right) +$$

$$\frac{E_v N_v}{E_c N_c + E_v N_v} \ln\left(\frac{E_v N_v}{E_c N_c + E_v N_v} \Big/ \frac{N_v}{N_c + N_v}\right) \quad (12-9)$$

为了表示简洁，令 $a = \dfrac{E_c N_c}{E_c N_c + E_v N_v}$，$b = \dfrac{N_c}{N_c + N_v}$，式（12-9）可以表示为：

$$Theil = a\ln(a/b) + (1-a)\ln[(1-a)/(1-b)] \quad (12-10)$$

为了进一步讨论城乡收入差距的泰尔指数与社会保障支出之间的关系，本章用泰尔指数对社会保障支出 S 求一阶导数，以分析社会保障支出对城乡收入差距的影响。

$$\frac{\partial Theil}{\partial S} = \frac{\partial Theil}{\partial a} \frac{\partial a}{\partial E_c} \frac{\partial E_c}{\partial S}$$

$$= \left(\frac{\alpha}{N} + \frac{\beta}{N_c}\right) \delta A_c N^\alpha K^\beta S^{\delta-1} \frac{E_v N_v N_c}{(E_c N_c + E_v N_v)^2} \ln\frac{a(1-b)}{b(1-a)} \quad (12-11)$$

由式（12-11）可以看出，社会保障支出对城乡收入差距的影响主要取决于 $\dfrac{a(1-b)}{b(1-a)}$。当 $\dfrac{a(1-b)}{b(1-a)} > 1$ 即 $a > b$ 时，$\dfrac{\partial Theil}{\partial S} > 0$，表明社会保障支出与城乡收入差距呈现正向关系，社会保障支出扩大了城乡收入差距；当 $\dfrac{a(1-b)}{b(1-a)} = 1$ 即 $a = b$ 时，$\dfrac{\partial Theil}{\partial S} = 0$，表明社会保障支出存在临界状态，城乡收入差距存在极值；当 $\dfrac{a(1b)}{b(1-a)} < 1$ 即 $a < b$ 时，

$\frac{\partial Theil}{\partial S}<0$，表明社会保障支出与城乡收入差距呈现负向关系，社会保障支出抑制了城乡收入差距。综上所述，在城乡二元经济结构下，社会保障支出与城乡收入差距之间可能存在非线性关系。为进一步验证上述理论模型，本章将构建计量模型加以分析。

二　计量模型构建

（一）基于社会保障支出规模的计量模型

经济的发展处于动态过程中，不仅受到当期因素的影响，而且通过回波效应与扩散效应受到前期因素的影响（吕承超，2015）。为此，本章引入被解释变量的滞后期，构建非线性的动态面板数据模型[①]，论证社会保障支出是否缩小了城乡收入差距。

$$Theil_{it} = \beta_0 + \beta_1 \ln Theil_{it-1} + \beta_2 \ln S_{it} + \beta_3 \ln S_{it}^2 + \gamma X + \mu_i + \varepsilon_{it} \quad (12-12)$$

式中，$Theil$ 表示城乡收入差距的泰尔指数，S 表示中国社会保障支出，X 表示控制变量，i 表示省份，t 表示时间，β_0 表示截距项，β_1、β_2、β_3 和 γ 分别表示各解释变量系数，μ_i 表示个体效应，ε_{it} 表示随机扰动项。在此基础上，本章将中国划分东部、中部和西部三大地区，分别探讨不同地区社会保障支出与城乡收入差距之间的关系，分地区的计量模型同式（12-12）。

（二）基于社会保障支出结构的计量模型

社会保障作为国民收入再分配的一项制度，包含社会保险、社会福利、社会救济、社会优抚等项目。为此，本章基于社会保障各项目支出，构建动态面板数据模型，从社会保障支出结构角度分析社会保障各项目支出对城乡收入差距的影响。

$$Theil_{it} = \beta_0 + \beta_1 \ln Theil_{it-1} + \beta_2 \ln si_{it} + \beta_3 \ln sw_{it} + \beta_4 \ln sa_{it} + \beta_5 \ln sc_{it} + \beta_6 \ln si_{it}^2 + \beta_7 \ln sw_{it}^2 + \beta_8 \ln sa_{it}^2 + \beta_9 \ln sc_{it}^2 + \gamma X + \mu_i + \varepsilon_{it} \quad (12-13)$$

式中，si、sw、sa 和 sc 分别表示社会保险支出、社会福利支出、社会救济支出和社会优抚支出，其他变量同式（12-12）。

---

① 本书对相关变量进行空间计量分析发现，被解释变量和解释变量莫兰指数并不显著，空间特征并不明显，因此并未引入空间滞后因素构建动态空间面板模型。

三 变量选取及数据说明

（一）控制变量选取

在理论模型分析的基础上，本章综合权衡影响城乡收入差距的因素，选取以下变量作为控制变量：对外开放程度（open），以各省份进出口总额占地区生产总值比重来表示；城镇化率（cit），以各省份城镇人口占总人口比重来表示；资本形成率（inv），以各省份资本形成总额占地区生产总值比重来表示；人力资本（hum），以各省份普通高校在校生人数占总人口比重来表示；人口老龄化（age），以各省份65岁及以上人口占总人口比重来表示。

本章为了避免多重共线性问题，并没有选取过多的控制变量，此外，由于加入了被解释变量的滞后期，可以将未考虑到的控制变量纳入到城乡收入差距循环累积效应[①]当中。

（二）数据来源及说明

本章选取中国1997—2014年31个省份数据，其中，中国社会保障支出来自1997—2014年《中国统计年鉴》各省份公共财政支出中社会保障支出与就业数据，各省份地区生产总值、进出口总额、城乡人口数、资本形成总额、普通高校在校生人数和65岁及以上人口数等数据均来自1997—2014年《中国统计年鉴》，控制变量数据经过测算整理后获得。社会保障包括社会保险、社会福利、社会救济和社会优抚4个项目，考虑到社会保障各项目支出统计口径问题，本章选取2001—2014年社会保障各项目数据，其中，社会福利支出、社会救济支出和社会优抚支出来源于2001—2014年《中国民政统计年鉴》，社会保险支出来源于2001—2014年《中国劳动统计年鉴》。社会保险包括养老保险、医疗保险、失业保险、工伤保险和生育保险；社会福利涉及收养性机构、养老服务事业、儿童福利事业等方面；社会救济涉及城市和农村居民最低生活保障、农村五保户和应急救灾等方面；社会优抚主要涉及抚恤补助优抚、退役士兵和复员干部以及离退休退职人员；社会保障其他方面的内容由于涉

---

① 在一个动态的社会过程中，社会经济各因素之间存在循环累积的因果关系。

及面小、支出比例过低，本章将其归入其他项，为避免多重共线性问题，不作为分析重点。

本章以1997年为基期，将各种数据依据历年消费物价指数换算成真实值进行测算。本章将中国划分为东部、中部和西部三大地区，其中，东部地区包括北京、天津、河北、辽宁、山东、江苏、浙江、上海、广东、福建和海南，中部地区包括内蒙古、黑龙江、吉林、山西、河南、安徽、湖北、湖南和江西，西部地区包括广西、陕西、甘肃、四川、贵州、重庆、云南、新疆、宁夏、青海和西藏。

样本变量的统计特征大致如表12-1所示。

表12-1　　　　　　　　样本变量的统计特征

变量名称	变量说明	观测数	均值	标准差	最大值	最小值
Theil	城乡收入差距泰尔指数	558	0.2280	0.1798	0.7887	1.38E-05
sec	社会保障支出	558	221.2863	188.1941	927.0059	4.3395
si	社会保险支出	558	3911.2588	4386.3755	24015.9482	33.8186
sw	社会福利支出	558	46.8582	64.7102	424.3899	0.2243
sa	社会救济支出	558	341.1703	401.1556	4397.5711	6.2950
sc	社会优抚支出	558	157.2604	176.9584	1103.5204	2.0243
open	对外开放程度	558	0.3287	0.4124	1.7230	0.0357
cit	城镇化率	558	0.5637	0.1526	1.3044	0.1526
inv	资本形成率	558	0.4698	0.1514	0.8960	0.1463
hum	人力资本	558	0.1426	0.0705	0.3579	0.0258
age	人口老龄化	558	0.0825	0.0195	0.1584	0.0195

注：以1997年不变价格整理得到。

第三节 经验检验与实证结果分析

动态面板模型包含被解释变量滞后期，因此，模型存在内生性问题，可能导致回归结果偏误。Arellano 和 Bond（1991）利用一阶差分方法选择工具变量来加以解决，然而，该方法容易造成弱工具变量问题。Arellano 和 Bover（1995）进一步引入解释变量水平值作为工具变量对原有差分方程进行 GMM 估计，Blundell 和 Bond（1998）将以上两种方法结合提出两步法系统 GMM 估计，克服了弱工具变量问题，提高了估计效率，可以得到一致的无偏估计。为此，本章采用更加完善的两步法系统 GMM 估计来对模型进行检验，并且通过扰动项自相关检验和工具变量过度识别检验来验证估计结果的有效性。为了避免多重共线性问题，本章测算了各解释变量之间的相关系数（均小于0.3），并进一步考察了方差膨胀因子（均小于10），发现不存在严重的多重共线性问题。考虑到模型的稳健性，本章分别得到混合最小二乘法和固定效应回归方法的结果，并与系统 GMM 结果比较，同时，对系统 GMM 估计采用逐个引入控制变量的方法进行回归来检验模型的稳健性。最终，模型回归结果如表12-3、表12-4和表12-5所示。

一 城乡收入差距泰尔指数

本章依据式（12-8）分别测算了中国及东部、中部、西部地区城乡收入差距的泰尔指数，如图12-1和表12-2所示。从全国数据来看，1997—2014年，中国城乡收入差距泰尔指数呈逐年下降的趋势，年均降低13.16%，表明中国城乡收入差距在逐步缩小。中国城乡收入差距泰尔指数波动趋势与中部地区类似，但中国城乡收入差距泰尔指数要高于东部地区、低于西部地区。三大地区城乡收入差距泰尔指数在考察期内逐年降低，其中，东部地区降幅最大，中部地区次之，西部地区最小；三大地区城乡收入差距泰尔指数存在东中西部依次上升趋势，表明东部地区城乡收入差距较小，西部地区城乡收入差距较大，中部地区城乡收入差距近似全国水平。

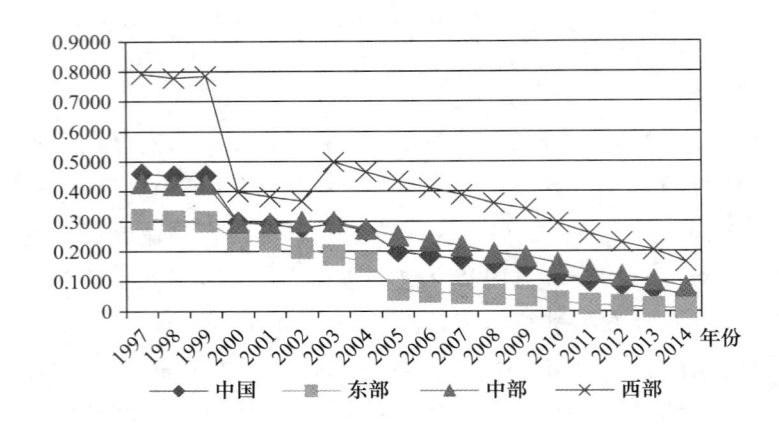

图 12-1　中国及分地区城乡收入差距泰尔指数趋势

表 12-2　　　　中国及分地区城乡收入差距的泰尔指数

年份	中国	东部	中部	西部
1997	0.4592	0.3080	0.4285	0.7914
1998	0.4518	0.3022	0.4211	0.7783
1999	0.4520	0.2996	0.4245	0.7848
2000	0.2970	0.2367	0.2949	0.3983
2001	0.2900	0.2322	0.2932	0.3811
2002	0.2775	0.2101	0.2991	0.3672
2003	0.2922	0.1873	0.2978	0.4978
2004	0.2673	0.1639	0.2737	0.4644
2005	0.1976	0.0698	0.2508	0.4335
2006	0.1845	0.0637	0.2348	0.4111
2007	0.1726	0.0591	0.2175	0.3881
2008	0.1578	0.0542	0.1938	0.3593
2009	0.1484	0.0502	0.1831	0.3402

续表

年份	中国	东部	中部	西部
2010	0.1176	0.0305	0.1599	0.2933
2011	0.0982	0.0227	0.1337	0.2581
2012	0.0848	0.0176	0.1177	0.2287
2013	0.0712	0.0115	0.1031	0.2037
2014	0.0561	0.0085	0.0801	0.1636

二 基于中国社会保障支出规模实证结果分析

基于式（12-12）构建的以中国社会保障支出规模为核心解释变量，以城乡收入差距泰尔指数为被解释变量的非线性动态面板模型，得到了混合回归、面板模型回归和系统 GMM 回归结果，如表 12-3 所示。其中，通过豪斯曼检验采用面板模型固定效应回归结果，F 检验和 Wald 检验均通过了 1% 的显著性水平，通过逐步引入控制变量的动态面板模型系统 GMM 估计均通过了 Arellano-Bond 扰动项一阶和二阶自相关检验，以及萨根检验过度识别检验，表明动态面板模型工具变量选取是合理的，模型估计是有效的。通过表 12-3 实证结果可以发现：

第一，被解释变量存在时间滞后效应，所有模型城乡收入差距泰尔指数滞后一期系数均通过了 1% 的显著性水平检验，并且系数为正值，均大于 0.2，表明城乡收入差距存在循环累积效应，前期城乡收入差距会扩大当期的城乡收入差距，城乡收入差距存在路径依赖性。这一结论与大多数研究成果一致（吕炜和高飞，2013；傅强和马青，2015）。

第二，混合回归及固定效应回归结果中，社会保障支出对数及其平方项系数未通过显著性水平检验，而系统 GMM 估计明显提高了核心解释变量的显著性水平，社会保障支出对数系数除 GMM3 和 GMM5 模型外，均通过了 1% 的显著性水平，社会保障支出对数平方项系数在 GMM1、GMM3、GMM5 和 GMM6 模型中，均通过了 5% 显著性水平，在 GMM2 和 GMM4 模型中通过了 10% 的显著性水平。社会保障支出对数与其平方项系数分别为负值（-0.10左右）和正值（0.01左右），表明在一定条件下社会保障支出具有抑制城乡收入差距的作用，然而，这种作用在非线性条件下表现为"U"形趋势，意味着社会保障支出与城乡收入差距存在"U"形关系，即在临界值之前，中国社会保障支出缩小了城乡收入差距；在临界值之后，中国社会保障支出扩大了城乡收入差距。社会保障具有调节收入分配的作用，中国长期以来城镇和农村社会保障存在差距，社会保障支出更加偏向于城镇（余菊和刘新，2014），影响了城乡收入差距，但近年来，随着中国更加重视农村社会保障事业，加大对农村社会保障投入，城乡社会保障差距在进一步缩小，社会保障支出规模的扩大对城乡收入差距的缩小具有积极的作用。然而，随着农村新型养老保险及医疗保险制度的不断完善，政府强化了对农村社会保障财政投入力度，这些政策措施从长期来看，逐渐抵消了社会保障支出规模对城乡收入差距的抑制作用，甚至当突破某一临界值时，有可能存在社会保障支出扩大城乡收入差距的现象（徐倩和李放，2012）。

第三，逐步引入控制变量的模型具有稳健性，其中，对外开放程度和人口老龄化显著性水平不理想，并未通过检验，城镇化率、资本形成率和人力资本在各个模型中显著性水平较高。具体来看，城镇化率对城乡收入差距具有显著的负向作用，并且系数绝对值在所有变量中最大，表明城镇化水平的提高有利于缩小城乡收入差距，原因可能是农村人口流入城镇地区，提高了农村劳动生产率和人均收入，进而缩小了城乡收入差距（王建康等，2015）。资本形成率对城乡收入差距的系数为负，该结论不同于刘文忻和陆云航（2006）的研究，可能是由于近年来中国固定资产投资比重较大，促进了城镇化进程，大投资创造了更多就业机会，有利于农民工收入的增加，进一步缩小了城乡收入差距。人力资本对城乡收入差距具有显著的正值系数，表明人力资本扩大了城乡收入差距，城镇对高水平人力资本具有吸引能力，城镇对人力资本的投入要高于农村地区，造成城镇与农村人力资本水平的差距，进一步引起城乡收入差距的扩大（袁冬梅等，2011）。

表 12-3 基于中国社会保障支出规模的实证结果

解释变量	变量说明	POLS	FE	GMM1	GMM2	GMM3	GMM4	GMM5	GMM6
LTheil	城乡收入差距泰尔指数滞后一期	0.6915*** (11.97)	0.4397*** (5.90)	0.6755*** (11.89)	0.6242*** (13.16)	0.4584*** (5.24)	0.4187*** (5.32)	0.3193*** (4.59)	0.2312*** (4.87)
lnsec	社会保障支出对数	-0.0268 (-1.60)	-0.0165 (-0.89)	-0.0892*** (-3.02)	-0.0848*** (-2.75)	-0.0716** (-2.51)	-0.1034* (-1.78)	-0.1118*** (-2.95)	-0.1327*** (-2.73)
lnsec²	社会保障支出对数平方	0.0015 (0.93)	0.0011 (0.64)	0.0062** (2.25)	0.0051* (1.65)	0.0071** (2.53)	0.0115* (1.77)	0.0083** (2.24)	0.0099* (1.96)
open	对外开放程度	0.0071 (1.24)	-0.0328** (-2.38)		-0.0242** (-2.12)	0.0148 (1.40)	0.0225 (1.26)	-0.0124 (-1.09)	0.0034 (0.36)
cit	城镇化率	-0.4745*** (-5.50)	-0.7612*** (-6.45)			-0.6550*** (-4.85)	-0.6821*** (-7.70)	-0.8276*** (-6.10)	-0.9880*** (-6.54)
inv	资本形成率	-0.0280 (-0.94)	-0.1738*** (-3.42)				-0.1398** (-2.49)	-0.2270*** (-3.20)	-0.1626** (-2.37)
hum	人力资本	0.0441*** (3.90)	0.0552** (2.48)					0.0960*** (3.75)	0.1017*** (2.82)
age	人口老龄化	-0.2744 (-1.51)	-0.7352** (-2.23)						-0.1419 (-0.65)
_cons	常数项	0.3423*** (4.57)	0.6284*** (6.95)	0.3405*** (3.65)	0.3759*** (4.11)	0.5828*** (4.73)	0.7219*** (5.29)	0.8764*** (6.75)	0.9868*** (6.54)

续表

解释变量	变量说明	POLS	FE	GMM1	GMM2	GMM3	GMM4	GMM5	GMM6
Hausman	豪斯曼检验		216.61***						
R^2	调整的 R^2	0.9157	0.8769						
F	F 值	358.54***	204.94***						
Wald	Wald 检验			905.50***	1042.09***	1526.01***	214.21***	473.53***	238.52***
AR (1)	扰动项一阶自相关检验			-2.4696 (0.0135)	-2.4454 (0.0145)	-2.4447 (0.0145)	-2.3889 (0.0169)	-2.1549 (0.0312)	-1.7425 (0.0814)
AR (2)	扰动项二阶自相关检验			0.4062 (0.6845)	0.3524 (0.7246)	0.2489 (0.8034)	0.4357 (0.6630)	0.2784 (0.7807)	0.1273 (0.8987)
萨根检验	过度识别检验			30.4967 (0.4918)	29.6680 (0.5345)	27.9413 (0.999)	28.9898 (1.0000)	24.2180 (1.0000)	25.3759 (1.0000)

注：***、**和*分别表示1%、5%和10%的显著性水平，POLS、FE 估计结果括号内数值为 t 检验值，系统 GMM 估计结果括号内数值为 Z 检验值。AR 括号外数值表示 Z 检验值，括号内数值表示 P 值；萨根检验括号外数值表示 χ^2 值，括号内数值表示 P 值。

三 基于分地区社会保障支出规模实证结果分析

为了探讨分地区社会保障支出与城乡收入差距关系，本章构建东部、中部、西部地区动态面板模型，分别采用混合回归、面板模型回归及两步法系统 GMM 方法对模型进行回归检验，由于系统 GMM 估计在解决内生性问题上的优越性，本章以系统 GMM 回归结果加以分析，结果如表 12-4 所示。

第一，东部地区面板模型通过豪斯曼检验选择固定效应回归，动态面板模型系统 GMM 估计分别通过了扰动项自相关检验和过度识别检验，模型估计一致有效。从回归结果来看，东部地区城乡收入差距泰尔指数滞后项并未通过显著性水平检验，表明东部地区城乡收入差距不存在循环累积效应，前期并未对当期的城乡收入差距产生影响。社会保障支出对数及其平方项对城乡收入差距泰尔指数的系数通过了 5% 的显著性水平检验（孙文杰和薛幸，2016），并且系数方向与全国数据回归结果类似，表现为社会保障支出对城乡收入差距具有抑制作用，并且在非线性条件下社会保障支出与城乡收入差距呈现出"U"形变动趋势，在考察期内，东部地区社会保障支出与城乡收入差距存在非线性的负向关系。在控制变量中，仅有城镇化率通过了 1% 的显著性水平检验，并且其系数为负，绝对值较大，表明东部地区城镇化率是缩小城乡收入差距的重要因素。其他控制变量在系统 GMM 估计当中均未通过显著性水平检验。

第二，中部地区面板模型未通过豪斯曼检验，因此，选择随机效应回归，系统 GMM 估计通过了扰动项自相关检验和过度识别检验，结果有效。中部地区城乡收入差距泰尔指数滞后一期系数为正，表明存在前期对当期城乡收入差距的正向作用，但显著性水平较低，表现并不明显。社会保障支出对数及其平方项与城乡收入差距泰尔指数的关系如同全国及东部地区模型，但仅通过了 10% 的显著性水平检验，进一步验证了余菊和刘新（2014）的结论：部分地方社会保障支出虽然对缩小城乡收入差距具有促进作用，但在统计上并不显著，使其作用效果不明显。控制变量中，城镇化率对城乡收入差距具有较显著的负向作用，表明中部地区城镇化率缩小了城乡收入差距。此外，资本

表12-4 东部、中部、西部地区社会保障支出规模的实证结果

解释变量	变量说明	东部 POLS	东部 FE	东部 GMM	中部 POLS	中部 RE	中部 GMM	西部 POLS	西部 FE	西部 GMM
LTheil	城乡收入差距泰尔指数滞后一期	0.5952*** (7.49)	0.4299*** (5.24)	0.0429 (0.21)	0.5305*** (10.74)	0.5305*** (5.11)	1.5009* (1.91)	0.4247*** (4.59)	0.2562** (2.34)	0.0295 (0.34)
lnsec	社会保障支出对数	-0.0844* (-2.12)	-0.0124 (-0.27)	-0.2392** (-2.25)	0.0025 (0.10)	0.0025 (0.07)	-2.2712* (-1.75)	-0.0188 (-0.42)	-0.0230 (-0.55)	0.0413* (1.79)
lnsec²	社会保障支出对数平方	0.0083* (1.98)	0.0025 (0.49)	0.0264** (2.19)	-0.0006 (-0.23)	-0.0006 (-0.18)	0.1927* (1.84)	0.0006 (0.13)	-0.0022 (-0.41)	0.0086* (1.67)
open	对外开放程度	0.0141* (1.96)	-0.0457 (-1.53)	0.0062 (0.05)	-0.0101 (-1.30)	-0.0101 (-1.05)	-1.3887 (-1.64)	-0.0088 (-0.73)	-0.0076 (-0.46)	0.0460*** (2.94)
cit	城镇化率	-0.5395*** (-6.88)	-0.6962*** (-11.46)	-0.9378*** (-5.17)	-0.6138*** (-7.26)	-0.6138*** (-3.18)	-4.9226** (-2.37)	-1.1068*** (-10.45)	-1.1930*** (-10.91)	-2.2445*** (-3.98)
inv	资本形成率	-0.2375 (-1.70)	-0.1514 (-1.41)	-0.0611 (-0.04)	0.0365 (1.37)	0.0365** (2.01)	-16.6935* (-1.67)	-0.0384 (-0.83)	-0.1044** (-2.17)	-0.4060*** (-2.77)
hum	人力资本	0.0802*** (4.88)	0.0461** (2.32)	0.0505 (0.75)	-0.0037 (-0.35)	-0.0037 (-0.42)	4.6919 (1.63)	0.0163 (0.79)	0.0644 (1.64)	-0.3421** (-2.39)
age	人口老龄化	-0.4557* (-1.82)	-0.9230* (-1.99)	0.2159 (0.15)	0.3459 (1.58)	0.3459*** (3.06)	-18.5995 (-1.47)	0.2536 (0.76)	-0.0003 (-0.00)	2.7641 (1.94)

续表

解释变量	变量说明	东部 POLS	东部 FE	东部 GMM	中部 POLS	中部 RE	中部 GMM	西部 POLS	西部 FE	西部 GMM
_cons	常数项	0.5537*** (3.34)	0.6156*** (4.66)	1.0703 (1.16)	0.3159 (4.52)	0.3159*** (3.15)	12.4923* (1.79)	0.6819*** (4.02)	0.8781*** (5.43)	1.2216 (7.06)
Hausman	豪斯曼检验		72.74***			13.07			26.23***	
R^2	调整的 R^2	0.8771	0.9013		0.9631	0.9631		0.9289	0.9107	
F	F 值	2196.89***	396.4***		469.61***			155.19***	244.79***	
Wald	Wald 检验			5659.62***		55942.63***	865.86***			620.91***
AR (1)	扰动项一阶自相关检验			0.5602 (0.5753)			0.5111 (0.6092)			-0.3260 (0.7445)
AR (2)	扰动项二阶自相关检验			0.3776 (0.7057)			0.4171 (0.6766)			-0.2671 (0.789)
萨根检验	过度识别检验			0.5422 (1.0000)			2.78e-14 (1.0000)			2.3289 (1.0000)

注: ***、**、* 分别表示 1%、5%、10% 的显著性水平，POLS、FE 估计结果括号内数值为 t 检验值，POLS、FE 估计结果括号外数值表示 P 值；萨根检验括号内数值表示 χ^2 值，括号外数值表示 P 值。系统 GMM 估计结果括号内数值为 Z 检验值。AR 括号外数值表示 Z 检验值，括号内数值表示 P 值。

形成率系数为负，但仅通过了10%的显著性水平检验。

第三，西部地区面板模型通过豪斯曼检验，选择固定效应回归，系统GMM估计通过了扰动项自相关及过度识别检验。不同于东中部地区，西部地区社会保障支出对数对城乡收入差距泰尔指数的系数为正，其平方项系数也为正，表明西部地区社会保障支出并未改善城乡收入差距，反而在一定程度上扩大了城乡收入差距，在非线性条件下社会保障支出与城乡收入差距之间呈倒"U"形关系，但这种关系显著性并不明显。控制变量中，对外开放程度、城镇化率、资本形成率及人力资本的显著性水平较高，其中城镇化率系数绝对值最大且为负，是影响城乡收入差距的最主要因素。对外开放程度系数为正，但数值较小，西部地区对外开放程度较低，贸易发展对就业和收入的拉动作用明显，进而扩大了城乡收入差距（魏浩和耿园，2015）。资本形成率和人力资本均缩小了城乡收入差距，可能的原因是投资拉动当地经济发展，提高了农村人口就业率和收入，教育水平的提高，促进了人力资本的增加，但西部地区对人才的吸引力不强，造成人才流失，反而抑制了城乡收入差距。

四 基于中国社会保障支出结构实证结果分析

为进一步探讨社会保障支出结构对城乡收入差距的影响，本章引入中国社会保障的四大项目支出：社会保险支出、社会福利支出、社会救济支出和社会优抚支出，构建非线性动态面板模型，分别探讨各项目支出对城乡收入差距的影响。为比较分析，本章分别采用混合回归、面板模型回归及系统GMM估计方法对模型进行检验，并且在系统GMM估计中，逐个引入控制变量进行稳健性分析，形成GMM1—GMM6模型结果，如表12-5所示。通过豪斯曼检验面板模型选择固定效应回归，六个系统GMM估计结果均通过了扰动项自相关检验和过度识别检验，证明回归结果无偏有效。

第一，与表12-3结论类似，在基于中国社会保障支出结构回归结果中，城乡收入差距泰尔指数滞后一期均达到了1%的显著性水平，并且回归系数为较大的正值，再一次印证了城乡收入差距的路径依赖性，前期城乡收入差距通过回波效应和扩散效应对当期产生影响，造

第十二章 社会保障与城乡收入差距 | 133

表 12-5 基于中国社会保障支出结构的实证结果

解释变量	变量说明	POLS	FE	GMM1	GMM2	GMM3	GMM4	GMM5	GMM6
LTheil	城乡收入差距泰尔指数滞后一期	0.7475*** (10.01)	0.2873*** (2.77)	0.6823*** (8.06)	0.6333*** (7.49)	0.3574*** (4.68)	0.3492*** (4.34)	0.4094*** (3.54)	0.4841*** (3.69)
lnsi	社会保险支出对数	-0.2045** (-2.42)	-0.3785*** (-3.72)	-0.2088** (-2.49)	-0.2351*** (-2.60)	-0.2825*** (-3.60)	-0.3072*** (-3.32)	-0.3325* (-1.71)	-0.3250** (-2.16)
lnsw	社会福利支出对数	0.0121 (0.91)	0.0081 (0.91)	0.0333 (1.56)	0.0386 (1.59)	0.0216** (2.16)	0.0222* (1.85)	0.0183 (1.06)	0.0174 (0.67)
lnsa	社会救济支出对数	0.0403 (1.39)	0.1101** (2.53)	0.0122 (0.12)	-0.0019 (-0.03)	0.0390 (0.74)	0.0549 (0.96)	0.0248 (0.78)	0.0131 (0.21)
lnsc	社会优抚支出对数	0.0561** (2.28)	0.0745* (1.83)	0.0506 (0.81)	0.0659 (1.16)	0.0453* (1.81)	0.0531** (2.19)	0.0617* (1.85)	0.0733* (1.83)
lnsi²	社会保险支出对数平方	0.0136** (2.23)	0.0248*** (4.24)	0.0118** (2.05)	0.0152*** (2.61)	0.0220*** (3.60)	0.0232*** (3.38)	0.0238** (1.98)	0.0239** (2.54)
lnsw²	社会福利支出对数平方	-0.0009 (-0.55)	-0.0031** (-2.10)	-0.0055 (-1.53)	-0.0066* (-1.80)	-0.0064** (-2.42)	-0.0061** (-2.41)	-0.0047 (-1.27)	-0.0046 (-0.96)

续表

解释变量	变量说明	POLS	FE	GMM1	GMM2	GMM3	GMM4	GMM5	GMM6
lnsa²	社会救济支出对数平方	-0.0051* (-1.80)	-0.0116** (-2.70)	-0.0001 (-0.01)	0.0003 (0.06)	-0.0042 (-0.88)	-0.0051 (-1.01)	-0.0023 (-0.83)	-0.0015 (-0.24)
lnsc²	社会优抚支出对数平方	-0.0073* (-1.89)	-0.0080** (-2.06)	-0.0060 (-1.05)	-0.0101* (-1.85)	-0.0079* (-1.81)	-0.0087* (-1.91)	-0.0092*** (-2.70)	-0.0115** (-2.43)
open	对外开放程度	-0.0058 (-1.12)	-0.0196** (-2.14)		-0.0275** (-1.97)	0.0212* (1.67)	0.0240* (1.71)	0.0159 (1.11)	0.0062 (0.40)
cit	城镇化率	-0.3288*** (-3.10)	-0.7303*** (-9.32)			-0.8987*** (-12.08)	-0.9106*** (-12.73)	-0.9286*** (-9.60)	-0.7803*** (-8.30)
inv	资本形成率	-0.0484* (-1.73)	-0.0317 (-1.04)				-0.0644* (-1.87)	-0.0722* (-1.73)	-0.0772 (-1.60)
hum	人力资本	0.0298** (2.72)	0.0167 (1.32)					0.0327 (0.75)	0.0344 (0.90)
age	人口老龄化	-0.2693 (-1.39)	-0.5259*** (-3.92)						-0.2312 (-0.68)

续表

解释变量	变量说明	POLS	FE	GMM1	GMM2	GMM3	GMM4	GMM5	GMM6
_cons	常数项	0.7742**	1.5622***	0.7129**	0.8012***	1.2743***	1.3512***	1.5108**	1.4159**
		(2.60)	(4.56)	(2.28)	(2.95)	(5.21)	(4.97)	(2.25)	(2.32)
Hausman	豪斯曼检验		2389.54***						
R^2	调整的 R^2	0.9376	0.9149						
F	F 值	470.42***	245.95***						
Wald	Wald 检验			8192.81***	4996.37***	761.13***	702.54***	1069.96***	1997.92***
AR (1)	扰动项一阶自相关检验			-1.2880	-1.3080	-1.9666	-1.8968	-1.8314	-1.7998
				(0.1977)	(0.1909)	(0.0492)	(0.0570)	(0.0670)	(0.0719)
AR (2)	扰动项二阶自相关检验			0.8191	0.8715	-0.3750	-0.4028	-0.5754	-0.4883
				(0.4127)	(0.3835)	(0.7077)	(0.6871)	(0.5650)	(0.6253)
萨根检验	过度识别检验			21.4349	22.6354	24.5561	26.2873	21.166	20.7192
				(0.2580)	(0.2050)	(0.3736)	(0.2875)	(0.5709)	(0.9995)

注：***、**和*分别表示1%、5%和10%的显著性水平，POLS、FE估计结果括号内数值为t检验值，系统GMM估计结果括号内数值为Z检验值。AR括号外数值表示Z检验值，括号内数值表示P值；萨根检验括号外数值表示χ^2值，括号内数值表示P值。

成城乡收入差距的进一步扩大。从不同模型回归结果来看，混合回归高估了城乡收入差距的循环累积效应，固定效应回归则低估了前期城乡收入差距对当期的作用，系统GMM估计系数较为适中，维持在0.30—0.70。

　　第二，从中国社会保障支出结构回归结果来看，社会保险支出对数对城乡收入差距泰尔指数的系数显著性水平最高，系数为负值，绝对值最大（维持在0.20—0.40），表明在中国社会保障各项目支出中社会保险支出对城乡收入差距的影响要强于其他项目支出。社会保险支出对数平方项系数在各模型回归结果中均为正值，并且都通过了5%以上的显著性水平，说明在非线性条件下，社会保险支出与城乡收入差距之间呈现"U"形关系（魏华林等，2015），现阶段社会保险支出缩小了城乡收入差距。社会福利支出对数和社会救济支出对数及其平方项在模型回归中显著性并不理想，而且系数较小，表明社会福利支出和社会救济支出并不是影响城乡收入差距的主要因素。在各模型回归结果中，社会优抚支出对数的系数均为正值，维持在0.05—0.08，仅通过5%或10%的显著性水平检验，在统计上显著性水平较低，社会优抚支出对数平方项系数为负值，通过引入控制变量的系统GMM估计提高了显著性水平，表明在非线性条件下社会优抚支出与城乡收入差距之间呈现倒"U"形变动趋势，考察期内社会优抚支出并未改善城乡收入差距，反而扩大了城乡收入差距，但作用效果有限。上述关于社会保障支出结构与城乡收入差距的结论可能原因是，社会保险支出在社会保障支出中所占的比重最大，维持在85%左右，因此，社会保险支出对城乡收入差距的影响最大。同时，社会保险作为一种收入再分配制度，其本身就具有抑制收入差距的作用，并且在当前阶段作用效果较为明显；社会优抚对象主要包括伤残人员、定期抚恤人员和定期补助人员，近年来，总人数维持在1000多万人，这些人员主要分布在城镇地区，因此，社会优抚支出增加了城镇地区该部分人群收入水平，造成城乡收入差距扩大，但由于支出比重较小，作用效果并不显著；社会福利覆盖人群较少，社会救济涉及范围较广，但支出比重较小，因此，社会福利支出和社会救济支出对城乡收入差距影响并不明显。

第三，对比混合回归、固定效应回归以及逐个引入控制变量的系统 GMM 回归结果，发现控制变量中仅有城镇化率具有稳健性，在各个模型中系数均为负，并且通过了 1% 的显著性水平检验，与基于社会保障支出规模的回归结果一致，表明在基于社会保障支出结构的视角下城镇化率仍然是影响城乡收入差距的主要因素，在很大程度上抑制了城乡收入差距的扩大。对外开放程度在不同模型中系数正负关系不确定，显著性也并不理想。资本形成率和人口老龄化对城乡收入差距泰尔指数的系数为负值，但在多数模型中统计上不显著。人力资本系数为正值，但也未能通过显著性水平检验。上述结论合理的解释是，当引入社会保障结构因素时，各项目支出对城乡收入差距的影响削弱了对外开放程度、资本形成率、人力资本和人口老龄化的作用，导致这些控制变量在统计上并不显著，但城镇化率对拉动就业与投资、吸引流动人口、缩小城乡收入差距等方面仍然具有显著作用。

第十三章 社会保障与城乡居民消费差距

第一节 问题的提出

改革开放以来,中国经济注重效率优先,实现了快速发展,经济总量不断扩大,然而,也造成了经济发展不均衡、城乡收入差距扩大的局面,进一步影响了中国经济持续健康的发展。伴随着2008年国际金融危机的爆发,世界经济格局陷入了深刻的结构调整阶段,面临着经济再平衡。中国深受世界经济的影响,进出口总额占GDP比重从2008年的61.77%下降到2015年的35.81%,呈现了外需逐年下降的趋势,加之经济的结构性问题,中国进入到发展的"新常态"。经济结构转型升级、实现内生经济增长成为当前中国急需解决的问题。随着投资贡献率逐渐下降,作为"三驾马车"的消费增长缓慢,对经济增长的拉动作用有限,最终消费支出贡献率从1980年的77.30%下降到2015年的59.9%,最终消费支出对GDP的拉动从1980年的6.1个百分点下降到2015年的4.1个百分点。与此同时,总体消费水平逐渐下降、政府消费支出增长缓慢、居民消费支出逐年下滑和城乡居民消费差距不断扩大等多重困境叠加,导致了经济增长率下降。其中,城乡居民消费差距成为关键制约因素。城乡消费水平对比(农村居民=1)从1978年的2.9增加到2010年的3.5,虽然近年来城乡消费水平对比有所下降,但是,城乡居民消费差距仍然较大,不利于宏观经济有效运行,也不利于全面建设小康社会百年目标的实现。

有学者将中国消费率偏低、城乡居民消费差距较大、农村居民消费水平不高的原因归结为政府公共服务供给不均衡,尤其是农村公共服务供给不足(纪江明,2012)。为此,本章在城镇化视角下探讨社会保障支出与城乡居民消费差距的关系,社会保障支出对城乡居民消费差距的作用机制怎样产生?社会保障支出对城乡居民消费差距是否存在门槛效应?其效果如何?不同地区和社会保障支出结构门槛效应存在何种差异?

第二节 理论框架

一 机理分析

社会保障能够维持公民基本生存需要,保障劳动者在养老、医疗、失业、生育和工伤等方面得到合法权益,并不断提高居民生活水平,增进国民福利。社会保障是影响居民消费的重要因素之一,对居民消费具有双重影响。一方面,社会保障对居民消费具有挤入效应。社会保障收入的提高会降低消费者跨期消费对储蓄的消耗,此时,消费者会增加当期消费而减少储蓄,从而发挥储蓄的积极作用,社会保障存在财富替代效应(Rojas and Urrutia,2008)。另一方面,社会保障对居民消费具有挤出效应。完善的社会保障会引发消费者提前退休,从而消费者预期的退休时间将会延长,这就导致消费者会减少当期消费而增加储蓄,以保证退休期间消费的平稳过渡,社会保障存在引致退休效应(Yakita,2001)。国外学者分别测度了美国和土耳其数据,发现社会保障的财富替代效应明显大于引致退休效应,社会保障促进了消费水平的提高(Feldstein,1974;Aydede,2007)。而有学者持相反意见,认为引致退休效应占据主导作用,消费者会增加储蓄减少消费,社会保障抑制了消费(Kotlikoff,1979)。

社会保障制度的缺陷造成消费者对未来的不确定性增加(方匡南和章紫艺,2013)。我国社会保障仍然存在体系不完善、覆盖面不足、保障层次较低等问题,社会保障在城镇和农村实施的范围、步骤和水平存在较大差异，可能导致城乡居民消费水平的差别。姜百臣等（2010）证实了社会保障对农村居民消费行为具有引致效应，农村地区社会保障对居民消费存在区域差异，农村社会保障制度仍然滞后。中国城乡居民人均社会保障支出差距是导致城乡居民消费差距的原因（纪江明等，2011）。

综上所述，社会保障支出对城乡居民消费差距的作用效果仍然存在争议。因为，本章基于城镇化视角研究社会保障支出对城乡居民消费差距的门槛效应，无论是从理论还是实践角度意义都很重大。

二 理论模型构建

借鉴新经济增长理论，本章扩展巴罗（1990）的理论模型，构建城镇和农村生产函数模型。为了方便分析，假设经济体仅包含劳动力市场和资本市场，包括城镇和农村两大市场主体，要素可以在城乡间自由流动；其中，农村劳动力有向城镇流动趋势，存在城镇化过程；农村资本主要是土地，农村居民收入部分用于储蓄，通过金融市场农民储蓄流动到城镇，形成城镇资本用于投资，城镇资本包括城镇自有资本和向农村借贷资本。此外，由于社会保障制度不完善，社会保障存在二元差距，城镇社会保障相对完善，农村社会保障建设较为滞后，因此，不考虑农村社会保障形成的公共资本，仅考虑城镇社会保障形成公共资本；城乡生产过程假设规模报酬不变。模型构建如下所示：

$$Y_1 = A_1 N_1^\alpha K_1^\beta D^{1-\alpha-\beta} \tag{13-1}$$

$$Y_2 = A_2 G^\gamma N_{21}^{1-\gamma} \tag{13-2}$$

式中，Y_1、Y_2分别表示城镇和农村产出水平，A_1、A_2分别表示城镇和农村技术进步；N_1表示城镇劳动力总量，包括城镇自有劳动力N_{11}和农村流动到城镇的劳动力N_{12}，$N_1 = N_{11} + N_{12}$；N_{21}表示从事农业生产的劳动力数量，农村劳动力总量$N_2 = N_{21} + N_{12}$；K_1表示城镇物质资本，包括城镇自有资本K_{11}和向农村借贷资本K_{12}，$K_1 = K_{11} + K_{s12}$；D表示社会保障支出形成的公共资本；G表示农村土地资本；α、β、γ分别表示城镇劳动力、城镇物质资本和农村土地资本产出弹性。本章假设劳动力市场和资本市场完全竞争，劳动力价格和资本价格分别

取决于劳动边际产量和资本边际产量,则城镇劳动力价格和农村劳动力价格可以表示为:

$$W_1 = \frac{\partial Y_1}{\partial N_1} = \alpha A_1 N_1^{\alpha-1} K_1^{\beta} D^{1-\alpha-\beta} \tag{13-3}$$

$$W_2 = \frac{\partial Y_2}{\partial N_{21}} = (1-\gamma) A_2 G^{\gamma} N_{21}^{-\gamma} \tag{13-4}$$

式中,W_1、W_2 分别表示城镇和农村劳动力价格,即城镇和农村劳动边际产量。城镇资本价格即资本市场利率,由城镇资本边际产量决定,表示为:

$$R_1 = \frac{\partial Y_1}{\partial K_1} = \beta A_1 N_1^{\alpha} K_1^{\beta-1} D^{1-\alpha-\beta} \tag{13-5}$$

式中,R_1 表示城镇资本市场利率。那么,城镇和农村居民人均收入由劳动力工资和资本利息收入构成。根据凯恩斯消费理论,居民消费主要取决于收入(李武,2007),因此,城镇和农村居民人均消费可以表示为:

$$C_1 = \delta_1 \left(W_1 + \frac{R_1 K_1 - R_2 K_{12}}{N_{11}} \right) \tag{13-6}$$

$$C_2 = \delta_2 \left(\frac{N_{21} W_2 + N_{12} W_1}{N_2} + \frac{R_2 K_{12}}{N_2} \right) \tag{13-7}$$

式中,$I_1 = W_1 + \frac{R_1 K_1 - R_2 K_{12}}{N_{11}}$ 表示城镇居民人均收入,由城镇居民工资和人均利息收入构成;$I_2 = \frac{N_{21} W_2 + N_{12} W_1}{N_2} + \frac{R_2 K_{12}}{N_2}$ 表示农村居民人均收入,由农村居民工资(从事农业生产的农村居民和流入到城镇的农村居民工资加权平均得到)和人均利息收入构成;C_1 和 C_2 分别表示城镇和农村居民人均消费水平;δ_1 和 δ_2 分别表示城镇和农村居民边际消费倾向,反映消费对收入的敏感程度;δ_1 和 δ_2 均介于 0—1 之间,R_2 表示农村居民储蓄利率。本章引入泰尔指数测度城乡居民消费差距,表示为:

$$Theil = \sum_{i=1}^{2} \frac{C_{it}}{C_t} \ln\left(\frac{C_{it}}{C_t} \Big/ \frac{N_{it}}{N_t}\right) = \frac{C_{1t}}{C_t} \ln\left(\frac{C_{1t}}{C_t} \Big/ \frac{N_{1t}}{N_t}\right) + \frac{C_{2t}}{C_t} \ln\left(\frac{C_{2t}}{C_t} \Big/ \frac{N_{2t}}{N_t}\right)$$
$$\tag{13-8}$$

式中，Theil 表示城乡居民消费差距的泰尔指数，该指数越大，表明城乡居民消费差距越大，反之越小；C_u 表示 t 期城镇或农村居民消费，C_t 表示 t 期城镇和农村居民总消费，N_u 表示 t 期城镇或农村劳动力数量，N_t 表示 t 期城镇和农村劳动力总量，$i = 1$ 代表城镇地区，$i = 2$ 代表农村地区；那么，城镇和农村劳动力数量分别是 N_{11} 和 N_2，城乡劳动力总量为 $(N_{11} + N_2)$，则城镇和农村居民消费分别是 $C_1 N_{11}$ 和 $C_2 N_2$，则式（13-8）可以表示为：

$$Theil = \frac{C_1 N_{11}}{C_1 N_{11} + C_2 N_2} \ln\left(\frac{C_1 N_{11}}{C_1 N_{11} + C_2 N_2} \Big/ \frac{N_{11}}{N_{11} + N_2}\right) + \frac{C_2 N_2}{C_1 N_{11} + C_2 N_2} \ln\left(\frac{C_2 N_2}{C_1 N_{11} + C_2 N_2} \Big/ \frac{N_2}{N_{11} + N_2}\right) \quad (13-9)$$

为方便分析，令 $X = \dfrac{C_1 N_{11}}{C_1 N_{11} + C_2 N_2}$，$Y = \dfrac{N_{11}}{N_{11} + N_2}$，那么，式（13-9）可以表示为：

$$Theil = X\ln(X/Y) + (1 - X)\ln[(1 - X)/(1 - Y)] \quad (13-10)$$

为进一步分析社会保障支出、城镇化水平与城乡居民消费差距之间的关系，利用泰尔指数对社会保障支出、城镇化水平求一阶导数可得：

$$\frac{\partial T}{\partial D} = \frac{\partial T}{\partial X} \frac{\partial X}{\partial D}$$

$$= \frac{(a\delta_2 N_{21} W_2 - a\delta_1 R_2 K_{12} + a\delta_2 R_2 K_{12} + b\delta_1 R_2 K_{12})(1 - \alpha - \beta)D^{-\alpha-\beta}}{(bD^{1-\alpha-\beta} - \delta_1 R_2 K_{12} + \delta_2 N_{21} W_2 + \delta_2 R_2 K_{12})^2} \times$$

$$\ln \frac{X(1 - Y)}{Y(1 - X)} \quad (13-11)$$

$$\frac{\partial T}{\partial Y} = \frac{Y - X}{Y(1 - Y)} \quad (13-12)$$

式中，$a = \delta_1 \alpha A_1 N_{11} N_1^{\alpha-1} K_1^{\beta} + \delta_1 \beta A_1 N_1^{\alpha} K_1^{\beta}$，$b = \delta_1 \alpha A_1 N_{11} N_1^{\alpha-1} K_1^{\beta} + \delta_1 \beta A_1 N_1^{\alpha} K_1^{\beta} + \delta_2 N_{12} \alpha A_1 N_1^{\alpha-1} K_1^{\beta}$，并且 $(a\delta_2 N_{21} W_2 - a\delta_1 R_2 K_{12} + a\delta_2 R_2 K_{12} + b\delta_1 R_2 K_{12}) > 0$，$Y$ 代表城镇化水平。因此，$\dfrac{\partial T}{\partial D}$ 的大小主要取决于 X 和 Y，当 $X > Y$，$C_1 > C_2$ 时，$\ln \dfrac{X(1-Y)}{Y(1-X)} > 0$，$\dfrac{\partial T}{\partial D} > 0$，表示社会保障

支出与城乡居民消费差距呈正向关系，社会保障支出增加将扩大城乡居民消费差距；当 $X < Y$，$C_1 < C_2$ 时，$\ln \frac{X(1-Y)}{Y(1-X)} < 0$，表示社会保障支出与城乡居民消费差距呈负向关系，社会保障支出增加将抑制城乡居民消费差距；当 $X = Y$，$C_1 = C_2$ 时，$\ln \frac{X(1-Y)}{Y(1-X)} = 0$，表示城乡居民消费差距存在极值，社会保障支出存在临界点。$\frac{\partial T}{\partial Y}$ 与 X、Y 取值有关，当 $X > Y$ 时，$\frac{Y-X}{Y(1-Y)} < 0$，$\frac{\partial T}{\partial Y} < 0$，表示城镇化水平与城乡居民消费差距呈负向关系，城镇化水平提高抑制了城乡居民消费差距；当 $X < Y$ 时，$\frac{Y-X}{Y(1-Y)} > 0$，$\frac{\partial T}{\partial Y} > 0$，表示城镇化水平与城乡居民消费差距呈正向关系，城镇化水平提高扩大了城乡居民消费差距；当 $X = Y$ 时，$\frac{Y-X}{Y(1-Y)} = 0$，表示城乡居民消费差距存在极值，城镇化水平存在临界点。因此，城乡居民消费差距与城镇化水平可能存在非线性关系。

综上所述，城乡居民消费差距与社会保障支出、城镇化水平有关；从城镇化视角来看，社会保障支出对城乡居民消费差距可能存在门槛效应，即不同的城镇化水平，社会保障支出对城乡居民消费差距具有不同的作用效果。

第三节 计量模型设定与实证分析

一 计量模型设定及估计方法

根据上述理论模型分析，城乡居民消费差距与城镇化水平存在非线性关系，在不同城镇化水平下，社会保障支出对城乡居民消费差距具有区间效应。为此，本章借鉴汉森（Hansen，1999）的研究，引入城镇化水平二次项，构建以城镇化水平为门槛变量的门槛面板模型，如式（13-13）所示：

$$\ln thc_{it} = \alpha_1 \ln sec_{it} I(\ln cit_{it} \leq \gamma_0) + \alpha_2 \ln sec_{it} I(\gamma_0 < \ln cit_{it} \leq \gamma_1) + \cdots +$$

$$\alpha_n \ln sec_{it} I(\gamma_{n-1} < \ln cit_{it} \leq \gamma_n) + \alpha_{n+1} \ln sec_{it} I(\ln cit_{it} > \gamma_n) +$$
$$\beta \ln cit_{it} + \beta_2 (\ln cit_{it})^2 + \beta_i \ln X_{it} + \mu_i + \varepsilon_{it} \qquad (13-13)$$

为克服异方差问题，对所有变量取对数。式(13-13)中，下标 i 代表省份，t 代表时间，thc 表示城乡居民消费差距的泰尔指数，sec 表示社会保障支出，cit 表示城镇化水平，X 表示控制变量，γ 表示待估计的门槛值，μ_i 表示个体效应，ε_{it} 表示随机误差项，$I(\cdot)$ 表示指示函数。上述计量模型用于检验不同城镇化水平门槛值下，社会保障支出对城乡居民消费差距的门槛效应。

在借鉴汉森(1999)的方法进行门槛面板模型估计时，首先，假定最小化门槛数，以普通最小二乘法残差估计值确定待估计的门槛值和核心解释变量的回归参数；其次，对门槛效应的显著性水平和门槛估计值的置信区间进行相应检验。门槛效应显著性检验的原假设 H_0：$\alpha_1 = \alpha_2$，备择假设 H_1：$\alpha_1 \neq \alpha_2$，检验统计量为：

$$F_1 = \frac{S_0 - S_1(\hat{\gamma})}{\hat{\sigma}^2} \qquad (13-14)$$

式中，S_0 表示原假设无门槛的残差平方和，$S_1(\hat{\gamma})$ 表示门槛估计下的残差平方和，$\hat{\sigma}^2$ 表示门槛估计残差的方差。在原假设 H_0 下，γ 门槛值是无法识别的，则 F_1 统计量不服从标准正态分布，可以采用汉森提出的"自抽样法"构造渐近分布并获得近似分布的临界值。为进一步检验门槛估计值和置信区间，需要构建似然比统计量，原假设为 H_0：$\hat{\gamma} = \gamma_0$：

$$LR_1(\gamma) = \frac{S_1(\gamma) - S_1(\hat{\gamma})}{\hat{\sigma}^2} \qquad (13-15)$$

式中，$S_1(\gamma)$ 表示非约束下的残差平方和，似然比统计量 $LR_1(\gamma)$ 同样不服从标准正态分布。但是，根据汉森(1999)的研究，在显著性水平为 α，$LR_1(\gamma) \leq C(\alpha) = -2\ln(1-\sqrt{1-\alpha})$ 时，不能拒绝原假设。在95%的置信水平下，$C(\alpha) = 7.35$。当完成单一门槛检验后，若 F_1 检验不显著，则拒绝原假设，接受备择假设，表明至少存在一个门槛值，然后再进行下一个门槛值检验，以此类推，直至无法拒绝原假设。同理，可以进行多重门槛值检验，在此不赘述。

二 变量选取及数据说明

（一）变量选取

本章主要变量包括被解释变量、核心解释变量和控制变量三大类。

被解释变量。以城乡居民消费差距（thc）为被解释变量，式（13-8）泰尔指数来测度城乡居民消费差距。

核心解释变量。以社会保障支出（sec）和城镇化水平（cit）作为核心解释变量。本章选取各省份社会保障和就业支出占一般公共预算支出比值来衡量社会保障支出水平；以各省份城镇人口占总人口比值来表示城镇化水平，作为门槛变量，并将其二次项作为非线性条件纳入模型。

控制变量。通过理论分析和文献梳理，综合考虑收入、资本、经济开放、人口等因素作为控制变量。①城乡收入差距（thi）。根据凯恩斯理论，影响居民消费的主要因素是收入，居民收入差距可能影响居民消费差距（李武，2007）；本章引入泰尔指数 $\sum_{i=1}^{2}\frac{I_{it}}{I_{t}}\ln\left(\frac{I_{it}}{I_{t}}\bigg/\frac{N_{it}}{N_{t}}\right)=\frac{I_{1t}}{I_{t}}\ln\left(\frac{I_{1t}}{I_{t}}\bigg/\frac{N_{1t}}{N_{t}}\right)+\frac{I_{2t}}{I_{t}}\ln\left(\frac{I_{2t}}{I_{t}}\bigg/\frac{N_{2t}}{N_{t}}\right)$ 来测度城乡居民收入差距。②投资水平（inv）。社会固定投资的城市偏向对城乡居民消费差异具有显著影响（孔祥利和王张明，2013）；本章以各省份投资额占地区生产总值比重来衡量投资水平。③人力资本（edu）。人力资本是影响居民收入的重要因素，而城镇地区人力资本水平往往高于农村地区，进一步可能影响城乡居民消费差距（吴海江等，2013）；本章以各省份普通高校在校生人数占总人口比重来衡量人力资本。④经济开放程度（ope）。中国经济开放程度会影响城镇产业发展，进而影响城镇居民收入，导致城乡收入差距的变化（徐敏和姜勇，2015）；本章选择各省份进出口总额与地区生产总值比重来测度经济开放程度。⑤人口老龄化（old）。人口老龄化能够影响城市和农村居民消费，是城乡居民消费差距的重要影响因素（吴海江等，2014）；本章选取各省份65岁以上人口占总人口比重来表示人口老龄化。

（二）数据说明及统计描述

考虑到重庆1997年设立直辖市，本章选取1997—2015年中国31个省份数据作为样本。其中，社会保障和就业支出、一般公共预算支出、城镇和农村人口、城乡居民消费和收入、地区生产总值、投资额、普通高校在校生人数、进出口总额、65岁以上人口数等数据均来自历年《中国统计年鉴》。城乡居民消费差距和城乡收入差距通过泰尔指数测算获得。社会保障主要包含社会保险、社会福利、社会救济和社会优抚等方面，社会福利、社会救济和社会优抚支出来自《中国民政统计年鉴》，社会保险支出来自《中国劳动统计年鉴》，考虑到各年鉴统计口径问题，在进行社会保障支出结构的门槛效应分析时，仅选取2001—2015年各项目支出数据，各项目支出水平选取各项目支出占社会保障支出的比重来衡量。在进行门槛效应地区差异分析时，本章将中国划分为东部、中部、西部三大地区，其中，东部地区包括北京、天津、河北、辽宁、山东、江苏、浙江、上海、广东、福建和海南，中部地区包括内蒙古、黑龙江、吉林、山西、河南、安徽、湖北、湖南和江西，西部地区包括广西、陕西、甘肃、四川、贵州、重庆、云南、新疆、宁夏、青海和西藏。为保证变量取对数后合理性，本章对所有比值数据扩大100倍，并不影响回归结果显著性。为消除价格因素的影响，对所有变量以1997年为基期采用消费物价指数进行平减化处理。变量统计描述见表13-1。

表13-1　　　　　　　　　变量统计描述

变量名	变量含义	平均值	标准差	最小值	最大值	样本数
lnthc	城乡居民消费差距	2.8538	1.5708	-8.5059	5.0323	589
lnsec	社会保障支出	2.4237	0.4335	0.6578	3.2588	589
lncit	城镇化水平	3.7140	0.3949	2.5941	4.4954	589
lnthi	城乡收入差距	2.7671	1.3070	-6.5850	4.8481	589
lninv	投资水平	3.9598	0.2608	3.4012	4.9387	589
lnedu	人力资本	2.2525	0.80177	0.0648	3.5776	589
lnope	经济开放程度	0.5414	1.0106	-1.1499	2.8467	589
lnold	人口老龄化	2.1086	0.2417	1.3982	2.7958	589

三 门槛效应回归结果

(一) 平稳性检验

为规避"虚假回归",门槛面板模型要求变量具有平稳性。本章出于可靠性考虑,分别采用同质面板单位根 LLC 检验方法和异质面板单位根 Fisher-ADF 检验方法,对各变量进行单位根检验,如果两种检验结果均拒绝原假设,则证明变量是平稳的,检验结果如表 13-2 所示。由表 13-2 可知,各变量水平序列呈现明显的不平稳性,但是,各变量通过一阶差分后均在 1% 显著性水平下表现出平稳性,符合门槛面板模型回归基础条件。

表 13-2　　　　　　　　变量平稳性检验

变量	形式 (c, t, l)	LLC 检验 水平序列	LLC 检验 一阶差分	Fisher-ADF 检验 水平序列	Fisher-ADF 检验 一阶差分
lnthc	(c, 0, 1)	9.3262	-9.0577***	82.8277**	182.9352***
lnsec	(c, 0, 1)	-1.4765*	-11.4543***	237.3728***	355.1581***
lncit	(c, 0, 1)	-11.9045***	-13.3851***	211.7591***	274.8361***
(lncit)²	(c, 1, 1)	-20.2322***	-12.7000***	326.3456***	338.4114***
lnthi	(c, 0, 1)	7.1811	-8.6908***	54.6559	316.1716***
lninv	(c, 0, 1)	-1.4915*	-6.7377***	126.5493***	287.0073***
lnedu	(c, t, 1)	-13.9755***	-8.4730***	133.8606***	351.9326***
lnope	(c, t, 1)	-2.5355***	-9.0698	62.1711	240.5832***
lnold	(c, t, 1)	-3.8335***	-9.7523***	54.9236	268.2715***

注:c、t、l 分别表示带有常数项、趋势项和滞后阶数。***、**和*分别表示 1%、5% 和 10% 的显著性水平。

(二) 协整检验与豪斯曼检验

通过面板单位根检验,表明各变量存在同阶单整,可以进一步进行面板协整检验,以确定被解释变量与解释变量之间是否存在显著的长期均衡关系。本章采用 Westerlund (2007) 协整检验方法,构造了 4 个统计量,分别是两个组统计量 Gt 和 Ga,检验异质性面板协整关系,两个面板统计量 Pt 和 Pa,检验同质性面板协整关系,结果如表

13-3所示。从结果可知,虽然人口老龄化的 Gt 统计量未能通过显著性检验[①],但其他统计量均在1%或5%显著性水平下拒绝"不存在协整关系"的原假设,通过了协整检验,表明被解释变量与各解释变量之间均存在协整关系,城乡居民消费差距与其他变量之间存在长期均衡关系。

表 13-3　　　　　　　　　协整检验

解释变量	Gt	Ga	Pt	Pa
lnsec	-8.341***	-2.245**	-7.260***	-5.164***
lncit	-4.244***	-1.828**	-7.419***	-4.857***
(lncit)²	-3.489***	-1.751**	-7.261***	-4.833***
lnthi	-2.948***	-3.747***	-11.890***	-17.916***
lninv	-3.904***	-4.170***	-7.007***	-8.754***
lnedu	-3.599***	-3.551***	-6.651***	-7.999***
lnope	-2.660***	-2.939***	-7.168***	-7.998***
lnold	-0.380	-1.691**	-4.604***	-6.014***

注:表格内数值为 Z 值,***、**分别表示1%、5%的显著性水平。

在进行门槛面板模型回归前,需要对模型的固定效应和随机效应进行检验。本章采用豪斯曼检验得到统计量值为26.97,P 值为0.0007,拒绝原假设,应该采用固定效应进行检验。上述分析均符合门槛面板模型的回归要求,可以进行下一步门槛面板模型检验。

(三)门槛效应检验和门槛值估计

表13-4报告了以城镇化水平(lncit)为门槛变量,采用自抽样法反复抽样1000次后得到的显著性检验结果。其中,单一门槛和双重门槛效应分别通过了1%和5%的显著性水平检验,三重门槛效应

[①] 在一些情况下,会出现两个组统计量中有一个不能拒绝原假设的现象,对此,Westerlund 认为,也是可以的,大多数情况下两个面板统计量的检验结果基本是一致的。

并不显著,因此,本章采用双重门槛面板模型进行回归分析。

表 13-4　门槛效应检验

门槛数	F 值	P 值	10%	5%	1%
单一门槛	68.97***	0.0020	29.2594	35.9302	54.1295
双重门槛	87.64**	0.0280	38.1082	66.9621	124.1220
三重门槛	27.17	0.3220	52.5650	65.4433	102.8511

注:F 值和临界值均是采用自抽样法反复抽样 1000 次后得到的结果,***、** 分别表示 1%、5% 的显著性水平。

表 13-5 报告了对双重门槛值和置信区间估计结果,通过图 13-1 绘制的似然比函数图,可以更加清晰地分析门槛值估计和置信区间构造过程。双重门槛估计值分别为 4.3639 和 4.1606,此时似然比统计量 LR 为零。两个门槛估计值分别对应置信区间 [4.3568,4.3793] 和 [4.1539,4.1776],双重门槛估计值的 95% 置信区间是所有 LR 值小于 5% 显著水平下的临界值(对应图 13-1 中的虚线)的构成的区间。因此,通过了门槛估计值显著性水平检验。

表 13-5　双重门槛值估计结果

门槛值	估计值	95% 置信区间
第一个门槛值	4.3639	[4.3568,4.3793]
第二个门槛值	4.1606	[4.1539,4.1776]

注:F 值和临界值均是采用自抽样法反复抽样 1000 次后得到的结果。

(四)门槛面板模型实证结果及稳健性分析

考虑到稳健性问题,本章构建三个模型进行回归,得到相应的实证结果,如表 13-6 所示。其中,门槛面板模型 I 选取中国各省份数据,参照 Wang(2015)方法进行回归;门槛面板模型 II 采用三年滚动平滑数据进行回归,即将 1997 年、1998 年和 1999 年数据平均,再将 1998—2000 年数据平均,以此类推得到面板数据,经过三年滚动平均数据处理后,仍然表现为门槛模型,通过了双重门槛效应检验,门槛值分别为 4.3888 和 4.1576,与模型 I 结果相差无几;同时考虑到模型内生性问题,采用系统 GMM 方法构建动态面板模型进行回归,并且动态面板模型通过了扰动项自相关和萨根检验。本章对三个模型实证结果进行比较分析。

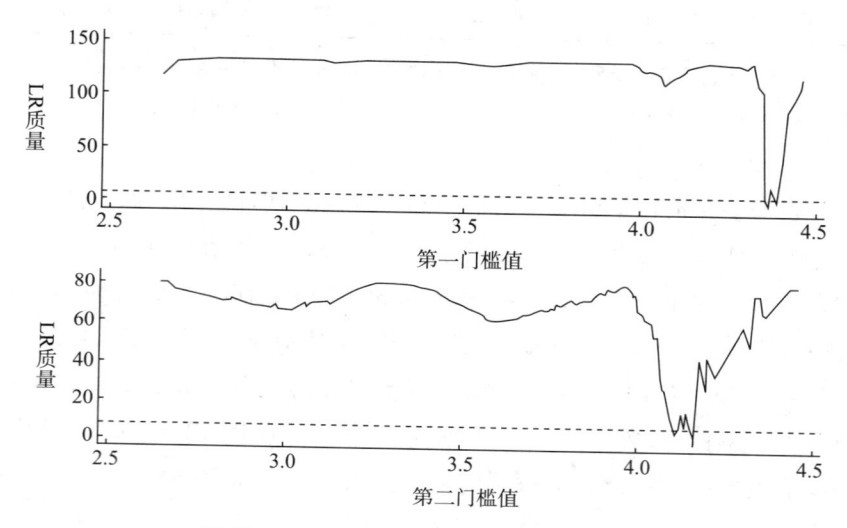

图 13 - 1　双重门槛值估计的似然比函数

表 13 - 6　　　　　双重门槛面板模型实证结果

变量	门槛面板模型 I	门槛面板模型 II	动态面板模型 GMM
L. lnthc	—	—	0.3484***
lncit	11.0761***	10.9497***	5.6086***
(lncit)^2	-1.6425***	-1.6261***	-0.8134***
lnthi	0.5740***	0.5211***	0.8183***
lninv	-0.1441	-0.0474	0.1719
lnedu	-0.3260***	-0.3446***	-0.0231***
lnope	0.0674	0.0788	-0.0373*
lnold	-0.4364*	-0.3538	-0.9768*

续表

变量	门槛面板模型 I	门槛面板模型 II	动态面板模型 GMM
lnsec	—	—	0.1369***
lnsec I (0)	-0.0401	0.0195	—
lnsec I (1)	-0.7243***	-0.5979***	—
lnsec I (2)	0.4186***	0.5209***	—
F 值/Wald 值	4.10***	6.46***	4699.85***
R²	0.8015	0.8438	—
AR (1)	—	—	-1.3423 (0.1795)
AR (2)	—	—	-0.9023 (0.3669)
萨根检验	—	—	27.3392 (0.7447)

注：F 值和临界值均是采用自抽样法反复抽样 1000 次后得到的结果，***、和 * 分别表示 1% 和 10% 的显著性水平。AR (1) 和 AR (2) 分别表示扰动项一阶和二阶自相关检验，括号外数值为 Z 值，括号内数值为 P 值。

通过回归结果可知，无论是门槛面板模型还是动态面板模型回归，中国社会保障支出对城乡居民消费差距均具有显著影响。在以城镇化水平为门槛变量的门槛面板模型 I 和模型 II 中，社会保障支出对城乡居民消费差距的作用可以划分为三个阶段，并且不同阶段存在显著差异。在低城镇化水平阶段（模型 I lncit≤4.1606 或模型 II lncit≤4.1576），社会保障支出对城乡居民消费差距影响并不显著，此时社会保障并没有发挥调节城乡消费差距的作用，可能是因为城镇化水平较低，社会保障制度建设不完善，财政性社会保障支出并未影响居民收入和消费；在中城镇化水平阶段（模型 I 4.1606＜lncit≤4.3639 或模型 II 4.1576＜lncit≤4.3888），社会保障支出与城乡居民消费差距呈现显著的负相关关系，意味着此阶段社会保障支出有利于缩小城乡居民消费差距，由于农村居民边际消费倾向往往高于城镇居民边际消费倾向，农村社会保障制度的建立有助于缓解农民预防性储蓄，对于增加农民收入，提高农民消费能力具有刺激作用（蓝相洁和陈永成，2015）；在高城镇化水平阶段（模型 I lncit＞4.3639 或模型 II lncit＞4.3888），社会保障支出的回归系数为正，表明社会保障支出扩大了城乡居民消费差距,主要原因在于城镇化的快速发展,导致社会保障支出有向城镇新增居民倾斜趋势,社会保障受益者增长较快的是城镇居民(刘琦和黄天华,2011)。在三个模型回归结果中,城镇化水平的一次项回归系数为正,二次项回归系数为负,并且均通过了1%的显著性水平检验,表明城镇化水平扩大了城乡居民消费差距,在非线性条件下城镇化水平与城乡居民消费差距呈现倒"U"形变化趋势,再次验证了理论模型推导结果的正确性,这与高帆(2014)的研究结论一致。

从三个模型控制变量回归结果来看,城乡收入差距是影响城乡居民消费差距的重要因素,三个模型均通过了1%显著性水平检验,城乡收入水平的不平等性引发了城乡消费水平的差距的扩大(胡日东等,2014)。人力资本与城乡居民消费差距具有显著的负相关关系,表明高水平人力资本有利于抑制城乡居民消费差距,可能是因为:第一,教育支出是居民重要的消费支出项目,具有刚性需求,随着人力资本的不断提高,城乡居民教育经费投入也在扩大,进而缩小了城乡居民消费差距(王小华和温涛,2015);第二,作为人力资本的代理变量,受教育水平的提升有利于农民获得非农就业机会,从而提高农民收入,增加农民消费,进一步缩小城乡消费差距(张兵等,2013)。投资水平和经济开放程度对城乡居民消费差距的影响并不显著。虽然人口老龄化回归系数在三个模型中均为负,但统计显著性水平并不理想。此外,在动态面板模型中城乡居民消费差距滞后项回归系数通过了1%的显著性水平检验,意味着城乡居民消费差距具有时间依赖性,存在循环累积效应,前一期对当期变量具有显著正向影响。

四 门槛效应地区差异

(一)门槛效应跨越

本章通过对全国层面的实证结果进一步分析各省份门槛效应的跨越及地区差异。表13-7反映了考察期初、期中和期末各省份城镇化水平门槛效应跨越情况。1997年,除上海外,各省份城镇化水平均低于4.1606,未跨越低门槛值,城镇化水平过低,社会保障支出对城乡居民消费差距不存在显著的门槛效应;此阶段,上海城镇化水平最高,首先跨越了低值门槛,随着社会保障制度的率先建立,社会保障支出起到了抑制城乡居民消费差距的作用。当时间推移到考察中期的2006年时,上海和北京城镇化水平已经跨越了4.3639,进入了高水平阶段,由于城镇人口的不断增加,社会保障支出向城镇地区倾向,导致了社会保障支出加剧了城乡居民消费差距的扩大。此外,天津城镇化水平处于两个门槛值中间阶段,社会保障支出对城乡居民消费差距具有负向作用。到2015年,天津、北京、上海进入到高城镇化水平阶段,浙江、江苏、辽宁和广东处于中城镇化水平阶段,其他省份仍然处于低城镇化水平阶段,在不同阶段社会保障支出对城乡居民消费差距具有不同影响效果。通过各省份门槛效应跨越情况分析,可以发现,门槛效应的跨越存在地区差异,并且城镇化水平呈现东中西依次递减趋势,中国大部分省份城镇化水平仍然较低,有较大的提升空间,城镇化进程存在粗放扩张情况,新型城镇化建设和社会保障制度仍然有待完善。

表 13-7　　　　　　　　　各省份门槛效应跨越

门槛区间	lncit≤4.1606	4.1606 < lncit≤4.3639	lncit > 4.3639
1997 年	西藏、贵州、云南、广西、四川、河南、河北、甘肃、安徽、湖南、福建、重庆、浙江、江西、陕西、海南、山东、江苏、青海、湖北、宁夏、广东、内蒙古、新疆、山西、吉林、黑龙江、辽宁、天津、北京	上海	
2006 年	西藏、贵州、云南、广西、四川、河南、河北、甘肃、安徽、湖南、福建、重庆、浙江、江西、陕西、海南、山东、江苏、青海、湖北、宁夏、广东、内蒙古、新疆、山西、吉林、黑龙江、辽宁	天津	北京、上海

续表

门槛区间	lncit≤4.1606	4.1606 < lncit ≤ 4.3639	lncit > 4.3639
2015 年	西藏、贵州、云南、广西、四川、河南、河北、甘肃、安徽、湖南、福建、重庆、江西、陕西、海南、山东、青海、湖北、宁夏、内蒙古、新疆、山西、吉林、黑龙江	浙江、江苏、辽宁、广东	天津、北京、上海

(二) 分地区门槛效应

为进一步探讨不同地区门槛效应，本章将中国划分为东部、中部、西部三大地区，分别构建门槛面板模型进行回归分析。[①] 表 13 - 8 报告了东中西部地区门槛效应和门槛值检验结果，其中，东部地区通过了双重门槛检验，门槛值分别为 4.2299 和 4.3568，中部地区也通过了双重门槛检验，门槛值分别为 3.8892 和 4.0606，西部地区通过了单一门槛检验，门槛值为 2.6079。

表 13 - 8　　　　　　　地区门槛效应检验及门槛值

门槛数	东部			中部			西部		
	F 值	P 值	门槛值	F 值	P 值	门槛值	F 值	P 值	门槛值
单一门槛	121.36***	0.0000		26.67**	0.0260		60.60***	0.0010	
双重门槛	32.44**	0.0120	4.2299 4.3568	21.10**	0.0390	3.8892 4.0606	24.88*	0.0540	2.6079
三重门槛	11.52	0.6390		4.58	0.6120		16.92	0.1960	

注：F 值和临界值均是采用自抽样法反复抽样 1000 次后得到的结果，***、**和*分别表示 1%、5% 和 10% 的显著性水平。

---

① 三大地区数据通过了平稳性检验、协整检验和豪斯曼检验，可以进行门槛面板模型回归。

东部、中部、西部地区门槛面板模型回归结果如表13-9所示，可以发现，三大地区回归结果与全国层面回归结果存在差异。从东部地区来看，城镇化水平明显高于全国层面数据，当城镇化水平低于4.2299时，社会保障支出对城乡居民消费差距并不显著；当城镇化水平跨越第一门槛值时，社会保障支出对城乡居民消费差距具有明显的抑制作用，并且城镇化水平越高，这种抑制作用越强[①]，表明东部地区社会保障制度较为完善，以人为核心的新型城镇化建设水平较高，社会保障制度发挥了缩小城乡居民消费差距的作用。不同于全国层面回归结果，东部地区城镇化水平一次项系数为负，二次项系数为正，表明城镇化水平有助于缩小城乡居民消费差距，并且在非线性条件下，城镇化水平与城乡居民消费差距呈现"U"形曲线关系，反映了东部地区城镇化进程中考虑了农村地区发展，加强了新农村建设，增加了政府对农村地区的政策倾斜和转移支付，提高了农村居民收入和消费水平。城乡收入差距仍然显著扩大城乡居民消费差距，而人力资本水平与全国层面回归结果一致，能够抑制城乡居民消费差距，其他控制变量回归系数并不显著。

表13-9　　　　东中西部地区门槛面板模型回归结果

变量	东部	中部	西部
lncit	-14.5154***	-2.7375	10.1239***
(lncit)²	2.4371***	0.4745*	-1.6508***
lnthi	1.8738***	1.3123***	0.2903***
lninv	0.1547	0.1326	-0.3088*
lnedu	-0.5952***	-0.0675	0.0570
lnope	-0.0267	-0.0149	-0.0534
lnold	-0.1940	-0.7418***	-0.9108***
lnsec I (0)	0.2905	0.1239**	-0.4301***
lnsec I (1)	-1.5739***	-0.0097	-0.0328

---

① 东部地区高城镇化水平社会保障支出回归系数绝对值要高于中城镇化水平。

续表

变量	东部	中部	西部
lnsec I（2）	−1.5941***	−0.1908***	—
F 值	7.73***	20.22***	3.49***
R^2	0.8700	0.9620	0.8969

注：F 值和临界值均是采用自抽样法反复抽样 1000 次后得到的结果，***、** 和 * 分别表示 1%、5% 和 10% 的显著性水平。

从中部地区来看，双重门槛将社会保障支出的门槛效应分为三个阶段，当城镇化水平较低时（lncit≤3.8892），社会保障支出的回归系数为正，并且通过了 1% 的显著性水平检验，此时社会保障支出扩大了城乡居民消费差距，在城镇化水平中等阶段（3.8892 < lncit ≤ 4.0606），社会保障支出对城乡居民消费差距的影响并不显著；当城镇化水平较高时（lncit > 4.0606），社会保障支出对城乡居民消费差距具有显著的抑制作用。中部地区相对于东部地区城镇化水平较低，在低水平城镇化阶段，社会保障制度首先在城镇地区建立，有利于城镇居民获得财政性收入，造成城镇居民消费水平的提高，拉大了城乡消费差距，在较高水平城镇化阶段，社会保障制度覆盖面进一步扩大，广大农村地区开始受益，从而有利于城乡消费差距的缩小。由于中部地区城镇化水平较低，城镇化水平的一次项和二次项对城乡居民消费差距的作用均未显现。城乡收入差距是影响城乡消费差距的重要因素，并且通过了 1% 显著性水平检验；由于农村社会保障制度的不完善，人口老龄化加剧了农村居民养老、医疗等项目的消费支出（王笳旭，2015），表现为人口老龄化对城乡居民消费差距的负向影响；其他控制变量均未通过显著性水平检验。

从西部地区来看，城镇化水平在三大地区中最低，门槛值最小，当城镇化水平小于 2.6079 时，社会保障支出显著抑制了城乡居民消费差距的扩大；当城镇化水平大于 2.6079，社会保障支出对城乡居民消费差距的影响在统计上并不显著，反映出西部地区低水平的城镇化阶段，社会保障并不完善，城镇居民财政性收入效应并不明显，城乡居民消费水平并未拉大。西部地区城镇化水平对城乡居民消费差距的影响与全国层面结果类似，城镇化水平扩大了城乡居民消费差距，在非线性条件下，城镇化水平与城乡居民消费差距呈现倒"U"形曲线关系。城乡收入差距正向影响了城乡居民消费差距，但作用效果比东中部地区较小；不同于东部地区，人力资本与中部地区效果一致，未通过显著性水平检验，表明人力资本并未发挥影响城乡居民消费差距的作用；人口老龄化与中部地区作用方向相同，效果更加明显，显著抑制了城乡居民消费差距；其他控制变量在统计显著性上不理想。

五 社会保障支出结构的门槛效应

社会保障支出结构主要涉及社会保险、社会福利、社会救济和社会优抚四个项目支出（吕承超和白春玲，2016），以各项目支出占社会保障支出的比重来分别测度社会保险支出水平（si）、社会福利支出水平（sw）、社会救济支出水平（sa）和社会优抚支出水平（sc），本章分别构建门槛面板模型，检验各项目支出对城乡居民消费差距的门槛效应。表13-10报告了社会保障支出结构门槛效应检验结果和门槛值，其中，社会保险支出通过了双重门槛检验，门槛值分别为4.3760和4.1597；社会福利支出存在双重门槛，门槛值分别为4.3568和4.1606；社会救济支出存在双重门槛，门槛值分别为4.3760和4.1597；社会优抚支出通过了三重门槛检验，门槛值分别为4.3568、4.2160和4.1071。

表13-10 社会保障支出结构门槛效应检验和门槛值

门槛数	社会保险支出 F值	门槛值	社会福利支出 F值	门槛值	社会救济支出 F值	门槛值	社会优抚支出 F值	门槛值
单一门槛	68.28***		59.98***		70.68***		74.19***	4.3568
双重门槛	80.69***	4.3760 4.1597	82.69***	4.3568 4.1606	70.58***	4.3760 4.1597	86.66***	4.2160
三重门槛	33.83		55.97		28.82		46.68**	4.1071

注：F值和临界值均是采用自抽样法反复抽样1000次后得到的结果，***、**分别表示1%、5%的显著性水平。

表 13-11 报告了社会保障支出结构的门槛面板模型回归结果[①]，可以发现，社会保障各项目支出的门槛效应存在差异。虽然社会保险支出对城乡居民消费差距存在门槛效应，但是，只有城镇化水平介于 4.1597—4.3760 阶段，在统计上才显著，此时社会保险支出回归系数为负，在 1% 的显著性水平下抑制了城乡居民消费差距，这与全国层面数据结果一致；社会保险支出占社会保障支出比重最大，社会保险制度的建立在很大程度上保障了居民在养老、医疗、失业等方面的问题，刺激了城乡居民消费，缩小了城乡之间消费差距。在不同城镇化水平划分的三个阶段中，社会福利支出对城乡居民消费差距的回归系数均通过了 1% 的显著性水平，并且三个阶段社会福利支出均显著

表 13-11　社会保障支出结构的门槛面板模型回归结果

变量	社会保险支出	社会福利支出	社会救济支出	社会优抚支出
lncit	20.1078***	6.7117*	21.0273***	-0.1951
(lncit)^2	-2.9242***	-0.8915*	-3.0648***	0.0990
lnthi	0.3314***	0.7071***	0.3255***	0.7354***
lninv	-0.1147	-0.0394	-0.2356	-0.3211
lnedu	-0.5036***	-0.5510***	-0.4783***	-0.5723***
lnope	0.0878	0.0632	0.1087	0.1230
lnold	-0.0314	-0.1871	-0.1737	-0.6597*
lns（·）I（0）	-0.2074	-0.1949***	0.0687	0.2217
lns（·）I（1）	-0.4275***	-0.6353***	-0.2917**	-0.0409
lns（·）I（2）	-0.0506	-0.3904***	0.4376***	-0.3504*
lns（·）I（3）	—	—	—	-0.0849
F 值	5.99***	4.84***	7.06***	4.51***
R^2	0.7658	0.7228	0.7608	0.7207

注：F 值和临界值均是采用自抽样法反复抽样 1000 次后得到的结果，***、** 和 * 分别表示 1%、5% 和 10% 的显著性水平。

---

① 社会保障支出结构数据通过了平稳性检验、协整检验和豪斯曼检验，可以进行门槛面板模型回归。为避免共线性，本书未考虑除四大社会保障项目外的其他支出。

抑制了城乡居民消费差距的扩大；社会福利主要涉及收养性机构、养老服务事业、儿童福利事业等方面，有助于缩小城乡居民消费差距。当城镇化水平较低时，社会救济支出回归系数并未通过统计检验；当城镇化水平较高时（4.1597 < lncit ≤ 4.3760），社会救济支出抑制了城乡居民消费差距，社会救济倾向于城市和农村居民最低生活保障、农村五保户和应急救灾等方面，在一定程度上有利于弥补收入和消费的不平等；当城镇化水平大于4.3760时，社会救济支出反而扩大了城乡居民消费差距，此时社会救济的城市偏向可能占据主导因素。虽然社会优抚支出的门槛效应通过了检验，但在不同城镇化水平阶段，社会优抚支出的回归系数并不显著，表明社会优抚支出对城乡居民消费差距的影响并不明显，可能是因为社会优抚主要涉及抚恤补助优抚、退役士兵和复员干部以及离退休退职人员等方面，其支出在社会保障支出中比重最小，影响效果有限。

在社会保险支出和社会救济支出两大模型中城镇化水平一次项和二次项系数分别为正和负，均通过了1%显著性水平检验，意味着城镇化水平扩大了城乡居民消费差距，并且两者在非线性条件下呈现倒"U"形变动关系。虽然社会福利支出模型城镇化水平回归系数类似于社会保险支出和社会救济支出，但仅通过了10%显著性水平，检验结果并不理想。社会优抚支出模型中，无论是城镇化水平一次项系数还是二次项系数，均在统计上不显著，城镇化水平并未对城乡居民消费差距产生作用。

在社会保障各项目支出各模型中控制变量的城乡收入差距和人力资本均通过了1%的显著性水平检验，并且城乡收入差距扩大了城乡居民消费差距，而人力资本缩小了城乡居民消费差距，这与全国层面模型回归结论一致，再一次验证了实证结果的稳健性。其他控制变量均未通过显著性水平检验。

第十四章　中国社会保障统筹发展建议对策

根据上文分析，我们提出山东省城乡社会保障统筹发展相应的建议对策，以期实现中国社会保障在城乡、空间和项目等方面的统筹协调发展。

第一节　社会保障制度统筹发展

现在实施的中国社会保障制度，在城乡社会保障功能方面存在较大缺陷，不符合社会经济转型升级和新时代发展需求，对社会经济和民生保障具有负面影响，改革已迫在眉睫。中国现行社会保障制度改革的主要方向是缩小城乡社会保障差距，调整城乡二元经济结构，实现城乡统筹发展，需要在目前的社会生产生活体系基础之上，构建城乡一体化的社会保障制度体系平台。

然而，要想实现社会保障制度一体化，需要经历一个渐进的、漫长的改革过程，任何的社会制度变迁都不可能一蹴而就。所以，改革的目标应该分阶段、分步骤完成，中国社会保障改革的短期目标，应该是构建城乡社会保障统筹制度，促进城市和乡村两者相互协调，实现不同社会保障项目的统一，扩大社会保障覆盖面。因此，必须从实际出发，实事求是，按照"逐步过渡、逐步完善"的原则，根据不同地区的实际情况，实行"城乡有别、区域有别、项目差异化"的保障策略，坚持统一化、一体化、差异化的政策导向，逐渐扭转目前，城乡社会保障制度失衡、区域差别较大、保障项目覆盖面小的局面。要采取因地制宜的策略，明确轻重缓急，区别对待城乡社会保障工作，目前，城市社会保障改革的重点方向和重点领域集中在以下三个方面：

第一，协调城市社会保障与经济发展的步伐，适时控制城市社会保障增长的规模和速度，使城市社会保障符合经济发展的需要。

第二，整合、优化城市社会保障和福利项目，规避城市社会保障项目和种类繁多弊端，避免由于社会保障项目的交叉重叠造成的资源浪费，加强政府对社会保障事业的管理和社会保障支出的控制。

第三，应将新市民和农民工群体纳入城市社会保障体系当中。随着城市新市民和大量农村务工人员涌入城市，这些群体的社会保障问题亟待解决。应该将这部分群体的社会保障与城市社会保障体系衔接起来，将农民工养老保险和医疗保障统一纳入城市社会保障范围之中，保障这部分群体社会保障的统一性、便利性。

与城市相对照，当前农村社会保障工作的重点方向应该是加强社会保障制度建设，提高社会保障的范围和水平。

第一，要不断完善农村最低生活保障制度和救灾制度。最低生活保障是农村居民维持生存的最后防线，也是国民享有的基本权利之一。对于经济较发达的农村地区，根据当地实际情况进行调整，统一纳入城乡一体化的最低生活保障制度，使城市和乡村最低生活保障相互衔接。相对经济欠发达的农村地区，要加大政府财政扶持力度，扩大最低生活保障覆盖面，提高最低生活保障水平。同时，要建立和完善城市和农村救灾制度，转变传统救灾模式，提高救灾标准，监督、审计、控制好救灾资金，完善救灾的后期监管工作。

第二，要不断完善农村社会医疗保障制度。建设和发展农村社会医疗保障制度的重点是完善以大病统筹为主的互助合作医疗保险制度。根据实际需要和地区自身条件，可以考虑农村和城市基本医疗保险制度的并轨统一；重点要加强对经济落后地区医疗保险制度的建设和资金的投入。按照地区差别原则，对贫困农村合作医疗保险以转移支付的方式进行补贴。

第三，建立和完善农村社会养老保险制度。加大对经济发达农村地区的政府投资力度，不断完善农村社会养老保险制度的建设，适时对接城市养老保险制度，实现城乡养老保险的统筹规划。对于部分城市化进程中所产生的失地农民,根据自愿原则,逐渐向城市养老保险制度过渡,统筹城市和农村地区养老保险的转换和统一,从而在发达地区率先实现城乡一体的养老保险制度。在经济落后的地区,由于农村集体与农民经济水平相对较低,采取家庭养老、社区养老和社会养老保险相结合的模式,逐步提高社会化养老的水平。

第二节 人力资本统筹发展

中国作为人口大国,农业人口占据较大比重,农村生产效率较低,大量劳动力赋闲在农村土地上,总体来看,劳动力供给大于需求,许多有劳动能力的农村人口还有部分城市居民缺乏相应的工作机会,处于半失业和失业的状态,这部分人群缺乏必要的收入来源。这不仅导致了社会支出的增加,也阻碍了社会保障体系的完善,进一步对社会稳定与和谐产生影响。为此,建设城乡一体化的社会保障体系,中国要在照顾到每一个国民的基本生存的基础上,千方百计地扩大国民的就业渠道,提高广大国民的就业率,从而缓解社会保障所面临的重大压力。具体来说,要从以下三个方面进行努力:

第一,切实将提高就业率、扩大就业作为基本的宏观政策目标。失业问题对经济发展和社会稳定具有重大的影响,在深化改革的大背景下,要切实将扩大就业、提高就业率作为经济发展和宏观调控政策的最基本目标,扭转当前经济社会发展过程中出现的"高增长、低就业、低收入"现象,要转变发展理念,更加关注经济增长的质量,在经济快速发展的基础上,实现就业的逐步扩大。在保证国民经济快速发展和内涵发展的新常态下,要为实现积极就业政策的目标创造良好的宏观经济环境,完善宏观就业政策体系;在经济新常态下,转变经济增长模式,做好传统产业转型升级,促进战略性新兴产业的快速发展,在实施创新驱动产业发展的战略下,更好地发挥劳动密集型产业对于扩大就业和创造就业的优势。此外,要把国民经济和社会发展与财税政策、产业政策、金融货币政策、投资政策等宏观政策相结合,以实现国民经济快速健康发展和促进充分就业的双重目标。

第二，合理明确市场机制和政府在促进就业中的作用。在市场经济条件下，市场机制这只"看不见的手"在就业和再就业中发挥着决定性作用，而政府这只"看得见的手"在就业方面发挥着引导性和辅助性作用。为此，在促进就业和再就业方面，政府要依据当地现实情况，遵循符合地方的劳动力市场原则，实行积极的就业政策，加快完善劳动力市场制度，加强对劳动力市场的监督和管理，确保劳动力市场的竞争性和灵活性，创造出使劳动力市场高效运行的良好外部环境。在劳动力市场的运行过程中，政府要积极介入，有所为、有所不为，积极弥补市场机制的缺陷，完善就业服务体系，有效地减少交易成本，提高就业率。提供相应的扶持政策，对失业人员进行培训和就业指导，给予创业融资和开业注册等方面的优惠，鼓励失业人员自谋职业，自主创业，形成"大众创业、万众创新"的社会局面。

第三，加大人力资本投资力度，提高劳动力的素质。加大人力资本投资力度，提高劳动力的素质是实现从人口大国向人力资源强国转变的关键途径，也是缓解目前就业压力、促进社会保障事业发展、实现国民经济持续快速发展的根本策略。总体上看，中国劳动力文化水平和劳动技能素质整体较低，这是制约就业和经济发展的重要因素。为此，要通过加强人力资源能力的培养，提高人口素质，把人力资源优势转变为经济优势，从而解决就业问题，进一步促进社会保障工作的有效开展。为此，政府要完善财政支出结构，加大各级政府对职业培训经费的投入，大力加强职业教育和技能培训，加强教育培训机构建设，提高培训质量，使劳动者知识水平和劳动技能符合当今经济发展和科技进步的要求。

第三节　融资渠道统筹发展

社会保障基金是开展社会保障工作的重要基础。拓展社会保障基金的渠道主要有四种：

第一，鼓励地方政府、企业、居民和其他社会组织积极参与社会保障基金的筹措工作，政府要提高社会保障基金在公共财政预算支出中的比重，稳定社会保障基金的财政来源。

第二，要建立社会保障风险基金。每年从财政收缴的国有资产收益、预算外基金、国有土地有偿使用收入、国有企业亏损退库中按比例充实社会保障风险准备金，用于社会保障基金的储备。同时，积极稳妥地探索社会保险基金保值增值的有效机制和途径，适时考虑社会保障基金的入市工作。

第三，通过政府的转移支付、项目支持、扶贫政策等手段，努力缩小区域经济发展水平的差异，统筹协调不同地域社会保障发展水平，突出社会保障的公平性和合理性特点。政府要加大对重点地区和重点行业社会保障水平和发展状况的监管力度，确保弱势群体的合法权益。

第四，政府要通过立法等手段，扩大社会保障基金融资渠道，盘活社会保障基金利用，积极鼓励社会保障基金在确保无风险和稳定收益的前提下进入市场，实现社会保障基金的保值增值，确保社会保障基金的使用效益。

第四节　区域社会保障统筹发展

第一，要根据经济发展阶段和财力状况，针对城乡社会保障事业的不同特点及薄弱环节，来统筹规划社会保险、社会救助、社会福利及各项慈善事业的发展。

第二，要适应经济社会形势的变化，将城乡社会保障体系（包括筹资模式、项目结构、保障水平、管理制度和监管机制等）作为一个有机整体，进行科学的规划设计，以便于城乡社会保障制度的有效衔接。

第三，要在统筹考虑、整体推进和循序渐进的原则下，明确推进重点及步骤：在地域上，要确立农村优先的战略，公共资源投入要优先考虑农村居民的社会保障需求；在制度结构上，要优先构建覆盖城乡居民的社会救助体系和医疗保障体系，从建立城乡统一的最低生活保障制度逐步向综合型的社会救助体系扩展，从多元化的覆盖城乡居民的医疗保障制度逐步向一元化的覆盖全民的医疗保障体系迈进。

第四，要不断加大中西部地区和内陆地区社会保障投资力度，弥补不同区域内部社会保障差距，实现区域社会保障统筹协调发展。针对目前地区、城乡、部门之间社会保障待遇关系不能流动和不连续的现状，一方面应结合当地的经济发展情况，依据公共财政、集体社区和个人经济承受能力进行分梯度设计待遇标准；另一方面要通过建立全省统一的社会保障个人账户，加快劳动力在城乡、地区与行业间的流动，并实现账户随劳动者的迁移而迁移以及社会保障待遇关系的有效衔接。

第五节　社会保障监管统筹发展

社会保障在不断发展的过程中，必须建立健全社会保障监督监管机制，以加强社会保障基金运行的透明性和安全性。社会保障基金的监管和管理要以法律为依据，以政府为主导，对社会保障制度和基金运行的全过程、各个环节、各参与主体以及各种社会保障的活动实施综合的、全面的、有效的、科学的监管。为此，需要从以下三个方面着手：

第一，要建立健全社会保障监管与管理体系，社会保障监管不完全等同于一般的经济监管，但与一般的经济监管存在着相似的监管规律，社会保障监管是管理职能的一种，是管理职能的具体体现，社会保障与经济监管具有相同的参与主体，监管的最高主体就是政府，重要的参与主体是社会组织、企业和个人，监管主体依据国家政策、法律和法规，通过观察、检查、评价等方式，对监管客体和监管主体自身的行为进行约束、预防、反馈和追责。

第二，发挥法律监管作用，社会保障监管要依据国家政策法规、运用法律、经济与行政等多种监管手段，从不同侧面、不同层次、不同方向，对各级社会保障管理部门和参与主体实施监督、管理和制约，引导社会保障监督和管理沿着正确方向协调运行，城镇和现代农村社会保障制度要想良好运行，其基本条件和制度保障要求法制健全，在当前主要依靠行政力量运行，有关保障边缘弱势群体权益的立法及其研究非常滞后的情况下，建立和完善现代法律监管体系已迫在眉睫。

第三，加强社会保障基金财务监管，社会保障基金中有相当部分是由财政拨付和社会捐赠，如社会救济、优抚安置等，所以，要积极探索和研究各项社会保障基金科学的财务管理办法和会计稽核办法，建立社会保障财务的监管机制，完善相应法律法规，从而避免社会保障基金运行的财务漏洞。

第六节　社会保障管理统筹发展

政府的职能定位要比较明确。要正确处理政府与市场的关系，充分发挥政府的引导作用和监督管理职能，足够重视市场的主体决定作用、基金运营和资源配置的作用，既要注重制度和市场效率，又要重视社会公平；要合理划分政府、企业与个人的界限，科学界定不同市场主体的职责；政府财政要求负担基本保障部分、城乡社会保险的统筹部分以及社会福利等项目，并履行各种监督和管理职能，企业在社会统筹缴费以及在社会救助、社会福利和慈善事业等方面需要承担一定的责任和义务，个人账户缴费以及在慈善事业等方面由个人主要负责，并承担一定的责任和义务。同时，建立统一的全国联网的社会保障信息管理系统。伴随着社会保障覆盖面的不断扩大和保障水平的不断提高，需要建立统一的全国联网的社会保障信息管理平台。建立统一的全国联网的信息管理系统，可以充分发挥信息资源的整体效益、溢出效益、网络效益，并实现资源共享。进一步地，培养专业的社会保障信息技术人才。建立统一的全国联网的社会保障信息管理平台，需要大量较高层次的技术人员和业务人员。为此，要不断加强对相关技术人员和业务人员的专业培训，不断培养专业的人才队伍，提高人才队伍基本素质和专业水平，以适应不断发展的社会保障需求。

第十五章 专题1：中国城镇社会保险发展

第一节 问题的提出

社会保险是由法律规定，通过向劳动者及雇主或企业筹措资金，并用于劳动者以保障其一旦失去劳动收入后而获得一定补偿的制度。城镇社会保险是专门针对城镇居民所设立的社会保险。目前，城镇社会保险主要包括养老、医疗、失业、生育和工伤五个方面。城镇社会保险制度的建立有利于社会稳定，有利于保障社会劳动力再生产顺利进行，有利于实现社会公平，有利于推动社会进步，对于社会经济的健康发展具有重要的现实意义。

我国从新中国成立初期便建立了城镇社会保险制度，历经60多年的发展，正在逐步完善城镇社会保险制度，但是，仍然存在着诸多问题。国内外学者对中国城镇社会保险进行了广泛研究，主要涉及了以下几个方面的内容。

周国良（2003）认为，城镇养老保险制度变迁具有路径依赖性，统账结合的养老保险制度具有较高内生回报。张文宪（2006）对我国城镇养老保险融资问题进行了研究，建议引进名义账户融资模式。任飞飞（2007）构建五大模块养老保险模型，从人口转变角度分析了上海未来人口、劳动力和经济发展状况，提出提高法定退休年龄、做实个人账户、采取税收优惠等措施。黄瑞（2008）研究了人口老龄化对养老保险制度的影响，并提出中国城镇养老保险制度应对人口老龄化的建议。杨勇刚（2010）测量了中国城镇养老保险支出水平，分析了制约养老保险支出水平的影响因素，并提出提高支出水平的对策。陈永杰等（2012）以广州城镇养老保险制度为例，提出从制度设置入手，采取灵活的缴费形式，建立动态调整机制并取消与低保制度挂钩的改革方向。

王正斌等（2003）提出了构建社会和商业医疗保险互补、共同发展的多层次城镇医疗保险体系。田国栋（2006）研究医疗保险基金筹资和支出的各种影响因素，以及各种因素对基金平衡的影响作用。黄枫（2010）从居民健康和医疗消费视角入手，借鉴国际先进经验，通过调研数据进行实证研究，提出医疗改革政策和路径。李文沛（2010）探讨了关于城镇基本医疗保险筹资问题，并提出了制度层面的解决措施。

张凤凉（2001）分析了我国失业保险政策缺陷，并提出了完善的对策建议。顾昕（2006）分析了中国失业保险制度覆盖率问题，认为在21世纪初覆盖率是下降的。黎民等（2012）构建评价指标体系对我国城镇失业保险制度进行监测。

综观现有研究，主要存在以下不足：一是更多集中于社会保险制度研究，而欠缺对中国城镇社会保险发展态势和现状的研究；二是更多地关注单一保险问题研究，而忽视对五大保险项目综合研究；三是更多倾向于社会保险统筹协调发展研究，而缺乏对中国城镇社会保险发展非均衡及影响因素的研究。针对目前研究不足，本章借鉴以往研究，主要以省域和五大城镇社会保险为研究对象，从空间和保险项目角度，分析城镇社会保险空间和项目收入及支出发展非均衡，在此基础上，探讨影响非均衡发展因素，并进行实证分析检验，研究各因素影响程度和显著性水平。

第二节　研究方法与数据

一　非均衡研究方法

（一）基尼系数的测算及分解方法

目前，已有的大量文献对基尼系数的计算和分解给出了不同的算法和公式，Yao 对这些文献进行了总结整理并指出，不同的方法存在其自身的优点和缺点，一些计算公式复杂且不实用，另一些则难以分解或是有偏估计。Yao 对基尼系数的计算和分解给出了一种可以用于分解非均衡分组数据的简便易行的方法。由于本章中各省份参加城镇社会保险的人次并不相等，属于非均衡的分组数据，因此，本章采用 Yao 的方法来计算和分解基尼系数。

基尼系数计算公式。将中国按照相应的省份分成 n 组，S_i 代表第 i 省份城镇社会保险总收入（总支出）① 的份额，D_i 代表第 i 省份的城镇社会保险人均收入（人均支出）②，P_i 代表第 i 省份参加城镇社会保险人次③频数，i = 1, 2, ⋯, n。对中国各省份按照城镇社会保险人均收入（人均支出）D_i 从小到大排序后，基尼系数 G 的计算公式如下：

$$G = 1 - \sum_{i=1}^{n} 2B_i = 1 - \sum_{i=1}^{n} P_i (2Q_i - S_i) \quad (15-1)$$

$$Q_i = \sum_{i=1}^{n} S_i \quad (15-2)$$

按社会保险项目收入（支出）来源分组的基尼系数分解方法。每个省份城镇社会保险总收入（总支出）可以按照社会保险的项目不同分为 K 种分项目收入（支出）（k = 1, 2, ⋯, K），令 C_k 为第 k 种分项目收入（支出）的集中率，v_k 和 v 分别为各分项目收入（支出）来源的人均收入（支出）和社会保险总收入（总支出）的人均收入（支出），$r_k = v_k/v$ 表示项目 k 收入（支出）来源在总收入（支出）中的比重，则 C_k 可以由式（15-3）计算：

$$C_k = 1 - \sum_{i=1}^{n} 2B_{ki} = 1 - \sum_{i=1}^{n} P_i (2Q_{ki} - r_{ki}) \quad (15-3)$$

---

① 本书对基尼系数的测算和分解将从社会保险基金收入和社会保险支出两个角度进行。

② 城镇社会保险人均收入（人均支出）的计算公式分别为：城镇社会保险人均收入（人均支出）= 社会保险基金收入（支出）/参加城镇社会保险人次。

③ 参加城镇社会保险人次的计算公式为：城镇社会保险参保人次 = 城镇基本养老保险参保人数 + 城镇基本医疗保险参保人数 + 失业保险参保人数 + 工伤保险参保人数 + 生育保险参保人数。

$$Q_{ki} = \sum_{t=1}^{i} r_{kt} \qquad (15-4)$$

式中，Q_{ki}是项目k收入（支出）从1到i的累积收入（支出）比重。令l_{ki}为第i个省的项目k人均收入（支出），则$r_{ki} = P_i \times l_{ki}/v_k$是第$i$个省的项目$k$收入（支出）在项目$k$总收入（支出）中的比重。在计算$C_k$时，中国各省仍然是按人均收入（人均支出）$D_i$由小到大进行排序。

在获得了K个项目收入（支出）各自的集中率后，中国各省的社会保险收入（支出）分布的基尼系数G可以按照下式计算：

$$G = \sum_{k=1}^{K} r_k C_k \qquad (15-5)$$

最后，项目k收入（支出）对总收入（总支出）非均衡的贡献率shG_k可以由下述公式计算：

$$shG_k = \frac{C_k}{G} \qquad (15-6)$$

$$\sum_{k=1}^{K} shG_k = 1 \qquad (15-7)$$

如果计算出来的shG_k为负，表示该社会保险项目收入（支出）对社会保险总收入（总支出）非均衡的贡献为负，即起到了一定的收入（支出）均等化作用；反之，如果为正，则表示该社会保险项目收入（支出）对社会保险总收入（总支出）非均衡的贡献为正，没有起到均等收入（支出）的作用，反而拉大了社会保险收入（支出）差异。

（二）泰尔指数测算及分解方法

泰尔指数利用信息理论熵的概念来计算个人或地区收入差距。泰尔指数的值越大，差距越大。本章用泰尔指数构造中国城镇社会保险发展的非均衡程度泰尔指数，计算公式如下：

$$Theil = \sum_i \sum_j \left[\frac{Y_{ij}}{Y} \right] \ln \left[\frac{Y_{ij}/Y}{N_{ij}/N} \right] \qquad (15-8)$$

式中，Y_{ij}代表i地区中j省的城镇社会保险总收入（总支出），Y为中国的城镇社会保险总收入（总支出），N_{ij}代表i地区中j省参加城镇社会保险人次，N 为中国参加城镇社会保险人次。如果定义 T_i 为 i 地区内各省份之间的差异，则：

$$T_i = \sum_j \left[\frac{Y_{ij}}{Y_i}\right] \ln\left[\frac{Y_{ij}/Y_i}{N_{ij}/N_i}\right] \qquad (15-9)$$

式中，Y_i 和 N_i 分别是 i 地区的城镇社会保险总收入（总支出）和参加城镇社会保险人次；同时，定义 T_{BR} 和 T_{WR} 分别为地区间差异和地区内差异，则：

$$T_{BR} = \sum_i \left[\frac{Y_i}{Y}\right] \ln\left[\frac{Y_i/Y}{N_i/N}\right] \qquad (15-10)$$

$$T_{WR} = \sum_i \left[\frac{Y_i}{Y}\right] T_i = \sum_i \sum_j \left[\frac{Y_i}{Y}\right]\left[\frac{Y_{ij}}{Y_i}\right] \ln\left[\frac{Y_{ij}/Y_i}{N_{ij}/N_i}\right] \qquad (15-11)$$

上述泰尔指数的计算公式适用于对两次分组的数据加以处理，即某一收入（支出）单元又分为了若干亚收入（支出）单元，式（15-8）是计算整体收入（支出）的泰尔指数，式（15-9）是计算每个基本收入（支出）产值的单元内泰尔指数，式（15-10）是计算组间泰尔指数，式（15-11）是计算组内泰尔指数。

（三）系统 GMM 估计

系统 GMM 估计提出的最初目的是估计动态面板，为了克服解释变量的内生性问题，它将内生解释变量的水平值和差分值作为工具变量而不需要再寻求其他工具变量。Arellano 和 Bond（1991）提出的差分 GMM 估计法虽然较好地解决了由于内生解释变量造成的估计有偏和非一致性问题，但同时也可能造成由于工具变量不足而引起的弱工具变量问题。为了解决以上问题，Arellano 和 Bover（1995）重新回到了差分之前的水平方程，通过增加新的有效工具变量来解决工具变量较弱带来的问题，提出了水平 GMM 估计法。Blundell 和 Bond（1998）将差分方程和水平方程作为一个方程系统进行 GMM 估计，实现了差分 GMM 和水平 GMM 的结合，称为系统 GMM 估计法，GMM 估计法的优点是具有更好的有限样本性质，在很大程度上可以降低由差分 GMM 带来的偏误，同时也提高了估计效率。因此，本章采用系统 GMM 估计法处理动态面板数据，计量分析软件将使用 Stata12.0。

二　数据来源及处理

本章将中国城镇社会保险基金收入和支出情况及参保人次作为衡量中国城镇社会保险发展水平的指标，主要包括参加城镇基本养老保险情况，城镇基本医疗保险情况，各地区失业保险、工伤保险、生育保险情况等。城镇社会保险基金收支情况及参保人次数据取自2001—2012年[①]《中国劳动统计年鉴》和《中国统计年鉴》。本章东部地区包括北京、天津、河北、辽宁、山东、江苏、浙江、上海、广东、福建、海南，西部地区包括陕西、甘肃、四川、贵州、重庆、云南、新疆、宁夏、青海、西藏、广西，中部地区包括内蒙古、黑龙江、吉林、山西、河南、安徽、湖北、湖南、江西。

第三节　中国城镇社会保险非均衡测算及分解

一　中国城镇社会保险非均衡测算——基于基尼系数和泰尔指数

本章分别计算了中国城镇社会保险基金收入、支出的基尼系数（G）和泰尔指数（Theil），如表15-1所示，从中可以发现，支出的基尼系数值和泰尔指数值均大于收入的基尼系数值和泰尔指数值，这说明保险基金支出非均衡程度大于收入非均衡程度。从发展的趋势来看，收入和支出的非均衡态势基本一致，呈现出相似"U"形，即有先下降后上升的趋势。整体考察期间可以分为两个阶段：第一阶段从2001—2006年，基金收入的基尼系数由0.1632下降到0.0822，年均下降14.07%，基金支出的基尼系数由0.1943下降到0.1195，年均下降10.22%，基金收入的泰尔指数由0.0209下降到0.0048，年均下降34.28%，基金支出的泰尔指数由0.0300下降到0.0107，年均下降22.83%；第二阶段2007—2012年，基金收入的基尼系数由

[①] 《中国劳动统计年鉴》和《中国统计年鉴》每年发布的统计数据，实际上是依据前一年数据得来，本书采用的年份数据，表示年度实际数据。

0.0910 上升到 0.1531，年均上升 10.97%，基金支出的基尼系数由 0.1325 上升到 0.1856，年均上升 6.98%，基金收入的泰尔指数由 0.0058 上升到 0.0166，年均上升 23.57%，基金支出的泰尔指数由 0.0130 上升到 0.0249，年均上升 13.97%。

表 15-1　　中国城镇社会保险的基尼系数和泰尔指数

年份	2001	2002	2003	2004	2005	2006
G（收入）	0.1632	0.1324	0.1408	0.1085	0.1003	0.0822
G（支出）	0.1943	0.1563	0.1693	0.1381	0.1288	0.1195
Theil（收入）	0.0209	0.0130	0.0151	0.0095	0.0076	0.0048
Theil（支出）	0.0300	0.0189	0.0236	0.0163	0.0138	0.0107
年份	2007	2008	2009	2010	2011	2012
G（收入）	0.0910	0.1055	0.1403	0.1409	0.1464	0.1531
G（支出）	0.1325	0.1495	0.1706	0.1752	0.1811	0.1856
Theil（收入）	0.0058	0.0078	0.0141	0.0135	0.0147	0.0166
Theil（支出）	0.0130	0.0166	0.0206	0.0217	0.0233	0.0249

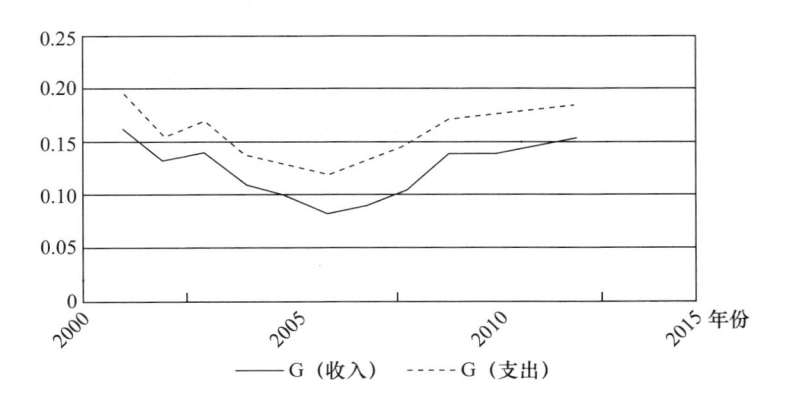

图 15-1　基尼系数

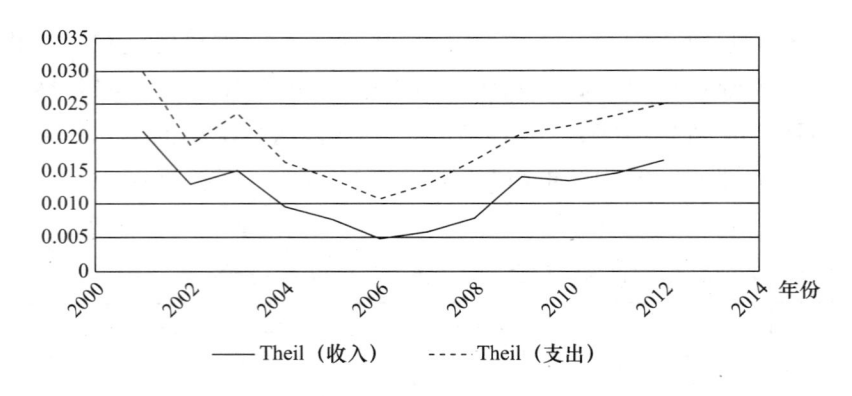

图 15-2 泰尔指数

二 中国城镇社会保险非均衡分解

下文首先对基尼系数按照分项目收入、支出来源分解,然后对泰尔指数按东部、中部、西部地区发展非均衡分解,以进一步分析中国城镇保险发展的非均衡。

(一) 中国城镇社会保险分项目发展非均衡分解——基于基尼系数分解

通过对基尼系数的分解,本章可以看出,分项目收入(支出)对总收入(支出)基尼系数的贡献主要受两个变量的影响:一是分项目收入(支出)占总收入(支出)的比重;二是分项目收入(支出)的集中率,即分项目收入(支出)自身存在的非均衡。如果分项目收入(支出)的集中率水平大于总收入(支出)基尼系数,那么该分项目收入(支出)是促使总体收入(支出)非均衡扩大的因素;如果分项收入(支出)的集中率小于总收入(支出)基尼系数,那么该分项收入(支出)是促进总体收入(支出)非均衡缩小的因素。

表 15-2 和表 15-3 描述了社会保险收入(支出)的基尼系数在按照收入(支出)来源分解过程中的分项产值集中率 C_k、分项产值在总产值中的比重 r_k 和分项产值的贡献率 shG_k,从中可以看出基于基金收入的基尼系数分解和基于基金支出的基尼系数分解。

基于基金收入的基尼系数分解。从表 15-2 和图 15-3 可以看出，2008—2012年，城镇基本养老保险、失业保险和城镇基本医疗保险的基金收入集中率 $C_k > G$，说明城镇基本养老保险、失业保险和城镇基本医疗保险起着扩大各省社会保险总收入分布非均衡的作用。在此期间，城镇基本养老保险、失业保险和城镇基本医疗保险收入占社会保险总收入的比重最大，而且对总收入非均衡的贡献度较高，对社会保险的非均衡发展起到了重要作用。这种趋势在2008年出现转折，城镇基本养老保险和城镇基本医疗保险的基金收入集中率 $C_k > G$，而失业保险基金收入（产出）集中率 $C_k > G$，这说明从2008年后失业保险成为拉大社会保险非均衡发展的主要因素。此外，从2001—2012年工伤保险的基金收入集中率 $C_k < G$，说明工伤保险一直起到了抑制社会保险的非均衡发展的作用。

表15-2　　基于社会保险基金收入的基尼系数分解

年份		2001	2002	2003	2004	2005	2006	2007	2008	2009	2010	2011	2012
城镇基本养老保险	C_k	0.156	0.120	0.128	0.093	0.092	0.073	0.086	0.110	0.145	0.143	0.153	0.157
	r_k	0.802	0.783	0.754	0.737	0.730	0.730	0.727	0.719	0.724	0.713	0.703	0.692
	shG_k	0.768	0.708	0.684	0.631	0.672	0.650	0.691	0.749	0.749	0.722	0.733	0.708
失业保险	C_k	0.158	0.137	0.127	0.131	0.108	0.106	0.111	0.110	0.171	0.203	0.157	0.185
	r_k	0.060	0.053	0.051	0.050	0.049	0.047	0.044	0.043	0.037	0.035	0.038	0.039
	shG_k	0.059	0.055	0.046	0.061	0.053	0.060	0.054	0.045	0.045	0.050	0.041	0.048
城镇基本医疗保险	C_k	0.232	0.207	0.199	0.163	0.133	0.112	0.107	0.097	0.116	0.131	0.133	0.141
	r_k	0.124	0.150	0.182	0.197	0.202	0.202	0.206	0.213	0.231	0.229	0.230	0.240
	shG_k	0.176	0.235	0.257	0.297	0.268	0.276	0.243	0.197	0.191	0.214	0.209	0.221
工伤保险	C_k	-0.060	-0.125	0.057	0.022	0.000	-0.007	-0.009	0.006	0.082	0.091	0.074	0.080
	r_k	0.009	0.008	0.008	0.010	0.013	0.014	0.015	0.016	0.015	0.015	0.019	0.018
	shG_k	-0.003	-0.007	0.003	0.002	0.000	-0.001	-0.002	0.001	0.009	0.010	0.010	0.010
生育保险	C_k	0.037	0.234	0.260	0.182	0.129	0.167	0.169	0.095	0.108	0.091	0.116	0.195
	r_k	0.004	0.005	0.005	0.005	0.006	0.007	0.008	0.008	0.008	0.008	0.009	0.011
	shG_k	0.001	0.010	0.010	0.009	0.008	0.015	0.014	0.008	0.006	0.005	0.007	0.013
GINI		0.163	0.132	0.141	0.108	0.100	0.082	0.091	0.106	0.140	0.141	0.146	0.153

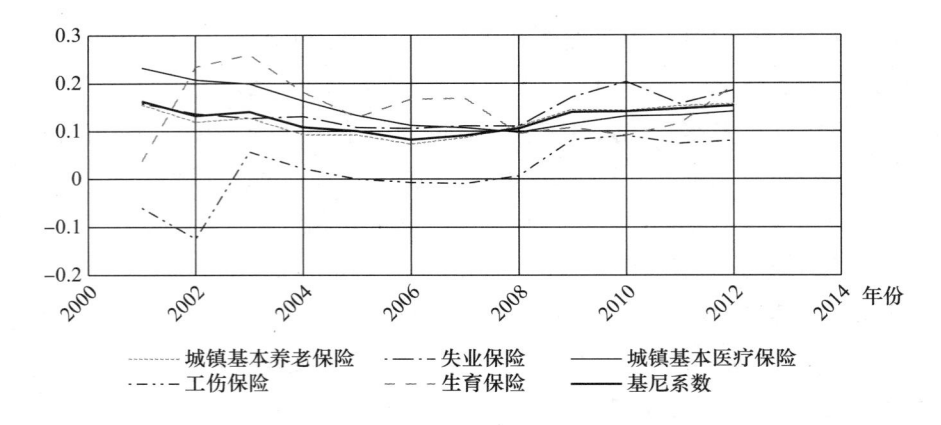

图 15-3　城镇社会保险基金收入分项产值集中率变化趋势

基于基金支出的基尼系数分解。从表 15-3 和图 15-4 可以看出，2002—2008 年，城镇基本医疗保险和生育保险的基金支出集中率 $C_k > G$，说明城镇基本医疗保险和生育保险起着扩大各省社会保险总支出分布非均衡的作用，这种趋势在 2008 年也出现转折，城镇基本医疗保险和生育保险的基金支出集中率 $C_k < G$。而自 2003 年以后失业保险基金支出集中率 $C_k > G$，说明失业保险是拉大社会保险支出非均衡发展的主要因素。此外，2001—2012 年，工伤保险的基金支出集中率 $C_k < G$，说明工伤保险同样对社会保险非均衡发展起到了阻碍作用。

表 15-3　基于社会保险基金支出的基尼系数分解

年份		2001	2002	2003	2004	2005	2006	2007	2008	2009	2010	2011	2012
城镇基本养老保险	C_k	0.184	0.151	0.153	0.121	0.116	0.113	0.128	0.154	0.177	0.186	0.194	0.200
	r_k	0.845	0.830	0.777	0.757	0.748	0.756	0.757	0.749	0.723	0.712	0.707	0.702
	shG_k	0.802	0.804	0.702	0.664	0.676	0.713	0.730	0.771	0.752	0.755	0.758	0.757
失业保险	C_k	0.215	0.019	0.191	0.219	0.174	0.148	0.181	0.204	0.252	0.218	0.196	0.253
	r_k	0.057	0.041	0.050	0.046	0.038	0.031	0.028	0.026	0.030	0.029	0.024	0.020
	shG_k	0.063	0.005	0.056	0.072	0.052	0.038	0.038	0.035	0.044	0.036	0.026	0.028
城镇基本医疗保险	C_k	0.309	0.254	0.255	0.196	0.172	0.146	0.147	0.133	0.143	0.144	0.150	0.144
	r_k	0.089	0.119	0.163	0.186	0.200	0.197	0.197	0.205	0.227	0.239	0.245	0.250
	shG_k	0.141	0.194	0.245	0.264	0.267	0.242	0.219	0.182	0.191	0.197	0.203	0.194

续表

年份		2001	2002	2003	2004	2005	2006	2007	2008	2009	2010	2011	2012
工伤保险	C_k	-0.155	-0.172	-0.145	-0.121	-0.039	-0.019	0.035	0.061	0.091	0.087	0.086	0.106
	r_k	0.006	0.006	0.007	0.007	0.009	0.011	0.011	0.013	0.013	0.013	0.016	0.018
	shG_k	-0.005	-0.006	-0.006	-0.006	-0.003	-0.002	0.003	0.005	0.007	0.006	0.008	0.010
生育保险	C_k	-0.079	0.166	0.154	0.176	0.199	0.183	0.193	0.142	0.137	0.130	0.133	0.201
	r_k	0.003	0.004	0.003	0.004	0.005	0.006	0.007	0.007	0.007	0.007	0.008	0.010
	shG_k	-0.001	0.004	0.003	0.005	0.008	0.009	0.010	0.007	0.006	0.006	0.006	0.011
G		0.194	0.156	0.169	0.138	0.129	0.119	0.132	0.150	0.171	0.175	0.181	0.186

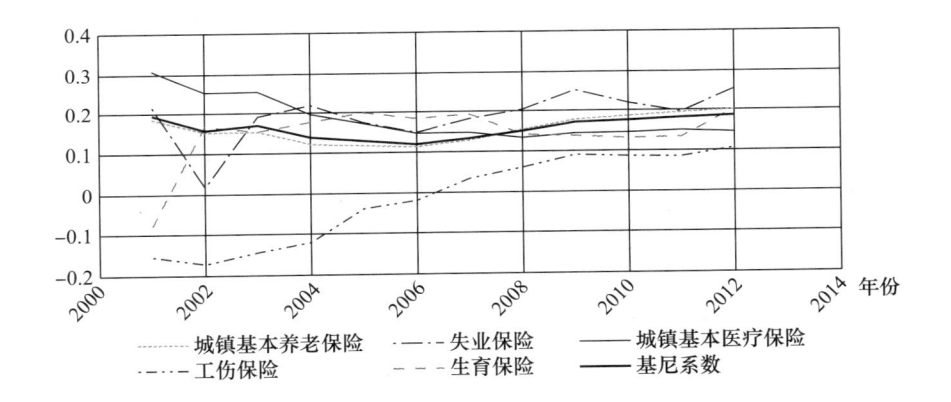

图 15-4 城镇社会保险基金支出分项产值集中率变化趋势

（二）中国城镇社会保险发展区域非均衡分解——基于地区的泰尔指数分解

按地区对泰尔指数分解的最大优点是可以衡量组内和组间的非均衡对总体非均衡的贡献，本章将我国按省份划分为东部、中部、西部三个地区，分别计算区域内各省份和区域间的非均衡水平，并通过区域内部和区域间对总体的贡献度找出造成非均衡变化的因素。表15-4描述了2001—2012年我国东部、中部、西部三大地区内、区域间的非均衡水平及其对总体的贡献率，从中不难看出：

在中国城镇社会保险发展的过程中，收入和支出区域内部非均衡对总体非均衡的贡献度都大于区域之间非均衡对总体非均衡的贡献度，基金支出的区域内贡献率大于基金收入的区域内贡献率。

区域内部的非均衡呈现出了先降后升的"V"形变化态势。从基金收入的分解来看，2001—2006 年，区域内部由 0.0173 下降到 0.0044，此后逐渐上升，到 2012 年，升至 0.0163，与基金支出的走势基本一致。从区域内部的非均衡对总体非均衡的贡献度来看，呈现出持续的上升趋势——基金收入的区域内贡献率从 2001 年的 82.67% 上升到 2012 年的 98.13%，基金支出的区域间贡献率从 2001 年的 92.33% 上升到 2012 年的 98.93%，说明我国社会保险的区域内部非均衡在逐渐增大。

区域之间的非均衡也呈现出了先降后升的"V"形变化态势。从基金收入的分解来看，2001—2006 年，区域之间由 0.0036 下降到 0.0004，此后逐渐上升，到 2011 年，升至 0.0013，与基金支出的走势基本一致。从区域之间的非均衡对总体非均衡的贡献度来看，呈现出持续的下降趋势——基金收入的区域间贡献率从 2001 年的 17.33% 下降到 2012 年的 1.87%，基金支出的区域间贡献率从 2001 年的 7.67% 下降到 2012 年的 1.07%，说明我国社会保险的区域之间非均衡有所收敛。

表 15-4　　　　社会保险发展非均衡的泰尔指数分解

年份	基金收入 T_{WR}	区域内贡献率（%）	T_{BR}	区域间贡献率（%）	基金支出 T_{WR}	区域内贡献率（%）	T_{BR}	区域间贡献率（%）
2001	0.0173	82.67	0.0036	17.33	0.0277	92.33	0.0023	7.67
2002	0.0113	86.78	0.0017	13.22	0.0176	92.97	0.0013	7.03
2003	0.0127	84.46	0.0023	15.54	0.0218	92.41	0.0018	7.59
2004	0.0076	79.41	0.0020	20.59	0.0145	88.64	0.0019	11.36
2005	0.0067	87.89	0.0009	12.11	0.0130	94.07	0.0008	5.93
2006	0.0044	90.73	0.0004	9.27	0.0102	95.64	0.0005	4.36
2007	0.0054	92.95	0.0004	7.05	0.0126	97.13	0.0004	2.87

续表

年份	基金收入				基金支出			
	T_{WR}	区域内贡献率（%）	T_{BR}	区域间贡献率（%）	T_{WR}	区域内贡献率（%）	T_{BR}	区域间贡献率（%）
2008	0.0071	90.72	0.0007	9.28	0.0160	96.11	0.0006	3.89
2009	0.0133	94.60	0.0008	5.40	0.0195	94.69	0.0011	5.31
2010	0.0120	89.02	0.0015	10.98	0.0207	95.50	0.0010	4.50
2011	0.0130	91.22	0.0013	8.88	0.0226	96.85	0.0007	3.15
2012	0.0163	98.13	0.0003	1.87	0.0247	98.93	0.0003	1.07

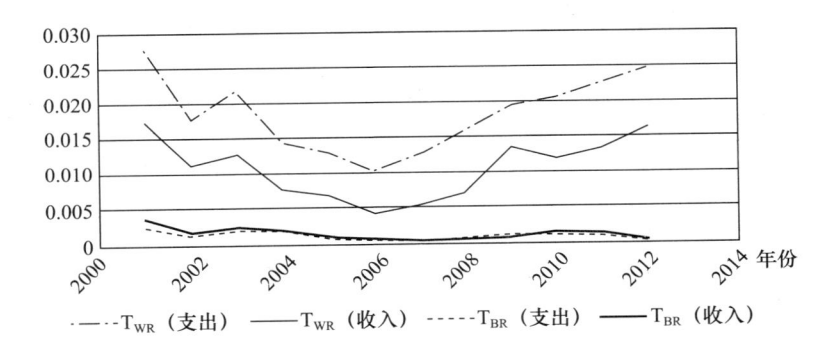

图 15-5 区域内（T_{WR}）和区域间（T_{BR}）非均衡

表 15-5 列出了从 2001—2012 年东部、中部、西部地区内部各自的非均衡发展水平。从中可以看出：

横向比较，东部地区内部非均衡程度较大，各年份均大于西部和中部地区。纵向比较，东部、西部、中部地区均呈现"V"形变化趋势，各地区的基金收入和支出的非均衡发展均呈现出先下降后上升的趋势。以东部地区为例，基金收入的非均衡水平从 2001 年的 0.0223 下降至 2006 年的 0.0048 后，在 2012 年上升到 0.0227 又恢复到了基本与 2000 年持平的水平。

表 15-5　2001—2012 年中国高技术产业三大地区的内部非均衡

年份	基金收入的非均衡			基金支出的非均衡		
	东部	西部	中部	东部	西部	中部
2001	0.0223	0.0071	0.0112	0.0404	0.0072	0.0097
2002	0.0147	0.0057	0.0066	0.0252	0.0054	0.0073
2003	0.0173	0.0041	0.0067	0.0327	0.0041	0.0064
2004	0.0103	0.0034	0.0035	0.022	0.0036	0.0028
2005	0.0081	0.0028	0.0055	0.0194	0.0030	0.0033
2006	0.0048	0.0026	0.0044	0.0158	0.0022	0.0023
2007	0.0064	0.0032	0.0043	0.0197	0.0021	0.0026
2008	0.0091	0.0025	0.0051	0.0252	0.0023	0.0035
2009	0.0166	0.0106	0.0076	0.0301	0.0037	0.0055
2010	0.0166	0.0038	0.0070	0.0322	0.0026	0.0069
2011	0.0184	0.0051	0.0075	0.0351	0.0035	0.0073
2012	0.0227	0.009	0.0058	0.0367	0.0106	0.0076

第四节　中国城镇社会保险发展非均衡影响因素分析

一　影响因素设计

社会保险作为一种强制社会多数成员将所得进行重新分配的非营利性的社会安全制度，具有预防和分担年老、疾病、失业以及死亡等社会风险的功能。但从上文的分析可以看出，目前，我国社会保险的发展呈现出非均衡的态势，在此基础上，本章结合其所受的外部影响，提出以下造成社会保险发展非均衡的影响因素。

人均地区生产总值。社会保险的发展水平受到政治环境、社会传统、人口结构等多种因素的影响，但最终是与一国的经济发展水平相适应的，人均地区生产总值作为一项重要的宏观经济指标反映了各地区经济的整体运行情况，对社会保险的发展会产生重要作用。

总抚养比。也称总负担系数,是人口总体中非劳动年龄人口数与劳动年龄人口数之比。社会保险基金的支出主要是当劳动者遭遇年老、伤病、失业等风险时,为其提供一定的经济保障以免其基本生活发生困难,因此,人口年龄结构对社会保险支出会产生一定的影响。

6岁及以上受大专及以上教育人口数。教育是经济发展的内在动力,在经济发展中起着重要的支撑作用,受教育水平越高的地区,用人单位和劳动者会更加倾向于依法参加社会保险,缴纳社会保险费。

城镇单位就业人员工资总额。我国社会保险基金来源的重要途径是参保人按其工资收入的一定比例缴纳保险费,用人单位将本单位职工工资总额的一定百分比缴纳保险费,所以,地区的工资水平直接影响社会保险的发展水平。

城镇居民人均收入。社会保险对收入起到了再分配的作用,当社会保险基金收入增加时对劳动者个人当期收入的增加起到了抑制作用,而社会保险基金以支出方式再次流入到享受劳动保险的劳动者时会对收入的增加起到促进作用。

地方财政一般预算支出。我国社会保险基金来源的另一途径是政府对社会保险基金的财政补贴,地区的社会保险发展与地方财政补贴也存在密切的联系。

循环累积效应。在动态社会发展过程中,缪尔达尔(1957)认为,社会经济因素之间存在循环累积因果关系,某个偶然因素的变化会引发另一因素的改变,并对前一因素的变化产生强化作用,导致经济会沿着最初的因素变化方向发展,形成循环累积效应。由于社会保险的来源之一是银行利息或投资回报,因此,不可避免地受到前期保险基金的影响。

二 计量模型设定与变量描述

本章所构建的动态面板数据来源于2001—2012年《中国劳动统计年鉴》和《中国统计年鉴》中各省份的有效样本。根据上文提出的影响因素,本章构建了式(15-12)和式(15-13)两个计量模型。

$$\ln SSFI_{it} = \alpha + \beta_1 \ln SSFI_{i,t-1} + \beta_2 \ln GDP_{it} + \beta_3 DR_{i,t} + \beta_4 \ln EDU_{i,t-2} +$$

$$\beta_5 \ln SAL_{it} + \beta_6 \ln INC_{it} + \beta_7 \ln LFE_{it} + \mu_i + \varepsilon_{it} \qquad (15-12)$$

$$\ln SSFE_{it} = \alpha + \beta_1 \ln SSFE_{i,t-1} + \beta_2 \ln GDP_{i,t-1} + \beta_3 DR_{i,t-1} + \beta_4 \ln EDU_{i,t-3} +$$
$$\beta_5 \ln SAL_{it} + \beta_6 \ln INC_{it} + \beta_7 \ln INC_{i,t-1} + \beta_8 \ln LFE_{it} + \mu_i + \varepsilon_{it}$$

$$(15-13)$$

式中，$SSFI_{it}$ 和 $SSFE_{it}$ 分别表示第 i 个省份第 t 年城镇社会保险基金的收入和支出，将两者作为被解释变量代表一定时期内城镇社会保险的发展水平。考虑到循环累积效应的存在，被解释变量滞后一期 $SSFI_{i,t-1}$ 和 $SSFE_{i,t-1}$ 将作为解释变量来解释城镇社会保险的初始发展水平。GDP 表示人均地区生产总值，反映了当地的经济发展水平。DR 表示总抚养比，代表人口年龄结构对社会保险发展的作用。EDU 是指 6 岁及以上受大专及以上教育人口数，折射出各地的教育水平，由于教育具有明显的滞后效应，在模型构建过程中对教育采取滞后若干期的处理。SAL 和 INC 分别表示城镇单位就业人员工资总额和城镇居民人均收入，描述的是各地的工资和收入水平。LFE 则是地方财政一般预算支出，代表地方财政对城镇保险的影响情况。公式中的 ln 代表对该变量取自然对数，α 是常数项，μ 是个体效应，ε 是随机扰动项。

三　回归结果分析

根据回归结果，从以 lnSSFI 和 lnSSFE 为被解释变量的 GMM 估计结果可以看出，尽管 Arellano-Bond AR（2）说明尽管残差的二阶差分是序列相关的，但是，Arellano-Bond AR（1）说明一阶差分却不存在序列相关，所以，原残差序列也是不相关的。同时，GMM 估计的萨根检验过度识别检验可以接受"所有工具变量都有效"的原假设，表明模型所选取的工具变量是恰当的。因此，本章所设定的模型是恰当的。

此外，从表 15-6 模型估计结果看，被解释变量的滞后一期在估计模型中均通过 1% 的显著性水平检验，这说明社会保险基金收入和支出的循环累积效应是显著的，其他变量的显著性水平则各不相同，下面我们将进一步说明各个影响因素对社会保险基金收入和支出发展水平的影响。

首先，在以 lnSSFI 为被解释变量的估计结果中，除总抚养比外，其他解释变量均通过了 1% 的显著性水平检验，其中，基金收入的滞后一期、人均地区生产总值、地区教育水平、工资水平和地方财政支出的虚拟变量回归系数均显著大于零，说明社会保险的基金收入确实受到循环累积效应、经济发展水平、教育和工资水平以及地方财政的正向影响。城镇居民人均总收入的符号为负的原因可能是工资性收入在国民收入中的比例不断降低，而社会保险的缴纳方式是以保险人的工资收入为准规定一定比例来计收保险费，所以，虽然工资对社会保险收入的增加具有正向作用，但收入却对社会保险收入的增加产生负向影响。

其次，在以 lnSSFE 为被解释变量的估计结果中，除城镇单位就业人员工资总额对数不显著外，其他解释变量均通过了显著性水平检验，其中基金支出对数的滞后一期、教育的滞后三期和财政支出的虚拟变量回归系数均显著大于零，说明社会保险支出也是存在循环累积效应的，而且教育、地方财政对社会保险基金支出具有正向作用。人均地区生产总值对数的滞后一期和人均总收入对数当期通过了 5% 的显著性水平检验，总抚养比滞后一期通过了 10% 的显著性检验，这表明经济发展水平、当期收入水平及新出生和老龄人口的增加也对社会保险基金支出起到了一定的正向促进作用，而收入的滞后一期却对社会基金的支出产生了负向影响。

表 15-6　　　　　　　　　模型估计结果

解释变量	变量说明	lnSSFI 为被解释变量模型	解释变量	变量说明	lnSSFE 为被解释变量模型
L. lnSSFI	基金收入对数的滞后一期	0.5413 *** (5.73)	L. lnSSFE	基金支出对数的滞后一期	0.9047 *** (34.78)
lnGDP	人均地区生产总值对数	0.1496 *** (3.15)	L. lnGDP	人均地区生产总值对数的滞后一期	0.0474 ** (2.22)

续表

解释变量	变量说明	lnSSFI 为被解释变量模型	解释变量	变量说明	lnSSFE 为被解释变量模型
DR	总抚养比对数	-0.0085 (-0.44)	L. lnDR	总抚养比对数的滞后一期	0.0120* (1.73)
L2. lnEDU	6岁及以上受大专以上受教育人口数对数滞后两期	0.1033*** (3.06)	L3. lnEDU	6岁及以上受大专以上受教育人口数对数的滞后三期	0.0644*** (2.63)
lnSAL	城镇单位就业人员工资总额对数	0.1579*** (3.01)	lnSAL	城镇单位就业人员工资总额对数	-0.0211 (-0.6)
lnINC	城镇居民人均总收入对数	-0.1205*** (-3.10)	lnINC	城镇居民人均总收入对数	0.1772** (2.07)
			L. lnINC	城镇居民人均总收入对数的滞后一期	-0.1878** (-2.19)
lnIFE	地方财政一般预算支出对数	0.1721*** (3.67)	lnIFE	地方财政一般预算支出对数	0.0606*** (3.22)
_cons	常数项	0.0183 (0.82)	_cons	常数项	-0.0644*** (2.63)
A-B AR(1)	扰动项自相关检验	-3.5354*** (0.0004)	A-B AR(1)	扰动项自相关检验	-2.999*** (0.0027)
A-B AR(2)	扰动项自相关检验	0.7879 (0.4308)	A-B AR(2)	扰动项自相关检验	0.5875 (0.5568)
萨根检验	过度识别检验	27.0927 (1.0000)	萨根检验	过度识别检验	26.0689 (1.0000)

注：***、**和*分别表示在1%、5%和10%的显著性水平上显著。括号内数值表示Z值，Arellano-Bond括号外数值表示Z值，括号内数值表示P值；萨根检验括号外数值表示χ^2值，括号内数值表示P值。

第十六章 专题2：山东省社会保障发展

本章以山东省为研究视角，提出城乡社会保障非均衡程度测定方法，为现实中各地区城乡社会保障发展水平和非均衡性提供技术和依据；并从山东省实地调研探索城乡社会保障非均等化的影响因素和作用机制，为山东省统筹城乡社会保障提供数据支撑；在此基础上，探析山东省城乡社会保障统筹发展的改进路径，对于山东省城乡社会保障发展具有指导意义，从而为政府解决城乡社会保障非均等性提供决策参考。总而言之，本章对于山东省城乡社会保障统筹发展具有重要的实践意义，有助于解决城乡社会保障所面临的问题。

第一节 研究方法与数据

一 非均衡及分解研究方法

基尼系数测算和分解有不同的算法及公式，本章采取 Mookheerjee 和 Shorrocks（1982）提出的方法来测算和分解基尼系数。基尼系数 G 的计算公式如下：

$$G = \sum v_k^2 \lambda_k G_k + 1/2 \sum_k \sum_h v_k v_h \mid \lambda_k - \lambda_h \mid + R$$

式中，G 为基尼系数，用来衡量社会保障发展的总体非均衡程度；v_k 为第 k 组样本的份额，λ_k 为第 k 组人均社会保障支出与山东省人均社会保障支出的比值，G_k 为第 k 组的基尼系数。上式右边第一项代表组内非均衡，第二项代表组间非均衡，R 为剩余项，反映的是由于不同组之间的重叠而产生的交互影响。

二 空间极化的测算方法

事件或事物沿某一方向持续发展并达到顶峰称为极化,这既表示出事件或事物发展的动态过程,也表示了发展结果。空间极化意味着极化的基本特征和过程在空间上的显著表现,也就是说,在一定的时期和范围内,事件或事物的发展存在不均衡性,发展要素在空间上存在差异与集聚现象。为此,本章使用 ER 指数、EGR 指数和 LU 指数来测度山东省社会保障发展的空间极化程度。

(一) ER 指数

根据埃斯特班和雷基于认同感和疏远感所提出的极化程度的测度方法,本章构建山东省社会保障极化程度的埃斯特班和雷指数,如下式所示:

$$ER = K \sum_{i=1}^{n} \sum_{j=1}^{n} p_i^{1+\alpha} p_j |x_i - x_j|$$

式中,n 为分组个数,p 为权重,p_i、p_j 分别为第 i、j 组样本数量占总体样本数量的份额;x_i、x_j 分别为第 i、j 组样本的人均社会保障支出水平;K 为起标准化作用的常数,为保证 ER 指数介于 0—1,可依据研究需要选择对 K 的取值;α 为 (0, 1.6) 之间的任意值,α 越接近 1.6,表示 ER 指数与基尼系数的差距越大,本章对 α 取 1.5。ER 指数越大表示山东省社会保障发展空间分布极化程度越高;反之则说明极化程度越低。

(二) EGR 指数

为克服 ER 指数假定组内成员具有完全一致的认同感的局限性,埃斯特班、格雷丁和雷 (1999) 对现有 ER 指数进行改进后提出了 EGR 指数,本章在此基础上构建社会保障分布极化的 EGR 指数,如下式所示:

$$EGR = K \sum_{i=1}^{n} \sum_{j=1}^{n} p_i^{1+\alpha} p_j |x_i - x_j| - \beta \{G - G_x\}$$

式中,公式中右边的第一项即 ER 指数,第二项中 G 为基尼系数,G_x 为基尼系数分解中组间基尼系数的贡献。K 同上文 ER 指数;$\beta >$ 0,是衡量组内聚合程度的敏感性参数,在实际的测算过程中,通过

调整 K、β 的值以保证 EGR 指数介于 0—1，在 EGR 指数中对 α 取 1.5。EGR 指数越大，表明中国社会保障发展的极化程度越高；反之则说明极化程度越低。

（三）LU 指数

当各组成员的社会保障支出存在重叠时，EGR 指数中第二项不能准确地反映出组内不平等程度，为此，Lasso 和 Urrutia（2006）提出了 LU 指数以克服 EGR 指数存在的缺陷，在此基础上，本章构造山东省社会保障发展空间分布的极化 LU 指数，如下式所示：

$$LU = K \sum_{i=1}^{n} \sum_{j=1}^{n} p_i^{1+\alpha} p_j (1-G_i)^{\beta} |x_i - x_j|$$

式中，G_i 为第 i 组样本的基尼系数，K、α、β 同上文中 ER、EGR 指数，在 LU 指数中 α 取 1.5。同样，LU 指数越大，说明山东省社会保障发展的极化程度越高；反之则越低。

三 系统 GMM 估计

在对动态面板数据模型的处理中，随机效应（RE）模型和固定效应（FE）模型是两种应用比较广泛的估计方法，然而，这两种方法都会引起参数估计的偏差和非一致性，Arellano 和 Bond（1991）提出的差分 GMM 估计法较好地解决了内生解释变量造成的估计有偏和非一致性问题，但可能引起由于工具变量不足而引起的弱工具变量的问题。为解决以上问题，Arellano 和 Bover（1995）重新回到了差分之前的水平方程，通过增加新的有效工具变量来解决工具变量较弱问题，提出了水平 GMM 估计法。布伦德尔和邦德（Blundell and Bond，1998）将差分方程和水平方程作为一个方程系统进行 GMM 估计，实现了差分 GMM 和水平 GMM 的结合，称为系统 GMM 估计法。系统 GMM 估计法具有更好的有限样本性质，在很大程度上可以降低差分 GMM 地偏误，同时提高估计效率。因此，本章采用系统 GMM 估计法处理动态面板数据，计量分析软件使用 Stata12.0。

四 数据选取

本章采取人均社会保障支出作为衡量社会保障发展水平的指标，具体测算中，该指标等于社会保障总支出同社会保障覆盖人次的比值。由于目前社会保障支出统计口径尚未统一、规范，为了方便数据的获取，本章从狭义的社会保障概念范围出发，参照十七大报告中对社会保障体系的描述，将社会保障总支出界定为社会优抚、社会保险、社会福利和社会救助支出。①

本章使用的数据来自《山东统计年鉴》、各市统计年鉴数据以及实地调研的统计数据。为避免各市的数据之和与全省总量数据不一致，全省数据采用17个市数据的加总。样本数据的时间跨度为2000—2013年，根据地理位置、经济发展水平等因素，本章采取两种区域划分方法，第一种为三区域分组方法，东部地区包括青岛、烟台、威海、潍坊、日照和东营，中部地区包括济南、泰安、淄博、莱芜和临沂，西部地区包括聊城、德州、滨州、菏泽、济宁和枣庄；第二种为二区域分组方法，沿海地区包括青岛、烟台、威海、日照、东营、潍坊和滨州，内陆地区包括济南、泰安、淄博、莱芜、临沂、聊城、德州、菏泽、济宁和枣庄。

为了确保文中极化指数在0—1，我们对极化指数中的K、α、β等相关参数进行了调试，最终设置如下：在以社会保障总支出测度极化时，$K=100$、$\alpha=1.5$、$\beta=0.5$；在以社会优抚支出测度极化时，$K=1500$、$\alpha=1.5$、$\beta=0.5$；在以社会保险支出测度极化时，$K=100$、$\alpha=1.5$、$\beta=0.5$；在以社会福利支出测度极化时，$K=1500$、$\alpha=1.5$、$\beta=0.1$；在以社会救助支出测度极化时，$K=500$、$\alpha=1.5$、$\beta=0.1$。

---

① 社会保险，是指国家通过立法建立的一种社会保障制度，目的是使劳动者因年老、失业、患病、工伤、生育而减少或丧失劳动收入时，能从社会获得经济补偿和物质帮助，保障基本生活。社会救助，是指国家和社会对生活在贫困线以下的低收入者或者遭受灾害的生活困难者无偿提供物质帮助的一种社会保障制度。广义的社会福利，是指国家为改善和提高全体社会成员的物质生活和精神生活所提供的福利津贴、福利设施和社会服务的总称。狭义的社会福利，是指国家向老人、儿童、残疾人等社会中需要给予特殊关心的人群提供的必要的生活保障。社会优抚，是指国家对从事特殊工作者及其家属，如军人及其亲属予以优待、抚恤、安置的一项社会保障制度。其中，社会优抚数据难以获得，另外，社会优抚在社会保障当中所占比重较小，因此，社会优抚不作为本书重点研究内容，而社会保险、社会救助、社会福利本书将重点进行研究。

第二节 山东省社会保障发展态势分析

一 山东省社会保障公共财政预算支出发展态势

表 16-1 和图 16-1 显示，山东省用于社会保障公共财政预算支出，在 2003—2013 年增长快速，全省支出总额从 2003 年的 1070859 万元增加到 2013 年的 6819826 万元，增长近 6 倍，年均增长率达到 20.45%。其中，2007 年全省社会保障公共财政预算支出增长最快，增长了 30.43%，2008 年增长最慢，增长仅为 13.22%，2010 年以后增长率逐年递减。

表 16-1　　山东省各市社会保障公共财政预算支出　　单位：万元

年份	2003	2004	2005	2006	2007	2008	2009	2010	2011	2012	2013
济南	126031	138748	160993	191625	254434	313388	386268	421660	494608	568910	616241
青岛	99682	139931	158919	192425	260711	275876	298779	360658	478186	558018	719925
淄博	43281	58760	86995	122089	132178	172409	209919	240993	275689	315129	357081
枣庄	25925	27315	112021	44094	109148	93489	117508	126396	159040	178544	224659
东营	17932	19481	27496	36123	45024	53345	71160	92564	102185	139604	167301
烟台	98891	112987	141247	168139	226882	273640	344919	441014	571063	714590	695979
潍坊	36020	42710	57659	70055	95980	125161	152103	204722	258618	338969	412753
济宁	33145	39110	51372	63329	92552	134159	143771	179882	234681	303784	371324
泰安	80844	115157	118857	127749	222568	138676	162572	194442	247941	286234	300079
威海	44105	50694	67824	91421	118415	167916	220822	289484	281022	277589	313447
日照	18128	20166	25326	28838	40558	53963	71585	110055	131270	136446	166490
莱芜	23299	19775	52681	50084	37223	45182	52513	61672	64851	69410	80638
临沂	67613	88399	89198	104501	145836	178663	211644	267515	349480	430900	527471
德州	31036	36689	50326	58783	82489	110422	144579	182896	214880	279565	332860
聊城	31304	40050	40417	50023	69578	88680	113303	146704	181680	240642	286870
滨州	41804	48600	55146	64011	99216	117630	166135	224140	270974	316928	322975
菏泽	71624	76432	86624	103524	148064	185090	209841	262247	307004	388059	480695

资料来源：有关年份《山东统计年鉴》。

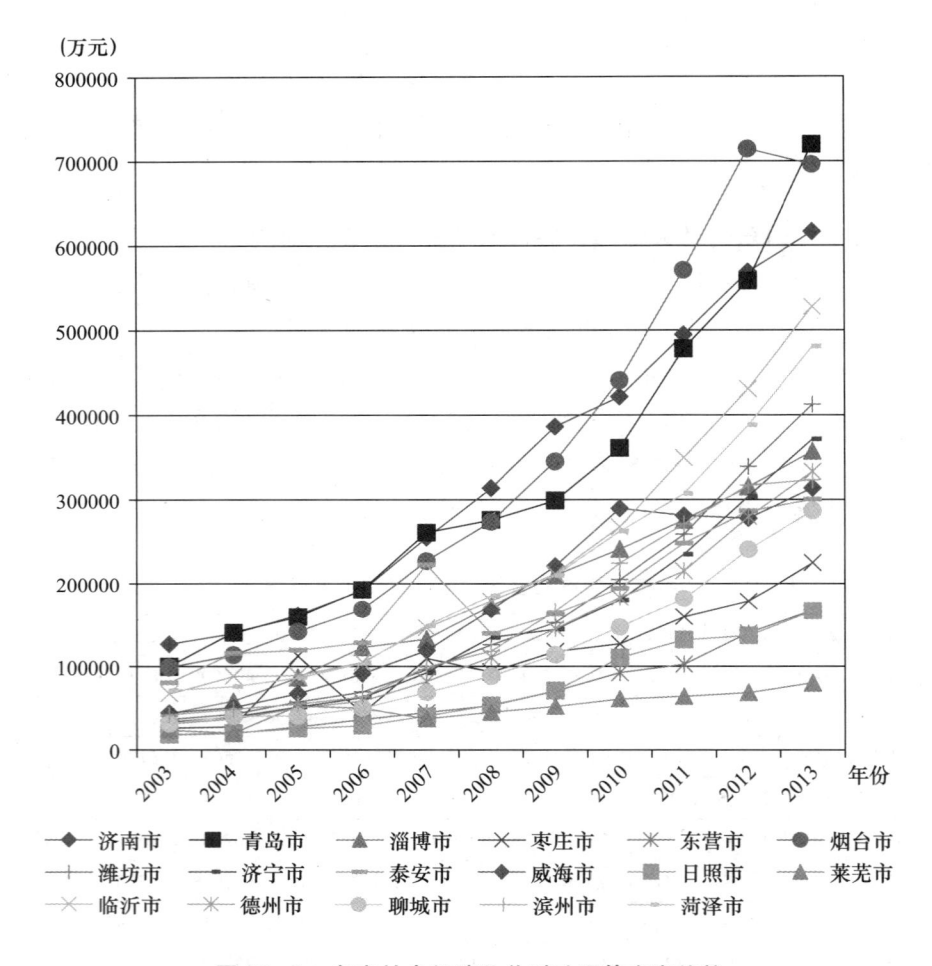

图 16 - 1　各市社会保障公共财政预算支出趋势

资料来源：笔者绘制。

　　图 16 - 2 显示，从各市社会保障公共财政预算支出情况来看，青岛市、烟台市、济南市社会保障公共财政预算支出较大，分别为 719925 万元、695979 万元和 616241 万元，占全省社会保障公共财政预算支出的 11%、11% 和 10%，东营市、日照市、莱芜市社会保障公共财政预算支出较小，分别为 167301 万元、166490 万元和 80638 万元，占全省比重分别为 3%、3% 和 1%。2003—2013 年，各市社会保障公共财政预算支出实现了快速增长，平均增长率为 24.57%，其

中，枣庄市年均增长率最快，达到 48.52%，济南市和泰安市年均增长率低于 20%，分别为 17.42%、17.43%，增长较慢，其他各市年均增长率维持在 20%—30%。

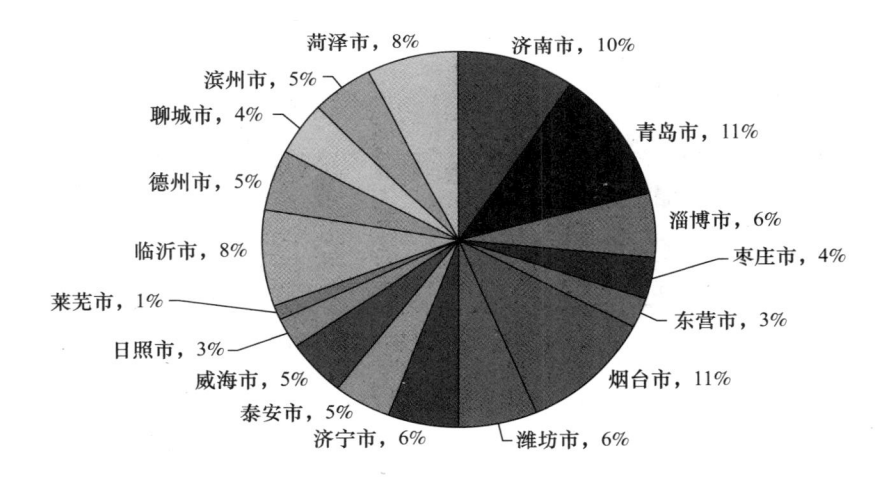

图 16-2　各市社会保障公共财政预算支出占比

资料来源：笔者绘制。

二　山东省社会救助发展态势

本章对山东省社会救助的研究主要涉及救灾工作、居民最低生活保障支出、社会捐赠等方面的内容。

（一）救灾工作情况

1998—2013 年，山东省救灾工作取得了长足进步，救灾支出稳步增长。1998 年，救灾支出仅为 9908 万元，2013 年救灾支出增加到 30256 万元，其中 2012 年救灾支出达到历史最大值为 60973 万元（见图 16-3）。在救灾支出中，生活救济费占据救灾支出的较大比重，年平均占 85.23%，年均增长 13.92%。

（二）居民最低生活保障情况

图 16-4 显示，2006 年以前，农村居民低保人数要少于城镇居民低保人数；2006 年之后，政府加大了对农村居民最低生活保障的投入，农村居民低保人数呈现快速增长趋势。1998—2013 年，城镇居民

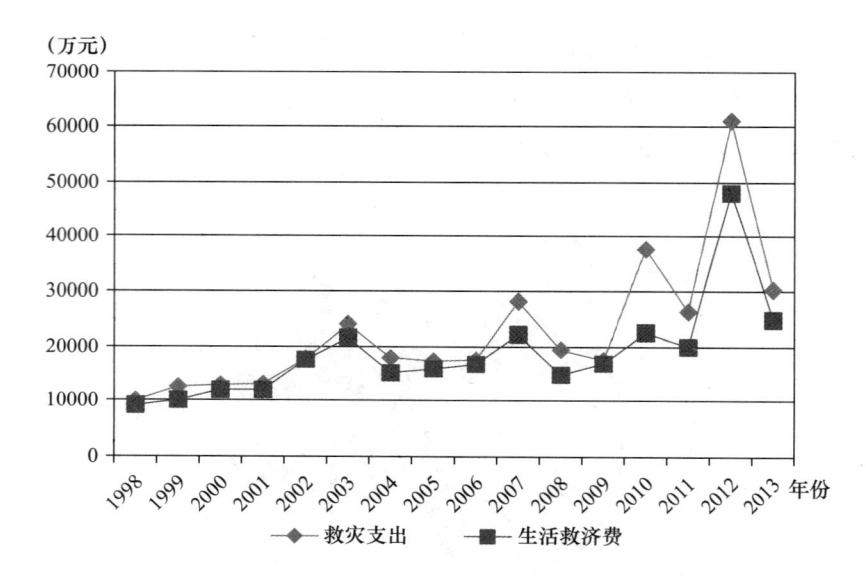

图 16-3　山东省救灾工作情况

资料来源：笔者绘制。

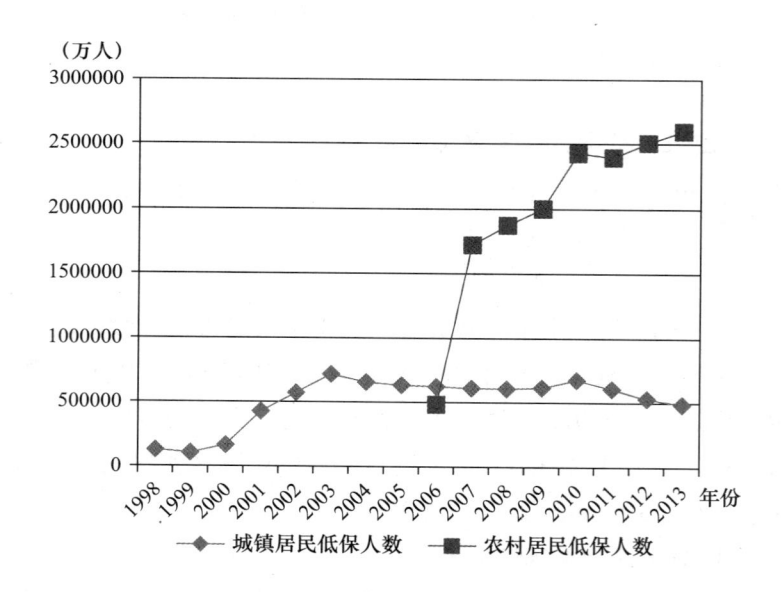

图 16-4　城乡居民低保人数

资料来源：笔者绘制。

低保人数从 126363 人增加到 487176 人，年均增长 14.93%；2011—2013 年，城镇居民低保人数逐年递减，说明扶贫保障工作成效显著。2006 年，农村居民低保人数为 481614 人，之后实现了较快增长，年均增长 7.31%，增加到 2013 年的 2598685 人，说明近年来政府扩大了对农村居民最低生活保障的范围。

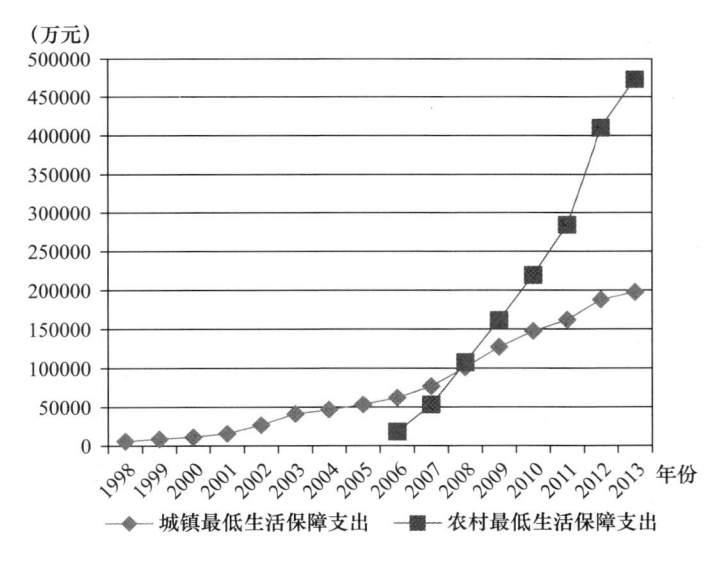

图 16-5 和图 16-6 显示，从城乡居民最低生活保障支出情况来看，延续了居民低保人数的变化趋势，只是城镇居民最低生活保障支出在逐年上升，年均增长率达到 27.85%。2013 年城镇居民最低生活保障支出是 1998 年的 34.75 倍。农村居民最低生活保障支出也呈现逐年增长趋势，增长幅度要大于城镇居民最低生活保障支出的增长幅度，年均增长率高达 67.86%，从 2008 年开始，农村居民最低生活保障支出超过了城镇居民最低生活保障支出，可见政府加大了对农村社会保障的投入。

图 16-5　城乡居民最低生活保障支出

资料来源：笔者绘制。

（三）城乡医疗救助人数情况

图 16-6 显示，城乡医疗救助人数在 2006—2013 年整体呈现下

降趋势，在经历 2006 年较多人数之后，2007 年城乡医疗救助人数下降幅度较大，出现了 2006 年以后的最小值，之后城乡医疗救助人数略有上升，直至 2012 年达到 323776 人，2013 年略有降低达到 287824 人。

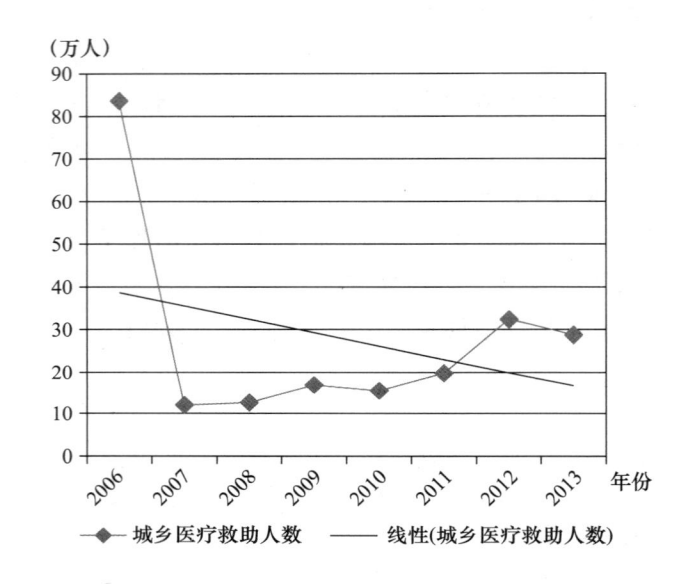

图 16-6 城乡医疗救助人数

资料来源：笔者绘制。

（四）社会捐赠情况

图 16-7 显示，社会捐赠资金数在 2006—2008 年逐年上升，2008 年达到历史最大值，主要是由于"汶川大地震"引起社会捐赠资金快速上升。2009—2013 年，社会捐赠资金除在 2011 年略有下降外，其他年份均有增长；2013 年达到 100899 万元。社会捐赠衣被总数在考察期内总体呈现下降趋势，在经历了 2006—2008 年连续三年的上升期之后，开始逐年下降，2011 年捐赠衣被总数仅为 2.9 万件。

三　山东省社会福利发展态势

山东省社会福利发展主要涉及社会福利事业、社会福利企业和社会福利彩票等方面的内容。

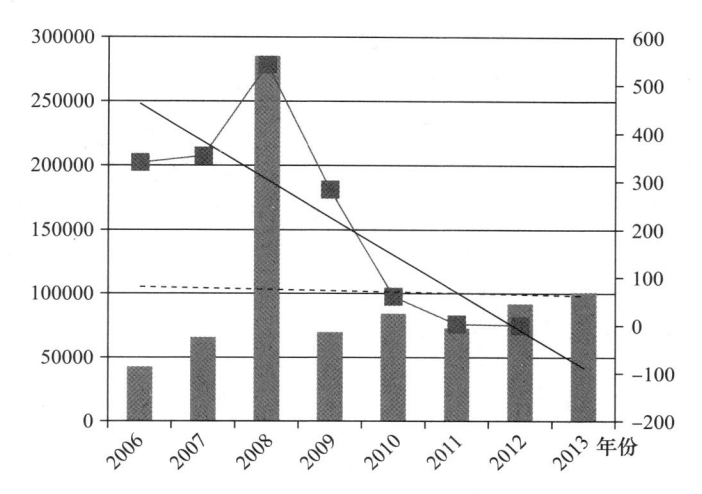

图 16 -7　社会捐赠资金数（万元）和社会捐赠衣被总数（万件）

资料来源：笔者绘制。

（一）社会福利事业情况

图 16 -8 显示，社会福利单位数在考察期内经历了两个阶段：第一阶段为 1998—2004 年，单位数在逐年下降，年均下降 11.04%，直至 2004 年的最小值为 1896 个；第二阶段为 2005—2013 年，除 2008 年略有下降外，其他年份呈逐年上升趋势，年均增长率达到 3.78%，直至 2013 年单位数达到 2635 个。床位数和收养人数变化趋势类似，也主要分为两个阶段：第一阶段为 1998—2005 年，低位运行阶段，波动幅度较小，床位数和收养人数年平均值分别为 111146.5 张和 91700 人；第二阶段为 2006—2013 年，高位运行阶段，此阶段床位数和收养人数呈现逐年递增趋势，床位数和收养人数年平均值分别为 299494 张和 236309 人，均达到第一阶段的两倍以上，床位数和收养人数年均增长分别为 8.84% 和 4.93%。

（二）社会福利企业情况

图 16 -9 显示，社会福利企业数 1998—2013 年逐年下降，平均降幅达到 6.78%。社会福利企业职工人数在 1998—2005 年逐年下降，年均降低 3.22%；2005 年以后，职工人数小幅波动，稳定在 97108 人

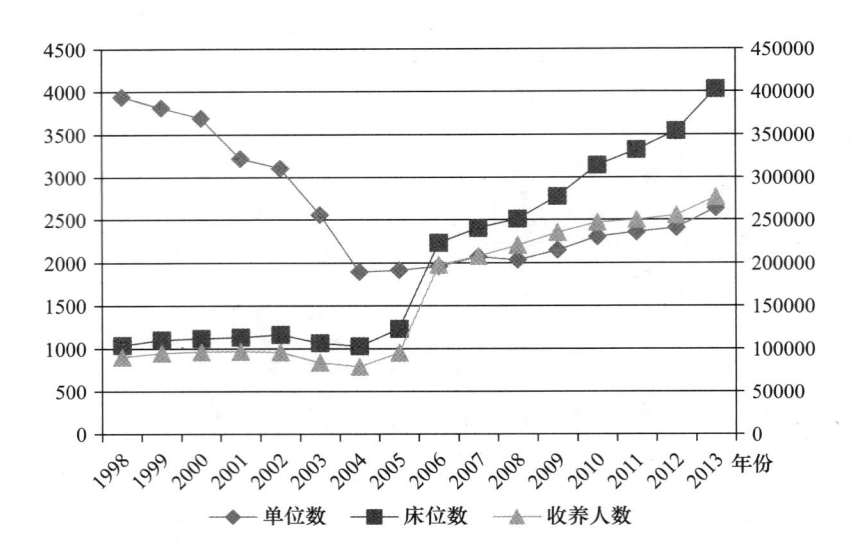

图 16-8　社会福利事业情况 [单位数（个）、床位数（张）、收养人数（人）]

资料来源：笔者绘制。

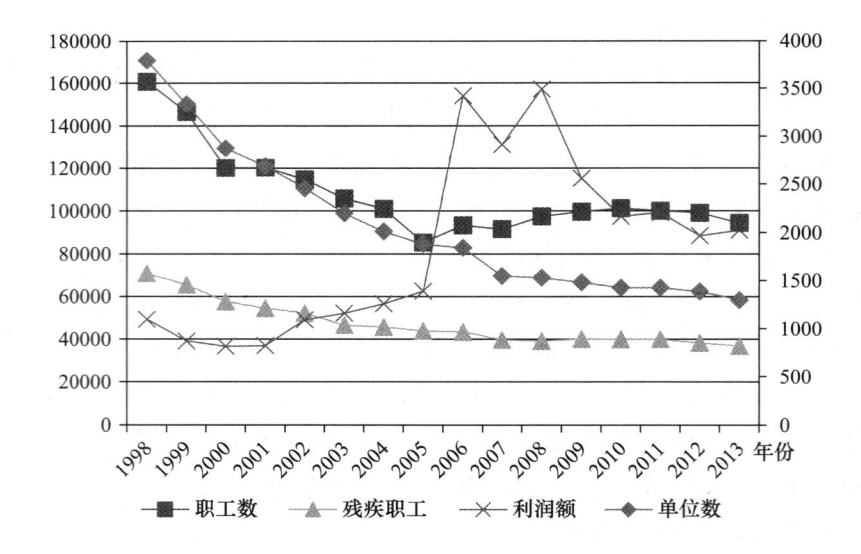

图 16-9　社会福利企业情况 [单位数（个）、职工数和残疾职工数（人）、利润额（万元）]

资料来源：笔者绘制。

左右。其中，残疾职工数 1998—2013 年呈现小幅下降趋势，平均降幅为 4.16%，2013 年达到最小值为 36890 人。社会福利企业利润呈现"M"形变动趋势，利润额在经历初期递减后增长到 2006 年的 153980 万元，2007 年有所下降，2008 年上升至最大值为 157095 万元，2008 年以后利润额逐年下降。

（三）福利彩票情况

图 16-10 显示，福利彩票销售额除在 2008 年略有下降外，其他年份均实现了较快增长，年均增长 17.38%，2013 年福利彩票销售额达到 1344280 万元，创历史新高。其中，提取公益金 2006—2013 年波动趋势与销售额波动趋势一致，但是，波动幅度要小于销售额波动幅度，年均增长率为 12.96%，小于销售额年均增长率，2013 年达到最大值为 188822 万元。

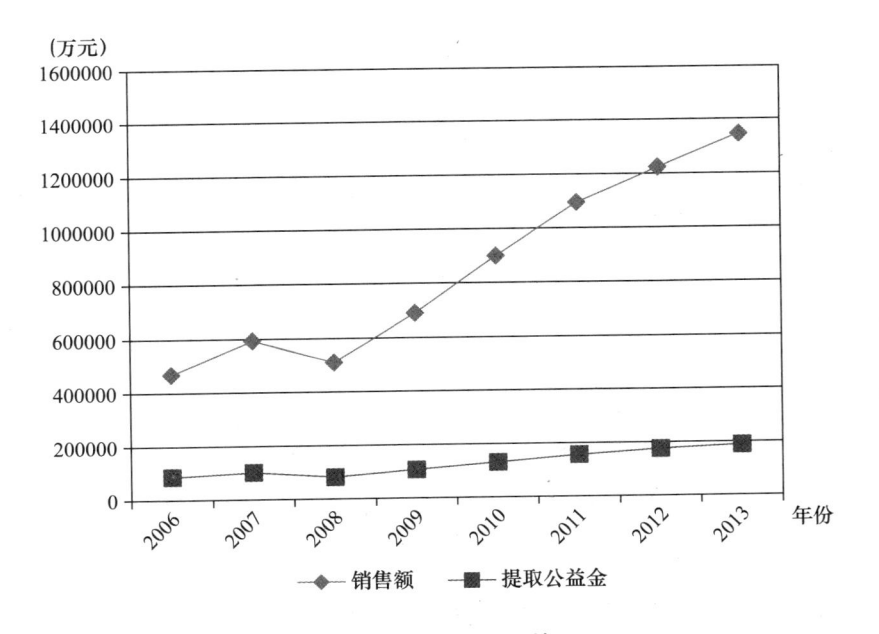

图 16-10 福利彩票情况

资料来源：笔者绘制。

四 山东省社会保险发展态势

(一) 山东省社会保险基金发展态势

近年来,山东省社会保险基金收入和支出呈现出快速增长趋势,社会保险基金累计结余也实现了快速增长。

图 16-11 显示,山东省社会保险基金收入总额,从 2005 年 474.9 亿元扩大到 2013 年的 2114.7 亿元,增长 3 倍多。图 16-12 显示,基本养老保险①是最主要的社会保险基金收入,2013 年基金收入中基本养老保险占 70%,其次是城镇基本医疗保险 24%,失业保险、工伤保险和生育保险分别占 3%、2% 和 1%。2005—2013 年,基金收

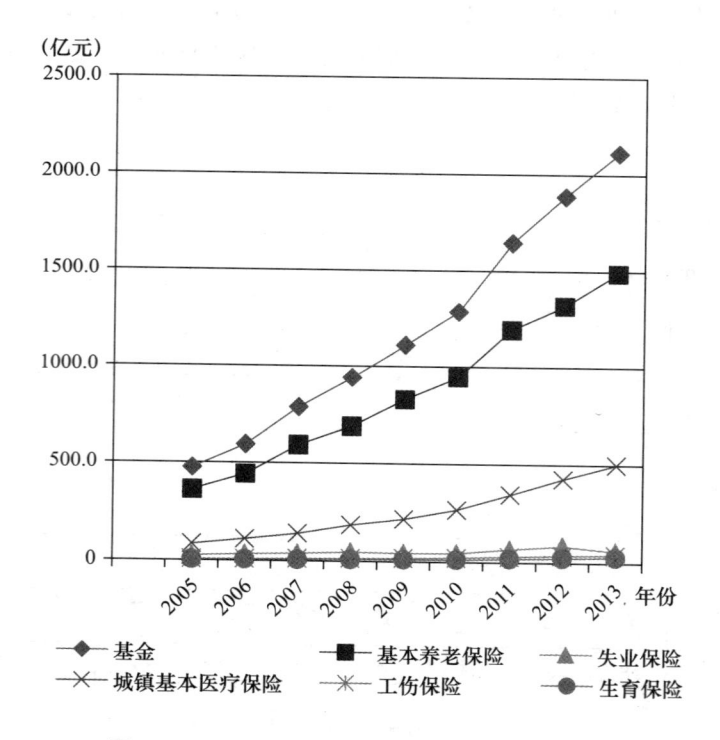

图 16-11 山东省社会保险基金收入发展趋势

资料来源:笔者绘制。

---

① 基本养老保险不含居民养老保险。

入增长最快的是工伤保险基金收入,达到 30.04%,其次分别为生育保险基金收入增长 29.06%、城镇基本医疗保险基金增长 25.47%,基本养老保险基金收入 19.62%,失业保险基金增长率最低为 14.67%。

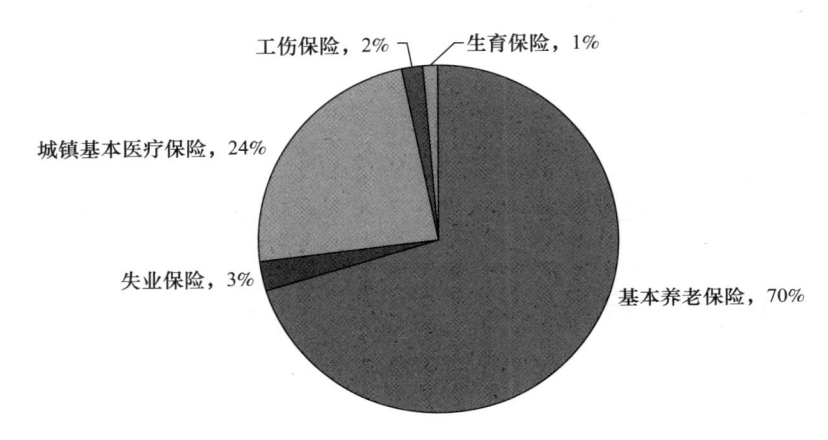

图 16-12　2013 年山东省社会保险基金收入比例结构

资料来源:笔者绘制。

图 16-13 显示了山东省社会保险基金支出的发展趋势。2005—2013 年,社会保险基金支出在逐年增加,年均增长 21.38%。其中,生育保险和工伤保险年均增长较快,分别为 33.06%、33.05%,城镇基本医疗保险和基本养老保险基金支出分别增长 26.54%、19.99%,失业保险增长较慢为 18.48%。图 16-14 显示,2013 年,在各类保险基金支出占比中,基本养老保险占据最大份额,比基金收入份额略大,达到 71%,城镇基本医疗保险基金支出占 23%,失业保险、工伤保险和生育保险基金支出一共占 6%。

2005—2013 年,山东省社会保险基金累计结余年均增长 26.75%,要快于基金收入和基金支出的增长速度。图 16-15 显示,2013 年累计结余是 2005 年的 6 倍多,达到 2693.41 亿元。各类社会保险基金累计结余年均增长率均在 25%以上,其中,城镇基本医疗保险累计结余年均增长 29.90%,增长最快,失业保险基金累计结余年均增长最慢为 25.90%。图 16-16 显示,2013 年,山东省社会保险基金累计结余比例结构为：基本养老保险占69%、城镇基本医疗保险占19%、失业保险占9%、工伤保险占2%、生育保险占1%。

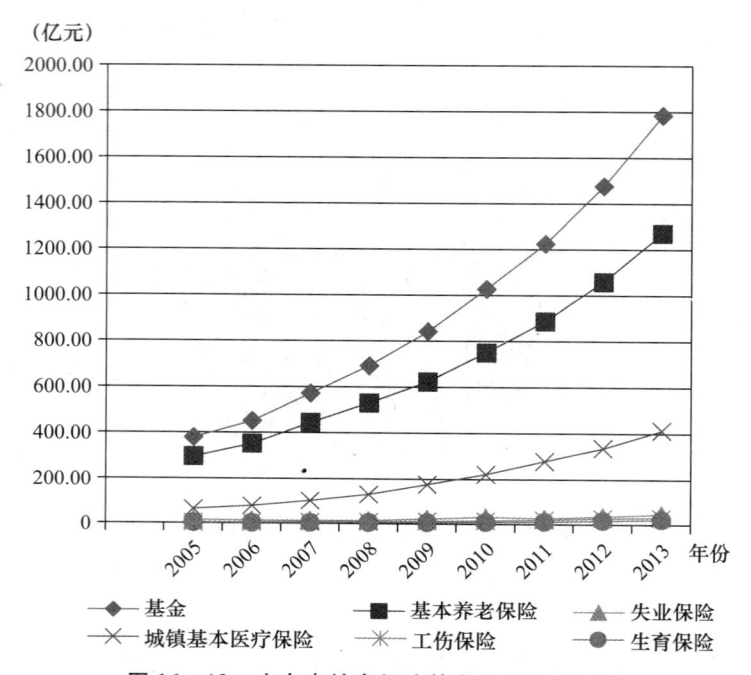

图16-13　山东省社会保险基金支出发展趋势

资料来源：笔者绘制。

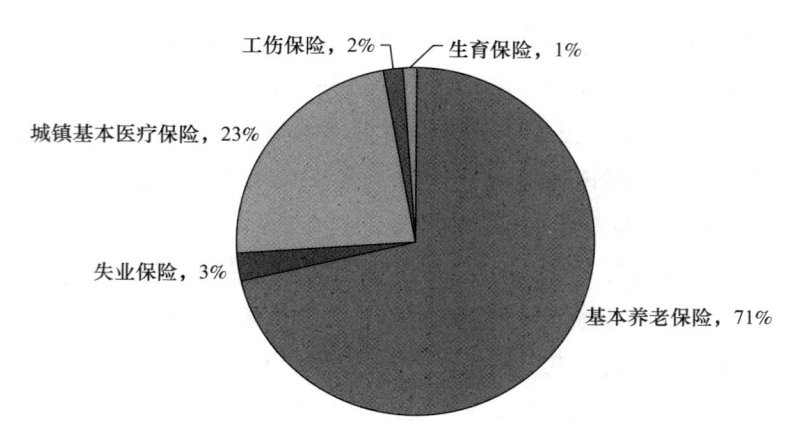

图16-14　2013年山东省社会保险基金支出比例结构

资料来源：笔者绘制。

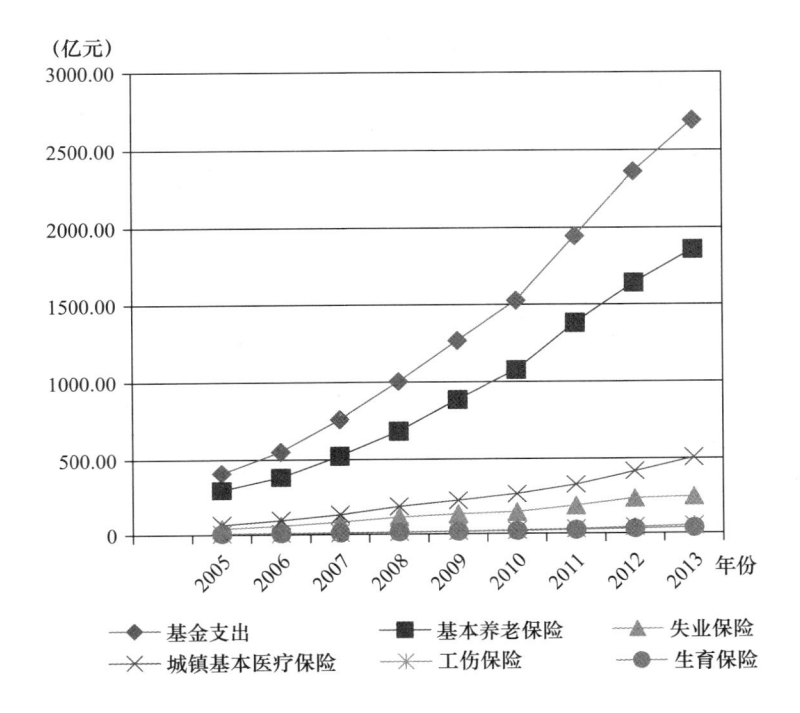

图 16-15　山东省社会保险基金累计结余发展趋势

资料来源：笔者绘制。

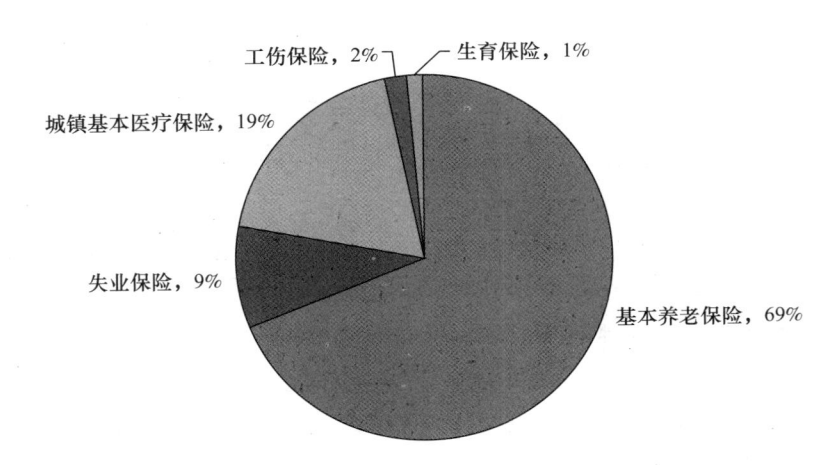

图 16-16　2013 年山东省社会保险基金累计结余比例结构

资料来源：笔者绘制。

（二）山东省社会保险参保人数①发展态势

图 16-17 显示，山东省各类社会保险参保人数在 2000—2013 年均实现了快速增长。其中，医疗保险参保人数增长最快，达到 25.64%，这主要得益于山东省的医疗改革；工伤保险参保人数增长率次之，失业保险参保人数增长率最慢，为 3.32%。图 16-18 显示，从各类保险参保人数来看，2000—2008 年，城镇职工基本养老保险参保人数要多于其他种类保险参与人数，但是，在 2008 年之后，局面发生了改变。2008—2013 年，医疗保险参保人数要多于城镇职工基本养老保险参保人数，主要原因在于 2009 年以后医疗保险参保人数包含城镇居民医疗保险，2013 年医疗保险参保人数中含新农合并入人员，表明医疗保险的参保人数范围在不断扩大。

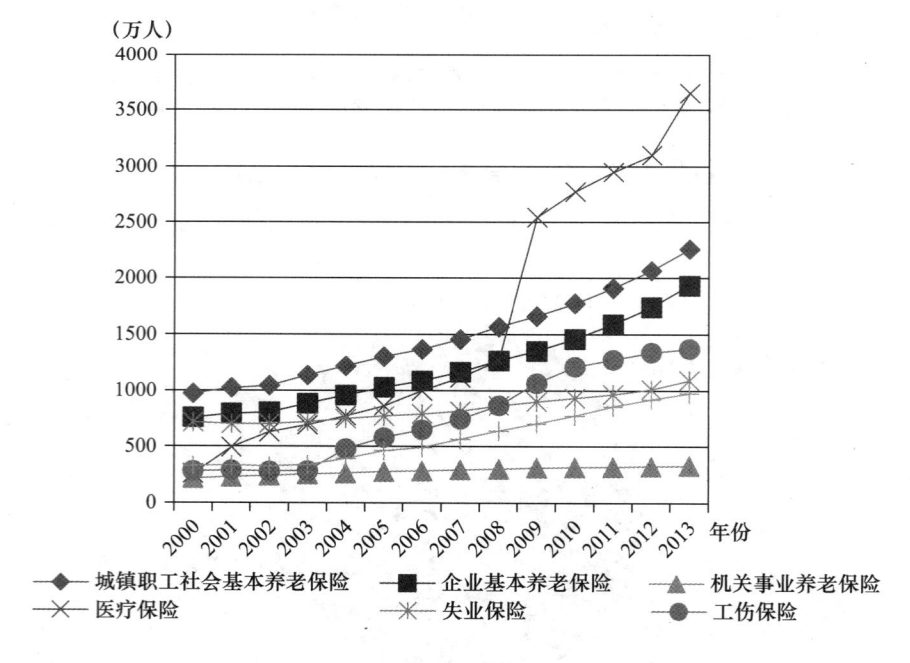

图 16-17　山东省社会保险参保人数发展趋势

资料来源：笔者绘制。

---

① 城镇职工社会基本养老保险参保人数包含离退休人数；2009 年起，医疗保险参保人数包含城镇居民医疗保险。2013 年，医疗保险参保人数中含新农合并入人员。

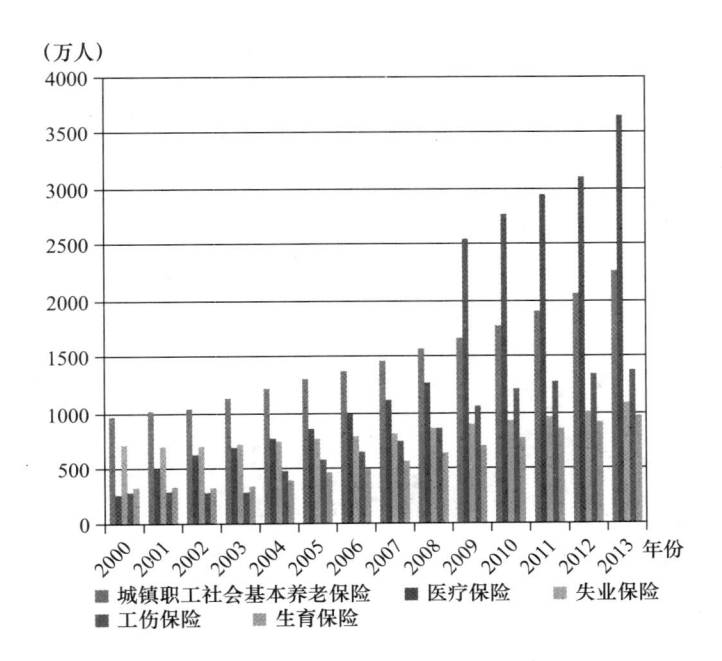

第十六章　专题2：山东省社会保障发展 | 203

图 16-18　2000—2013 年山东省社会保险参保人数

资料来源：笔者绘制。

图 16-19 显示，在城镇职工基本养老保险中，主要由企业基本养老保险和机关事业养老保险构成，其中企业基本养老保险参保人数历年来要高于机关事业养老保险参保人数，并且企业基本养老保险参保人数年均增长率为 7.49%，要快于机关事业养老保险参保人数年均增长率的 3.33%。

截至 2013 年，全体居民中参加医疗保险[①]人数占 97.1%，仅有 2.9% 的居民没有参加任何医疗保险，其中，新型农村合作医疗人数占 60.9%，城镇职工基本医疗保险人数占 22.7%，城镇居民基本医疗保险人数占 10.4%，公费医疗人数占 1%，商业医疗保险人数占 1.5%，其他医疗保险人数占 0.8%。

---

① 根据参加保险类别不同，山东省医疗保险可以分为新型农村合作医疗、城镇职工基本医疗保险、城镇居民基本医疗保险、公费医疗保险、商业医疗保险、其他医疗保险。

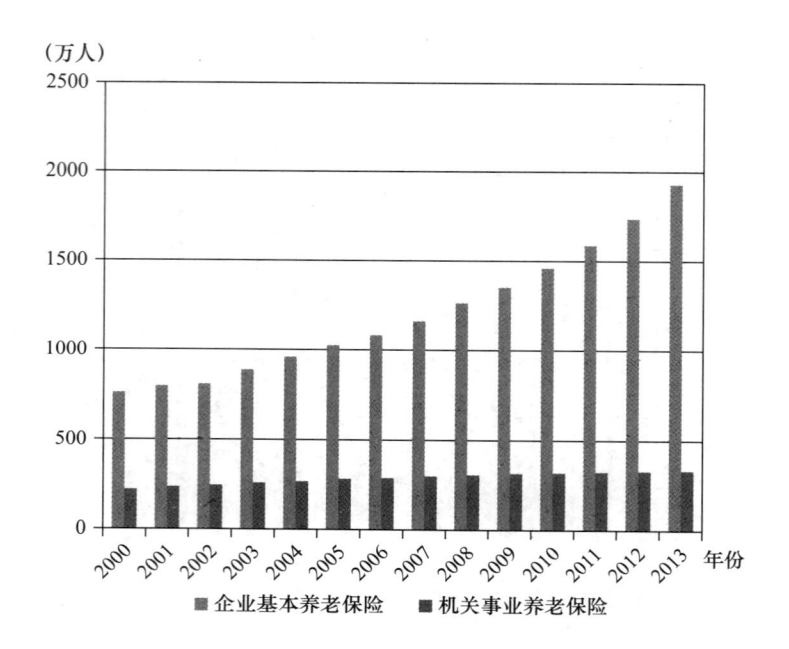

图 16-19 2000—2013 年山东省企业和机关事业单位参保人数

资料来源：笔者绘制。

（三）山东省居民养老保险发展态势

图 16-20 显示，城镇居民养老保险参保人数在 1999—2013 年实现了 6.50% 的年均增长率，基金收入和基金支出增长均超过 10 倍，并且历年基金收入要高于基金支出，城镇居民养老保险基金存在结余。人均基金收入和人均基金支出在考察期内均实现了快速增长，人均基金收入从 1999 年的 0.11 万元增加到 2013 年的 0.66 万元，人均基金支出从 1999 年的 0.11 万元增加到 2013 年的 0.56 万元，并且在 2007 年以前人均基金收入年均增长率（18.12%）要大于人均基金支出年均增长率（14.53%），2008—2013 年，人均基金支出年均增长率（10.76%）要大于人均基金收入年均增长率（8.53%）。

16 岁及以上人口当中，参加新型农村社会养老保险人数占 42.7%，城镇职工基本养老保险人数占 21.9%，城镇居民社会养老保险人数占 3.8%，商业养老保险人数占 0.7%，其他养老保险人数占 0.5%，未参加任何养老保险人数占 4.3%。

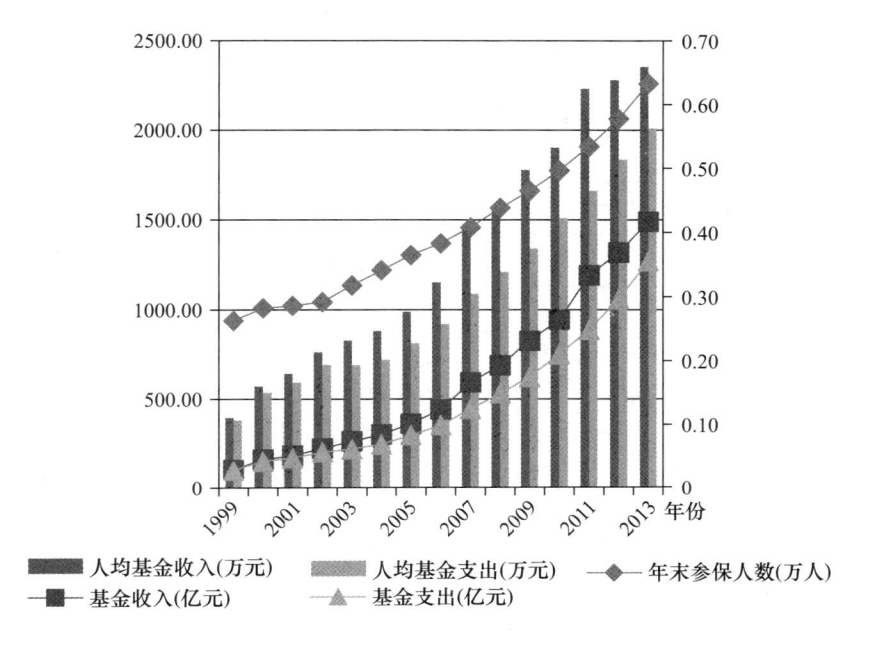

图 16-20 1999—2013 年山东省城镇居民养老保险变动趋势

资料来源：笔者绘制。

表16-2显示，从全省各城市城乡居民养老保险情况来看，2013年，全省城乡居民养老保险参保人数4512.81万人，实现基金收入、基金支出和累计结余分别为210.91亿元、138.63亿元、358.31亿元。其中，2013年城乡居民养老保险参保人数最多的是临沂554.45万人，潍坊市、菏泽市、济宁市参保人数均超过400万人，烟台市和青岛市参保人数超过300万人，聊城市、德州市、泰安市、济南市参保人数均在200万—300万人，枣庄市、滨州市、日照市、淄博市参保人数均超过100万人，威海市、东营市、莱芜市参保人数低于100万人。基金收入、基金支出和累计结余较大的城市集中在东部，如青岛市、烟台市、潍坊市，枣庄市、东营市、莱芜市等城市基金收入、基金支出和累计结余均较小。人均基金收入最多的城市为淄博市，最少的城市为聊城市；人均基金支出最多的城市为青岛市，德州市人均基金支出最少，仅为198.66元。

表 16-2　　2013 年山东省各市城乡居民养老保险情况

地区	参保人数（万人）	基金收入（亿元）	基金支出（亿元）	累计结余（亿元）	人均基金收入（元）	人均基金支出（元）
全省总计	4512.81	210.91	138.63	358.31	467.35	307.19
济南市	223.51	9.22	5.93	10.59	412.40	265.17
青岛市	302.21	25.86	27.80	46.76	855.85	920.02
淄博市	144.78	13.25	4.96	24.34	915.24	342.89
枣庄市	182.57	10.16	4.11	15.35	556.36	225.39
东营市	76.60	5.58	3.41	6.41	728.22	444.80
烟台市	322.04	25.53	14.90	84.10	792.70	462.65
潍坊市	471.99	18.82	11.81	37.50	398.70	250.11
济宁市	446.24	17.21	9.62	25.56	385.59	215.49
泰安市	275.82	9.66	5.90	10.36	350.08	213.98
威海市	98.73	7.81	5.21	18.41	791.35	528.05
日照市	153.74	6.45	5.56	6.46	419.58	361.74
莱芜市	47.64	1.78	1.53	2.77	374.00	320.86
临沂市	554.45	18.38	11.47	23.38	331.56	206.89
德州市	293.53	9.66	5.83	11.34	329.08	198.66
聊城市	295.58	9.62	6.11	12.57	325.57	206.75
滨州市	166.96	6.63	5.08	5.75	396.97	304.44
菏泽市	456.41	15.29	9.39	16.63	334.99	205.72

（四）山东省离退休人员保险福利发展态势

山东省离退休人员保险福利费用从 2005 年的 3133928.4 万元（见图 16-21），增长到 2013 年的 12028363 万元，年均增长达到 18.37%。其中，城镇单位离退休人员保险福利费用总额占比历年来在不断下降，农村单位离退休人员福利费用总额占总保险福利费用总

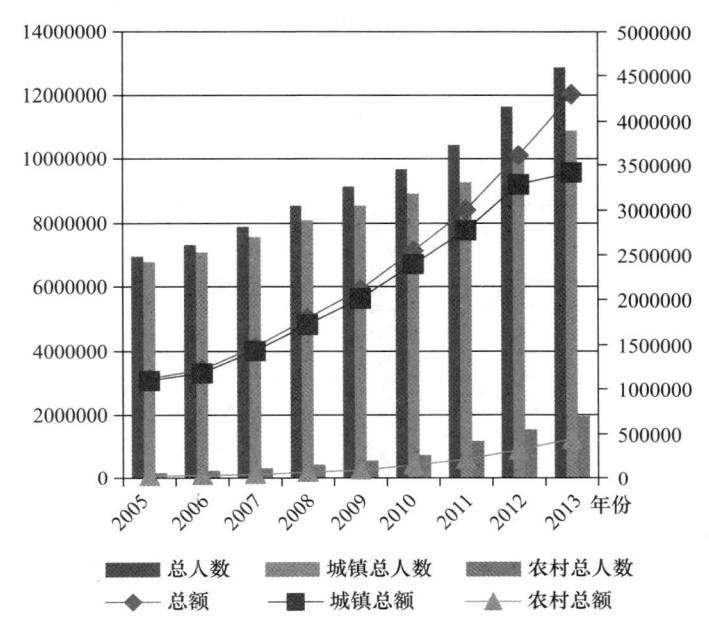

图 16-21　2005—2013 年山东省离退休人员保险福利费用及人数变动趋势

资料来源：笔者绘制。

额的比重从 2005 年的 2.13% 上升到 2013 年的 13.19%（见图 16-22），并且农村单位离退休人员福利费用总额年均增长率为 45.08%，快于城镇单位离退休人员福利费用总额年均增长率的 15.41%。离退休人员保险福利费用总人数年均增长率（7.98%）要低于总额年均增长率，农村离退休人员保险福利费用人数增长要快于城镇单位离退休保险福利费用人数增长，并且农村离退休人员保险福利费用人数比重在不断上升，而城镇离退休人员保险福利费用人数比重在不断下降。从离退休人员社会保险福利比重来看，离休金费用中城镇单位比重占据绝对优势，占 99.99%，农村单位仅占 0.01%，退休金费用中城镇单位和农村单位分别占 88.03% 和 11.97%。从离退休人数来看，享受离休金人数中城镇单位占 99.98%，农村占 0.02%，享受退休金人数中城镇和农村比重分别为 84.59% 和 15.41%。从享受退休金费用和人数来看，城镇单位退休金费用总额为离休金费用总额的 36.27 倍，享受退休金人数是离休金人数的 61.05 倍；农村单位中无论是退休金费用还是退休金人数都占据绝对比重。

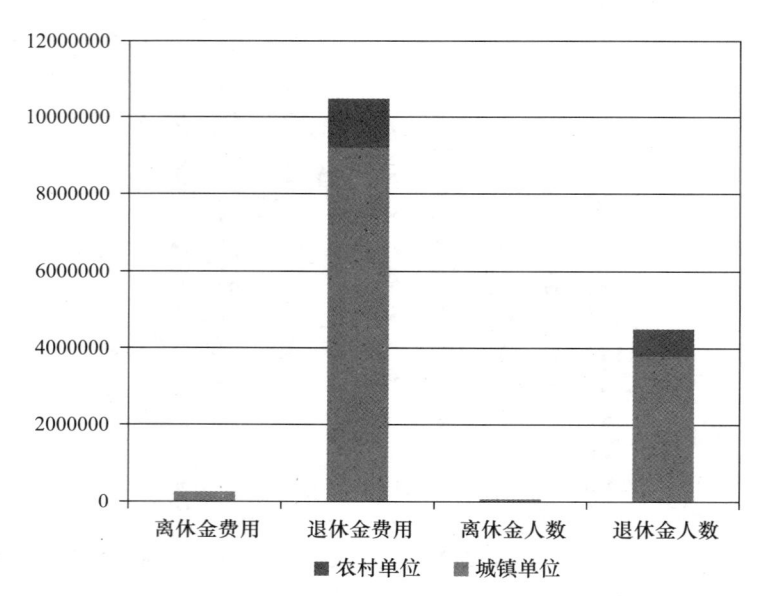

图 16-22　2013 年山东省离退休人员保险福利费用及人数比重

资料来源：笔者绘制。

如图 16-23 所示，城镇单位离退休人员社会保险福利费用中企业占比最高，其次是事业单位，机关单位占比最低；城镇单位离退休

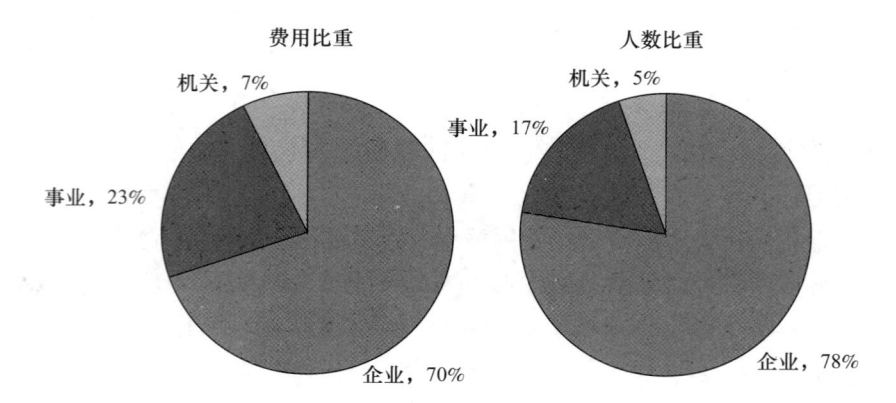

图 16-23　2013 年山东省城镇单位离退休人员保险福利费用及人数比重

资料来源：笔者绘制。

人员社会保险福利人数中企业、事业、机关单位占比分别为78%、17%、5%。城镇单位企业离退休人员社会保险福利费用和人数中内资企业均占据较大比重。图16-24显示，2013年，港澳台及外资企业无论在费用还是人数方面占比均较小。图16-25显示，2013年，内资企业中国有企业离退休人员社会保险福利费用和人数均占据较大比重，集体企业和其他企业离退休人员社会保险福利费用比重分别为22%、21%，人数比重分别为24%、25%。

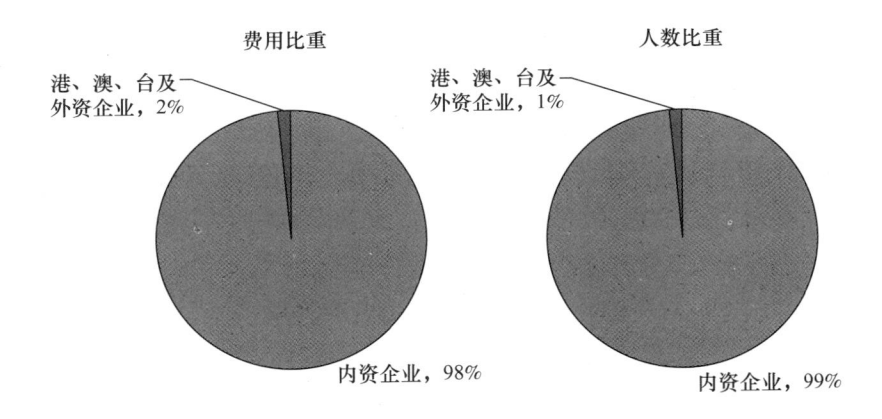

图16-24 2013年山东省城镇单位企业离退休人员保险福利费用及人数比重

资料来源：笔者绘制。

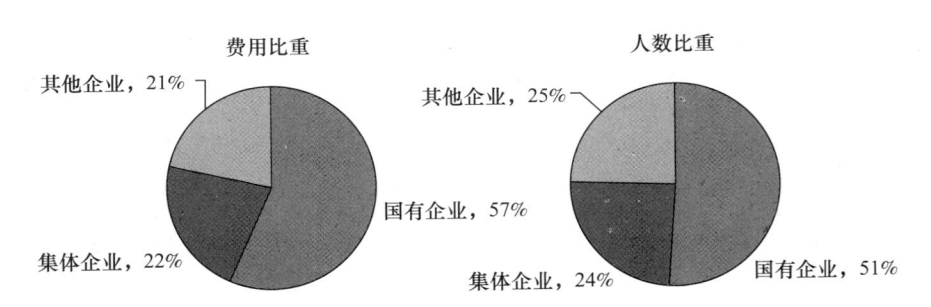

图16-25 2013年山东省城镇单位内资企业离退休人员保险福利费用及人数比重

资料来源：笔者绘制。

如表16-3所示，各市离退休人员保险福利费用较大的城市为青岛、烟台、济南，2013年三个城市费用均超过了100亿元；东营、日

表16-3　　2004—2013年各市离退休人员保险福利情况

	城市	2004年	2005年	2006年	2007年	2008年	2009年	2010年	2011年	2012年	2013年
各市离退休人员保险福利费用（亿元）	总计	266.26	313.39	341.42	414.05	503.24	590.00	714.10	840.22	1011.41	1202.84
	济南	31.40	34.05	38.76	46.43	54.86	62.18	74.64	84.44	99.51	114.29
	青岛	48.54	63.25	59.29	69.16	80.68	93.03	113.42	130.29	150.45	178.72
	淄博	14.41	18.17	20.88	24.66	30.42	35.02	41.94	49.33	58.09	69.81
	枣庄	8.75	6.74	8.14	10.36	13.10	14.79	17.62	21.26	25.13	30.36
	东营	10.07	3.19	3.96	4.99	5.62	6.65	7.80	9.17	10.45	11.85
	烟台	24.45	30.66	30.21	37.14	44.50	53.80	65.64	82.86	103.12	129.83
	潍坊	34.80	22.81	26.28	32.63	40.54	47.57	57.45	66.80	78.04	92.61
	济宁	17.08	10.54	17.29	23.03	27.84	32.47	39.04	46.80	56.78	67.83
	泰安	17.73	10.31	11.24	14.25	17.70	21.43	26.26	31.49	38.73	46.10
	威海	7.88	9.47	10.78	12.92	16.73	21.84	27.81	32.57	38.28	45.57
	日照	3.52	4.14	4.08	5.52	6.72	8.09	10.55	12.48	14.90	17.94
	莱芜	3.84	3.85	4.35	5.60	7.38	8.42	9.99	12.20	16.37	19.58
	临沂	10.36	12.14	14.60	17.55	21.86	25.41	30.17	35.45	44.29	55.27
	德州	7.08	8.12	9.67	12.38	15.39	18.71	22.88	26.91	31.74	37.14
	聊城	8.63	6.75	9.27	11.72	14.58	17.14	20.90	25.53	30.71	36.21
	滨州	4.90	5.77	6.11	8.21	10.72	13.82	15.80	18.60	22.78	27.53
	菏泽	7.87	5.81	10.66	14.13	17.62	20.76	25.11	30.48	36.71	44.12
各市离退休人员保险	城市	2004年	2005年	2006年	2007年	2008年	2009年	2010年	2011年	2012年	2013年
	总计	224.46	248.76	261.71	282.17	305.05	326.03	345.07	373.05	416.33	404.11
	济南	28.17	26.55	29.43	25.85	33.15	34.90	36.44	37.76	40.08	42.34
	青岛	43.95	44.09	45.26	40.79	50.14	52.83	55.20	57.46	61.14	66.86
	淄博	14.35	15.18	16.35	14.16	18.97	20.27	21.38	22.76	26.20	28.17

续表

	城市	2004年	2005年	2006年	2007年	2008年	2009年	2010年	2011年	2012年	2013年
福利人数（万人）	枣庄	8.67	5.87	6.44	4.87	7.56	8.10	8.72	9.26	10.53	11.87
	东营	5.75	1.98	2.13	1.19	2.43	2.54	2.72	2.86	3.44	3.76
	烟台	20.85	20.68	21.89	17.68	27.43	29.95	32.66	39.23	44.30	52.38
	潍坊	19.05	20.57	22.01	17.31	25.55	27.22	28.63	30.70	33.68	37.23
	济宁	13.83	14.49	13.53	9.81	16.27	17.38	18.78	20.58	23.58	25.84
	泰安	12.80	8.71	8.99	6.40	10.77	11.59	12.43	14.35	16.75	18.42
	威海	6.32	6.89	7.53	5.80	10.27	12.74	14.27	15.59	17.55	19.48
	日照	3.34	3.52	3.41	2.67	4.11	4.46	4.83	5.24	6.20	6.93
	莱芜	3.22	3.05	3.31	2.85	3.83	4.10	4.35	6.46	8.02	8.72
	临沂	10.07	11.05	11.72	7.91	13.80	14.96	15.87	17.75	21.78	26.09
	德州	8.08	8.70	9.19	6.23	10.58	11.44	11.92	12.64	13.52	14.89
	聊城	7.83	8.60	7.86	5.95	9.69	10.32	10.96	12.02	12.87	13.85
	滨州	5.52	5.71	4.93	3.62	5.91	6.85	7.52	8.30	9.31	11.89
	菏泽	8.65	9.03	9.34	5.13	11.43	12.02	12.51	13.23	14.38	15.37
	城市	2004年	2005年	2006年	2007年	2008年	2009年	2010年	2011年	2012年	2013年
各市离退休人员保险福利人均费用（万元）	总计	1.19	1.26	1.30	1.47	1.65	1.81	2.07	2.25	2.43	2.98
	济南	1.11	1.28	1.32	1.80	1.65	1.78	2.05	2.24	2.48	2.70
	青岛	1.10	1.43	1.31	1.70	1.61	1.76	2.05	2.27	2.46	2.67
	淄博	1.00	1.20	1.28	1.74	1.60	1.73	1.96	2.17	2.22	2.48
	枣庄	1.01	1.15	1.26	2.13	1.73	1.82	2.02	2.30	2.39	2.56
	东营	1.75	1.61	1.86	4.19	2.31	2.61	2.87	3.20	3.04	3.15
	烟台	1.17	1.48	1.38	2.10	1.62	1.80	2.01	2.11	2.33	2.48
	潍坊	1.83	1.11	1.19	1.89	1.59	1.75	2.01	2.18	2.32	2.49
	济宁	1.24	0.73	1.28	2.35	1.71	1.87	2.08	2.27	2.41	2.63
	泰安	1.39	1.18	1.25	2.23	1.64	1.85	2.11	2.19	2.31	2.50
	威海	1.25	1.37	1.43	2.23	1.63	1.71	1.95	2.09	2.18	2.34
	日照	1.05	1.18	1.20	2.07	1.64	1.81	2.19	2.38	2.40	2.59
	莱芜	1.19	1.26	1.31	1.97	1.93	2.05	2.30	1.89	2.04	2.24
	临沂	1.03	1.10	1.25	2.22	1.58	1.70	1.90	2.00	2.03	2.12
	德州	0.88	0.93	1.05	1.99	1.45	1.64	1.92	2.13	2.35	2.49
	聊城	1.10	0.79	1.18	1.97	1.50	1.66	1.91	2.12	2.39	2.61
	滨州	0.89	1.01	1.24	2.27	1.82	2.02	2.10	2.24	2.45	2.32
	菏泽	0.91	0.64	1.14	2.75	1.54	1.73	2.01	2.30	2.55	2.87

照、莱芜三个城市规模较小，离退休人员保险福利费用较少，2013年三个城市费用均未超过20亿元；考察期内，离退休人员保险福利费用年均增长率较快的城市包括菏泽（22.45%）、威海（20.60%）、潍坊（20.31%）、莱芜（20.08%）四个城市，而东营市年均增长率最慢，为8.73%。从各市离退休人员保险福利人数来看，青岛、烟台、济南是人数较多的三大城市，东营、日照、莱芜人数较少，威海、菏泽、临沂、莱芜、烟台、滨州、日照的保险福利人数年均增长率均超过10%。从各市离退休人员人均保险福利费用来看，人均保险福利费用最高的是东营市，人均费用3.15万元/人/年，其余各市人均保险福利费用均在2万—3万元/人/年，但菏泽人均保险福利费用年均增长率最高，达到20.42%，威海人均保险福利费用年均增长率最低，为8.23%。

第三节 山东省社会保障非均衡测度及分解

通过上文可知，山东省社会保障发展存在空间和项目方面的非均衡现象，那么，非均衡程度如何？非均衡程度的主要来源是什么？本节将就上述问题做出解答。

一 山东省人均社会保障公共财政预算支出非均衡测度及分解

本节选取2003—2013年山东省人均社会保障公共财政预算支出数据，按照二分组（沿海—内陆）和三分组（东部、中部、西部），基于Mookheerjee和Shorrocks（1982）基尼系数来测算其非均衡程度，并对非均衡程度进行分解。

（一）人均社会保障公共财政预算支出非均衡测度及分解——基于沿海—内陆

本节采用Mookheerjee和Shorrocks（1982）的方法，测度了山东省人均社会保障公共财政预算支出的基尼系数，表示为G。表16-4显示，2003—2013年，山东省人均社会保障公共财政预算支出基尼系数呈现逐年下降趋势，基尼系数从2003年的0.2767下降到2013年的 0.1553，年均下降 5.26%，表明人均社会保障公共财政预算支出非均衡程度在不断降低，地区差异在逐年缩小。

表 16-4 中 $G_{沿}$ 代表沿海地区基尼系数，表示沿海地区非均衡程度；$G_{内}$ 代表内陆地区基尼系数，表示内陆地区非均衡程度；G_W 代表区域内基尼系数，表示区域内差异或非均衡程度；G_B 代表区域间基尼系数，表示区域间差异或非均衡程度；R 代表剩余项，反映的是由于不同地区之间的重叠而产生的交互影响。基于沿海—内陆人均社会保障公共财政预算支出非均衡分解来看，沿海地区和内陆地区基尼系数均呈现递减趋势，表明沿海地区和内陆地区非均衡程度在不断下降，只是内陆地区非均衡程度下降的平均速率要快于沿海地区，并且 2003—2007 年，内陆地区基尼系数要大于沿海地区基尼系数；2007—2013 年，内陆地区基尼系数反而小于沿海地区基尼系数，表明初始阶段内陆地区人均社会保障公共财政预算支出非均衡程度要高于沿海地

表 16-4　基于沿海—内陆的人均社会保障公共财政预算支出非均衡测度及分解

年份	G	$G_{沿}$	$G_{内}$	G_W	G_B	R
2003	0.2767	0.2234	0.2988	0.1435	0.0227	0.1105
2004	0.2701	0.2347	0.2812	0.1396	0.0292	0.1013
2005	0.2988	0.2105	0.3333	0.1477	0.0385	0.1126
2006	0.2781	0.2272	0.2992	0.1430	0.0110	0.1241
2007	0.2341	0.2174	0.2392	0.1207	0.0173	0.0961
2008	0.2258	0.2323	0.2025	0.1114	0.0443	0.0701
2009	0.2369	0.2401	0.2091	0.1162	0.0596	0.0612
2010	0.2333	0.2352	0.1805	0.1066	0.0885	0.0383
2011	0.2078	0.2039	0.1585	0.0927	0.0820	0.0330
2012	0.1838	0.1825	0.1284	0.0773	0.0765	0.0301
2013	0.1553	0.1469	0.1081	0.0637	0.0684	0.0232

区,后期要低于沿海地区非均衡程度。从区域内和区域间分解来看,区域内差距是总体非均衡的主要原因,区域内非均衡对总体非均衡贡献率年平均为47.98%,区域间非均衡对总体非均衡年平均贡献率为22.82%,剩余项对总体非均衡贡献率年平均为29.21%。如图16-26所示,区域内差距在2003—2013年呈现逐年降低趋势,年均降低7.45%,表明区域内差距在不断下降。区域间差距在考察期内经历了三个阶段:第一阶段2003—2006年低位运行阶段,此阶段区域内非均衡程度年平均值为0.0253,波动幅度较小;第二阶段2007—2010年为上升阶段,此阶段区域内非均衡程度在不断上升,从2007年的0.0173上升到2010年最大值0.0885,年均增长79.47%;第三阶段2011—2013年为下降阶段,年均降幅达8.23%。剩余项在2003—2006年处于高位波动状态,此后年份剩余项在不断下降,表明不同地区之间的重叠而产生的交互影响在下降。

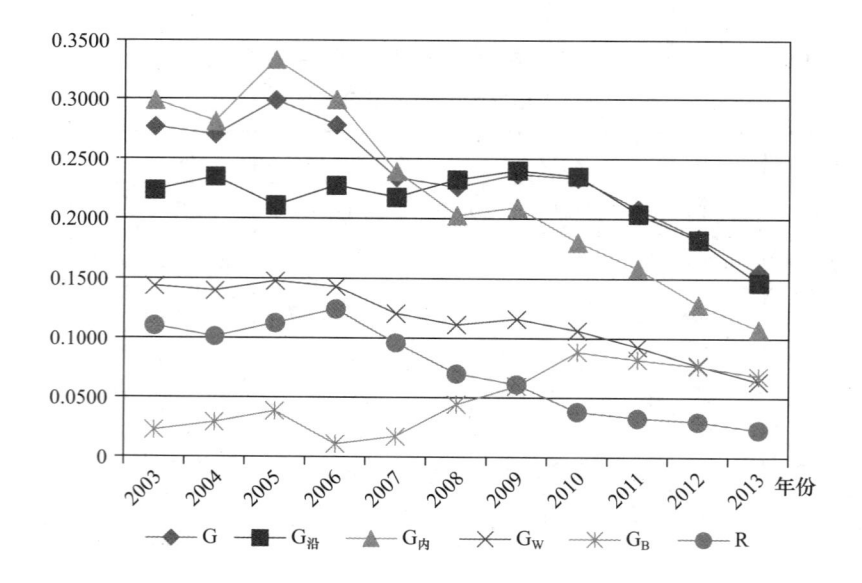

图16-26 基于沿海—内陆的人均社会保障公共财政预算支出基尼系数及分解变动趋势

资料来源:笔者绘制。

(二) 人均社会保障公共财政预算支出非均衡测度及分解——基于东中西部

基于东部、中部、西部的人均社会保障公共财政预算支出总体基尼系数与基于沿海—内陆的总体基尼系数相同，变化规律一致。如表16-5所示，$G_东$、$G_中$、$G_西$分别代表东部、中部、西部地区人均社会保障公共财政预算支出的基尼系数，G_W、G_B、R分别代表区域内、区域间非均衡程度和剩余项。从整体趋势来看，东部、中部、西部地区基尼系数均呈现震荡下降趋势。东部地区基尼系数除2005年低于中部和西部基尼系数以外，其余年份东部地区基尼系数均大于中部和西部地区。中部和西部地区基尼系数呈现交错震荡趋势，在2005年、2007年、2010年、2011年、2012年，中部地区基尼系数小于西部地区基尼系数以外，其他年份中部地区基尼系数均大于西部地区基尼系数。东部地区基尼系数在2003—2010年处于微弱波动，平均基尼系数0.2449，2011—2013年东部地区基尼系数逐年下降，平均降幅14.05%。

中部地区2005年基尼系数达到考察期最大值0.2400，主要原因来自莱芜地区2005年人均社会保障财政预算支出突然增加到417.97元，出现异常值。考察期内，中部地区基尼系数只有2005年、2008年和2009年出现环比上升，其他年份均环比降低，年均下降4.60%；西部地区基尼系数2005年、2009年和2010年环比出现增长，其余年份均环比下降，年均降幅达到1.70%，2005年，西部地区基尼系数达到考察期内最大值为0.3060，其中枣庄地区出现了人均社会保障财政预算支出311.33元的异常值。从东部、中部、西部地区分解来看，区域间差距除2003年、2004年和2006年高于区域内差距外，其余年份区域间差距均低于区域内差距；剩余项在考察期间均要高于区域内和区域间差距，表明不同地区之间的重叠而产生的交互影响作用较大。2003—2013年，区域内差距和剩余项除2005年有较大提升，区域间差距在2006年有较大提升外，其余年份三大指标总体呈现下降趋势，区域内差距、区域间差距和剩余项年均下降幅度分别为4.33%、5.40%、2.49%。

表 16-5　基于东部、中部、西部的人均社会保障公共财政预算
支出非均衡测度及分解

年份	G	$G_{东}$	$G_{中}$	$G_{西}$	G_W	G_B	R
2003	0.2767	0.2405	0.2113	0.1808	0.0764	0.0877	0.1126
2004	0.2701	0.2483	0.1749	0.1665	0.0723	0.0904	0.1073
2005	0.2988	0.2249	0.2400	0.3060	0.0948	0.0595	0.1445
2006	0.2781	0.2410	0.1950	0.1411	0.0689	0.0980	0.1111
2007	0.2341	0.2359	0.1604	0.2006	0.0721	0.0545	0.1074
2008	0.2258	0.2544	0.1728	0.1362	0.0636	0.0482	0.1140
2009	0.2369	0.2605	0.1826	0.1713	0.0703	0.0450	0.1217
2010	0.2333	0.2537	0.1573	0.1739	0.0674	0.0508	0.1152
2011	0.2078	0.2174	0.1375	0.1673	0.0605	0.0436	0.1037
2012	0.1838	0.1941	0.1285	0.1416	0.0529	0.0360	0.0949
2013	0.1553	0.1609	0.1158	0.1088	0.0433	0.0337	0.0783

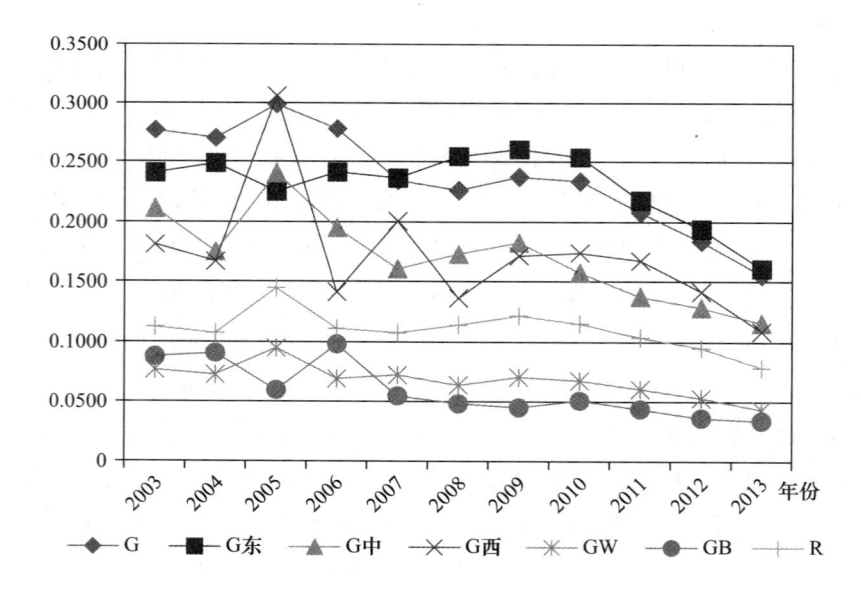

图 16-27　基于东部、中部、西部的人均社会保障公共财政预算支出基尼
系数及分解变动趋势

资料来源：笔者绘制。

二 山东省城乡居民养老保险非均衡测度及分解

本节从沿海—内陆和东部、中部、西部两个视角,利用17个城市数据测算了2012—2013年人均城乡居民养老保险基金收入和基金支出非均衡程度,并对其进行分解。

(一)人均城乡居民养老保险非均衡测度及分解——基于沿海—内陆

人均城乡居民养老保险基金收入非均衡及分解。本节基于沿海—内陆利用17个城市数据测度了2012—2013年人均城乡居民养老保险基金收入基尼系数。表16-6显示,人均基金收入基尼系数2013年为0.2109,高于2012年的0.2003,表明2013年人均基金收入非均衡程度有所提高。从非均衡分解来看,2012年沿海地区基尼系数要大于内陆地区基尼系数,而2013年沿海地区基尼系数要小于内陆地区基尼系数,但沿海和内陆地区非均衡程度均有所增加,只是内陆地区增加得要大一些。此外,2012年人均基金收入区域间非均衡程度是造成总体非均衡的主要原因,区域间非均衡贡献率达到60.06%,区域内和剩余项贡献率分别为34.25%、5.74%;2013年人均基金收入区域内差距要大于区域间差距,对总体差距贡献率分别为44.57%、42.34%,剩余项贡献率为13.09%。

人均城乡居民养老保险基金支出非均衡及分解。人均基金支出基尼系数在2012—2013年均大于人均基金收入的基尼系数,说明人均基金支出的非均衡程度要高于人均基金收入的非均衡程度。具体来看,2013年,无论是人均基金支出基尼系数还是沿海地区和内陆地区基尼系数均低于2012年人均基金支出基尼系数,表明人均基金支出非均衡程度在下降。其中,沿海地区基尼系数在2012—2013年均大于内陆地区基尼系数,表明沿海地区在人均基金支出的非均衡程度要大于内陆地区人均基金支出的非均衡程度。人均基金支出非均衡的主要来源是区域间非均衡,区域间非均衡贡献率在2012—2013年分别为61.72%、65.91%,略有上升;区域内非均衡2013年较2012年略有下降,贡献率从2012年的32.15%下降为2013年的30.70%;不同地区之间的重叠而产生的交互影响2013年较2012年有所下降。

表 16-6　基于沿海—内陆的人均城乡居民养老保险
基金非均衡测度及分解

指标	2012 年		2013 年	
	人均基金收入	人均基金支出	人均基金收入	人均基金支出
G	0.2003	0.2610	0.2109	0.2482
$G_{沿}$	0.1621	0.2533	0.1653	0.2234
$G_{内}$	0.1083	0.1110	0.1733	0.1021
G_W	0.0686	0.0839	0.0940	0.0762
G_B	0.1203	0.1611	0.0893	0.1636
R	0.0115	0.0160	0.0276	0.0085

（二）人均城乡居民养老保险非均衡测度及分解——基于东部、中部、西部人均城乡居民养老保险基金收入非均衡及分解

基于东部、中部、西部的人均城乡居民养老保险基金收入总基尼系数与基于沿海—内陆的总基尼系数值一样，趋势相同，如前一节所述。从各地区非均衡来看，表 16-7 显示，2012—2013 年，人均基金收入基尼系数中部地区大于东部地区，西部地区基尼系数最小，并且 2013 年各地区基尼系数均比 2012 年基尼系数大，表明东部、中部、西部地区非均衡程度有所增加。2012—2013 年，剩余项对总体非均衡程度贡献率最大，其次是区域间非均衡贡献率，区域内非均衡贡献率最小，这与二分组（沿海—内陆）的情况不同，2013 年区域内和剩余项贡献率较 2012 年有所上升，而区域间贡献率 2013 年较 2012 年有所下降，2012 年和 2013 年人均基金收入区域内、区域间和剩余项贡献率分别为 16.82%、37.60%、45.58% 和 23.53%、29.68% 和 46.79%。

人均城乡居民养老保险基金支出非均衡及分解。基于东部、中部、西部的人均城乡居民养老保险基金支出基尼系数与基于沿海—内陆的基尼系数一致，不做赘述。从人均基金支出来看，2012 年，东部地区、西部地区人均基金支出基尼系数要大于人均基金收入基尼系数，中部地区人均基金支出基尼系数要小于人均基金收入基尼系数；

2013年，除东部地区人均基金支出大于人均基金收入的基尼系数外，其他地区均有人均基金支出基尼系数小于人均基金收入基尼系数。2012—2013年，东部地区基尼系数要大于中部地区基尼系数，中部地区基尼系数大于西部地区基尼系数，人均基金支出非均衡程度呈现东部、中部、西部依次递减趋势。人均基金支出区域内差距、区域间差距和剩余项三大指标2012年均高于2013年，其中，2012—2013年区域间差距对总体差距贡献率最大，其次是剩余项，贡献率最小的是区域内差距。

表16-7　基于东部、中部、西部的人均城乡居民养老保险基金非均衡测度及分解

指标	2012年 人均基金收入	2012年 人均基金支出	2013年 人均基金收入	2013年 人均基金支出
G	0.2003	0.2610	0.2109	0.2482
$G_东$	0.1348	0.2477	0.1450	0.2172
$G_中$	0.1387	0.1265	0.2064	0.1123
$G_西$	0.0453	0.0596	0.1008	0.0733
G_W	0.0337	0.0453	0.0496	0.0437
G_B	0.0753	0.0946	0.0626	0.0915
R	0.0913	0.1211	0.0987	0.1130

三　山东省人均住房保障支出非均衡测度及分解

本节采用2011—2013年全省各城市人均住房保障支出测度其非均衡程度，并对非均衡进行沿海—内陆和东部、中部、西部的分解。

（一）人均住房保障支出非均衡测度及分解——基于沿海—内陆

如表16-8所示，基于沿海—内陆测度了山东省人均住房保障支出非均衡程度，并对其进行了分解。2011—2013年，山东省人均住房保障支出非均衡经历了先下降后上升的趋势，2012年基尼系数最小。

从分解来看，沿海地区基尼系数在2011—2012年要小于内陆地区基尼系数，2013年沿海地区基尼系数大于内陆地区基尼系数，并且2011—2012年内陆地区基尼系数普遍大于总体基尼系数，说明内陆地区人均住房保障支出非均衡程度较高，提高了总体基尼系数。2011—2012年区域内差距是导致整体区域差距的主要原因，而2013年区域间差距是导致总体区域差距的主要原因。从三年数据来看，区域内差距在不断变小，2011—2013年贡献率分别为53.50%、50.91%、41.33%；区域间差距先减小后增加，2011—2013年贡献率分别为22.15%、26.86%、52.51%；2011—2013年剩余项不断下降，贡献率分别为24.35%、22.24%、6.16%。

表16-8 基于沿海—内陆的人均住房保障支出非均衡测度及分解

年份	G	$G_{沿}$	$G_{内}$	G_W	G_B	R
2011	0.3173	0.2197	0.3499	0.1698	0.0703	0.0773
2012	0.2224	0.1719	0.2274	0.1132	0.0597	0.0495
2013	0.2249	0.1873	0.1570	0.0930	0.1181	0.0139

（二）人均住房保障支出非均衡测度及分解——基于东部、中部、西部

基于东部、中部、西部的人均住房保障支出非均衡测度及分解结果如表16-9所示，总体基尼系数与基于沿海—内陆分析结果一致。从地区分解来看，东部地区基尼系数先减小后增大，中部和西部地区基尼系数在考察期内不断下降。2011年，中部、西部和东部地区基尼系数依次减小，2012年西部地区基尼系数最大，其次是东部地区，2013年，西部、中部和东部地区基尼系数依次增大。剩余项对总体非均衡程度贡献率最大，2011—2012年区域内差距比区域间差距大，而2013年区域内差距小于区域间差距。2011—2013年，区域内差距和剩余项依次递减，区域间差距先降低后上升。

表 16-9　　基于东部、中部、西部的人均住房保障支出非均衡测度及分解

年份	G	$G_东$	$G_中$	$G_西$	G_W	G_B	R
2011	0.3173	0.2318	0.3453	0.3056	0.1020	0.0565	0.1588
2012	0.2224	0.1780	0.1632	0.2459	0.0688	0.0328	0.1208
2013	0.2249	0.1783	0.1407	0.1355	0.0524	0.0652	0.1073

四　山东省人均离退休保险福利费用非均衡测度及分解

本节采用人均离退休保险福利费用数据，基于东部、中部、西部和沿海—内陆地区测度其非均衡程度并进行分解。

（一）人均离退休保险福利费用非均衡测度及分解——基于沿海—内陆

如表 16-10 所示，2002—2013 年，人均离退休保险福利费用基尼系数呈现震荡波动趋势，除 2004 年、2005 年、2007 年、2011 年、2013 年基尼系数环比上升外，其他年份环比均呈现下降趋势，年均增幅 0.93%。其中，2002—2007 年年均增幅 13.55%，2008—2013 年，年均下降 9.59%。沿海地区基尼系数 2002—2007 年数值较大，年均值为 0.1029；2008—2013 年基尼系数数值较小，年均值为 0.0603，并且沿海地区基尼系数 2006 年之后，始终大于总体基尼系数及内陆基尼系数，表明沿海地区人均离退休保险福利费用非均衡程度更大。内陆地区基尼系数相对较小，2005 年达到最大值 0.1202，2010 年达到最小值 0.0299，2006 年之前内陆地区基尼系数呈现较大波动后，2007—2013 年内陆地区人均离退休保险福利费用基尼系数呈现"U"形变动趋势，非均衡程度近年来存在上升趋势。从分解情况来看，区域内差距是导致总体差距的主要原因，除 2006 年区域内差距小于区域间差距外，其余年份区域内差距均大于区域间差距。2002—2007 年区域内差距波动较大，2008—2013 年区域内差距稳定在 0.0230 左右；2002—2013 年区域间差距整体处于下降趋势，年均降幅 8.80%；剩余项 2002—2007 年呈现"N"形变动趋势，先上升后下降再上升，2008—2013 年剩余项处于"U"形变动趋势（见图 16-28 和图 16-29）。

表 16-10　基于沿海—内陆的人均离退休保险福利费用非均衡测度及分解

年份	G	$G_{沿}$	$G_{内}$	G_W	G_B	R
2002	0.0940	0.0934	0.0769	0.0430	0.0402	0.0108
2003	0.0803	0.0759	0.0724	0.0383	0.0272	0.0148
2004	0.1144	0.1375	0.0754	0.0493	0.0416	0.0235
2005	0.1265	0.0873	0.1202	0.0593	0.0593	0.0079
2006	0.0594	0.0774	0.0340	0.0246	0.0260	0.0087
2007	0.1083	0.1460	0.0718	0.0493	0.0252	0.0338
2008	0.0534	0.0610	0.0426	0.0251	0.0155	0.0128
2009	0.0533	0.0698	0.0352	0.0239	0.0183	0.0111
2010	0.0459	0.0606	0.0299	0.0205	0.0165	0.0089
2011	0.0513	0.0688	0.0321	0.0226	0.0204	0.0083
2012	0.0457	0.0495	0.0389	0.0219	0.0138	0.0100
2013	0.0486	0.0520	0.0440	0.0241	0.0053	0.0193

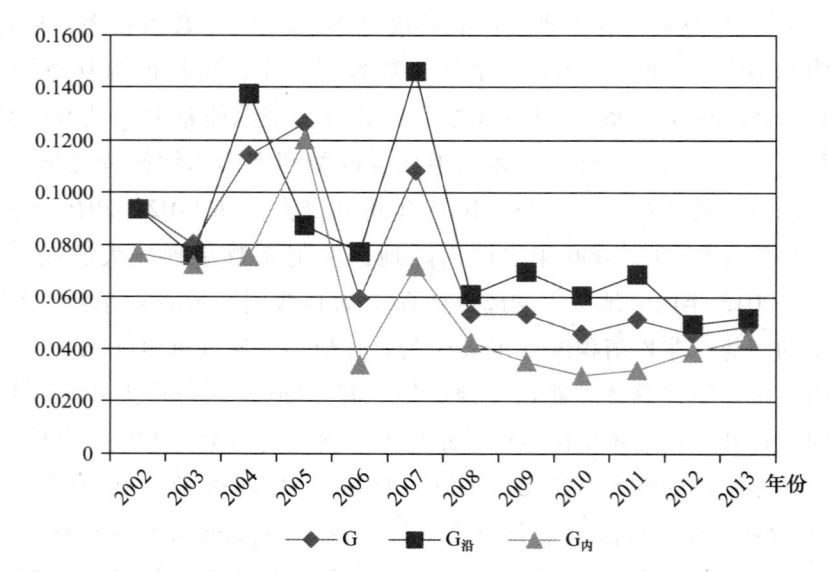

图 16-28　基于沿海—内陆的人均离退休保险福利费用基尼系数变动趋势

资料来源：笔者绘制。

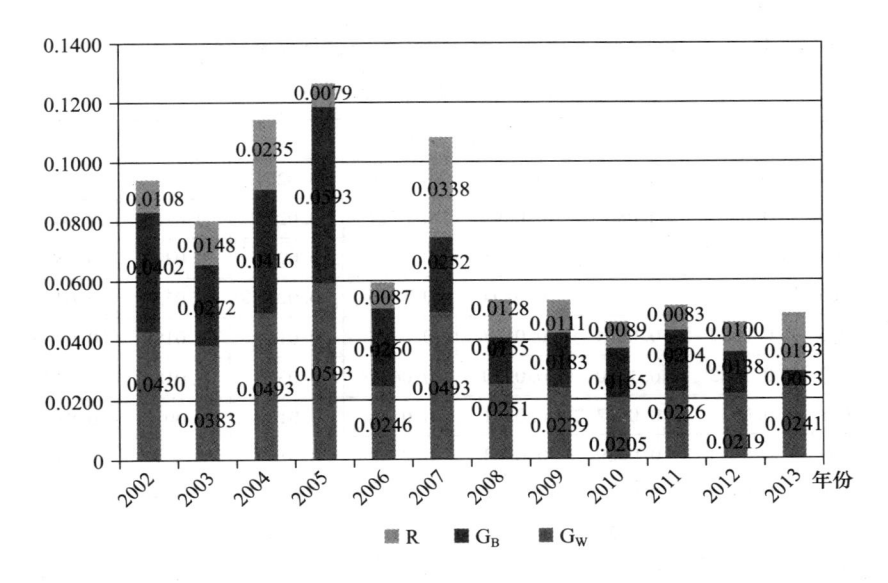

图 16-29 基于沿海—内陆的人均离退休保险福利费用非均衡分解变动趋势
资料来源：笔者绘制。

（二）人均离退休保险福利费用非均衡测度及分解——基于东部、中部、西部

基于东部、中部、西部的人均离退休保险福利费用总体基尼系数 G 与基于沿海—内陆的总体基尼系数相同，变动趋势一致，如上节所述。表 16-11 显示，从地区基尼系数来看，东部地区基尼系数较大，非均衡程度较高，在 2006 年之后，东部地区基尼系数大于总体基尼系数、中部基尼系数和西部基尼系数，2007 年东部地区基尼系数达到最大值 0.1590。2002—2009 年，中部地区基尼系数要小于西部地区基尼系数；2010—2013 年，中部地区基尼系数要大于西部地区基尼系数，并且 2013 年中部和西部地区非均衡程度有所上升。2002—2006 年，区域内差距、区域间差距和剩余项处于震荡之中；2007—2013 年，剩余项值大于区域内差距，区域内差距大于区域间差距，表明不同地区之间的重叠而产生的交互影响对于总体非均衡起主导作用，其次是区域内差距，区域间差距对总体差距贡献率较小。2002—2013 年，区域内差距、区域间差距和剩余项对总体差距平均贡献率分别为 28.05%、23.55%、48.40%。

表 16-11　基于东部、中部、西部的人均离退休保险福利
费用非均衡测度及分解

年份	G	$G_东$	$G_中$	$G_西$	G_W	G_B	R
2002	0.0940	0.1004	0.0249	0.0949	0.0264	0.0248	0.0428
2003	0.0803	0.0801	0.0595	0.0727	0.0241	0.0156	0.0406
2004	0.1144	0.1201	0.0648	0.0702	0.0288	0.0348	0.0507
2005	0.1265	0.0712	0.0294	0.1116	0.0281	0.0537	0.0448
2006	0.0594	0.0814	0.0127	0.0363	0.0154	0.0180	0.0260
2007	0.1083	0.1590	0.0560	0.0637	0.0317	0.0186	0.0579
2008	0.0534	0.0597	0.0351	0.0454	0.0161	0.0072	0.0301
2009	0.0533	0.0689	0.0363	0.0407	0.0167	0.0073	0.0293
2010	0.0459	0.0662	0.0365	0.0202	0.0137	0.0095	0.0227
2011	0.0513	0.0756	0.0341	0.0179	0.0143	0.0135	0.0236
2012	0.0457	0.0542	0.0423	0.0142	0.0122	0.0109	0.0226
2013	0.0486	0.0503	0.0472	0.0347	0.0147	0.0090	0.0250

根据表 16-11 中的数据绘制图 16-30 和图 16-31。

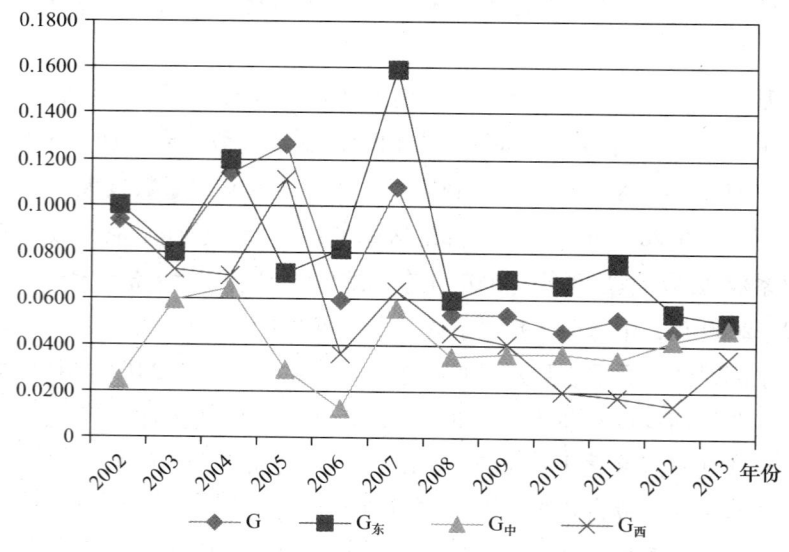

图 16-30　基于东部、中部、西部的人均离退休保险福利
费用基尼系数变动趋势

资料来源：笔者绘制。

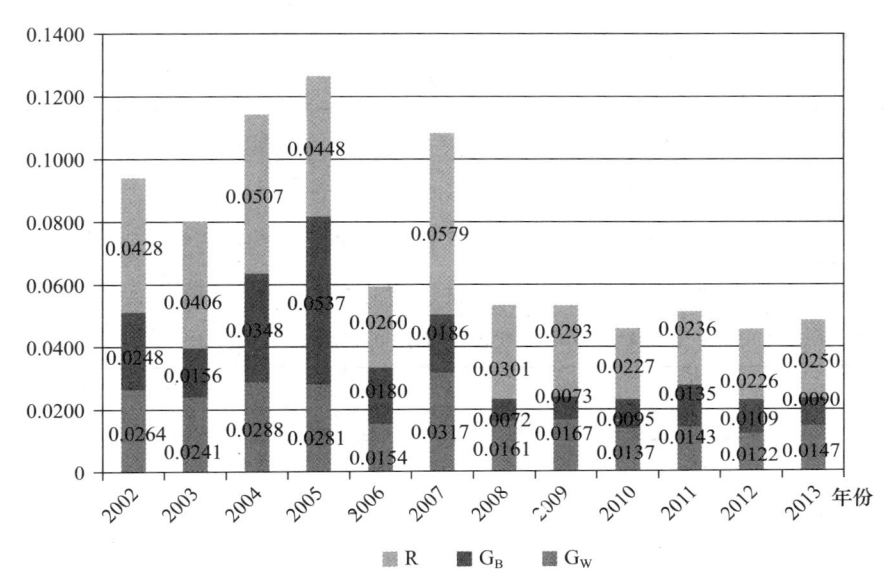

图 16-31　基于东部、中部、西部的人均离退休保险福利
费用非均衡分解变动趋势

资料来源：笔者绘制。

第四节　山东省社会保障极化测度

本节采用 ER 型极化指数，扩展形成了 ER 指数、EGR 指数和 LU 指数，用以测度山东省社会保障极化程度。

一　山东省人均社会保障公共财政预算支出极化测度

本节测算人均社会保障公共财政预算支出极化指数，为保证数据合理性，选取 $K=100$、$\alpha=1.5$、$\beta=0.01$。

（一）人均社会保障公共财政预算支出极化测度——基于沿海—内陆

对山东省 17 个城市进行二分组，划分为沿海—内陆两大地区，测算人均社会保障公共财政预算支出三大极化指数，如表 16-12 所示，并且以 2003 年极化指数为基期，描述了极化指数变动趋势，如图 16-32 所示。三大极化指数变动趋势相似，2003—2008 年三大极化指数低位运行，数值均低于 0.1000，2009—2013 年三大极化指数高

表16-12　基于沿海—内陆的人均社会保障公共财政预算支出极化指数

年份	2003	2004	2005	2006	2007	2008	2009	2010	2011	2012	2013
G	0.2767	0.2701	0.2988	0.2781	0.2341	0.2258	0.2369	0.2333	0.2078	0.1838	0.1553
ER	0.0176	0.0264	0.0458	0.0148	0.0312	0.0934	0.1558	0.2863	0.3107	0.3386	0.3442
EGR	0.0151	0.0240	0.0432	0.0121	0.0290	0.0916	0.1540	0.2849	0.3095	0.3376	0.3434
LU	0.0171	0.0256	0.0443	0.0143	0.0303	0.0912	0.1520	0.2800	0.3048	0.3332	0.3398

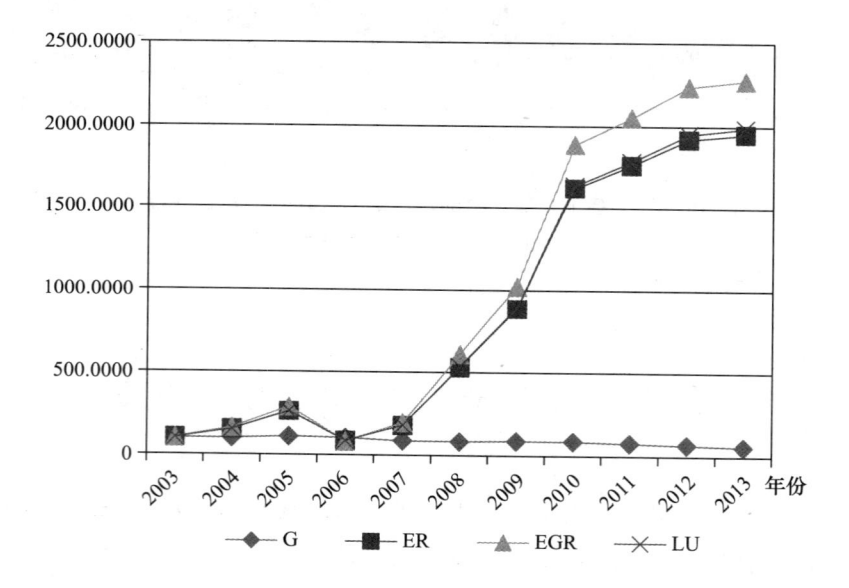

图16-32　基于沿海—内陆的人均社会保障公共财政预算支出极化指数变动趋势

资料来源：笔者绘制。

位运行，数据均高于0.15。从三大极化指数变化趋势来看，总体经历了两个阶段，第一阶段：2003—2006年，三大极化指数先上升后下降；第二阶段：2007—2013年，三大极化指数逐年上升，ER、EGR、LU指数年均分别上升68.60%、75.38%、69.05%，其中，EGR指数上升幅度最大，LU指数次之，表明基于沿海—内陆的山东省人均社会保障公共财政预算支出极化程度在不断上升，集聚程度在不断增大。在此期间，人均社会保障公共财政预算支出非均衡程度相对维持稳定，变动幅度要小于极化变动幅度。

（二）人均社会保障公共财政预算支出极化测度——基于东部、中部、西部

下面将山东省进行三分组，划分为东部、中部、西部地区，对人均社会保障公共财政预算支出进行极化程度测度，测算三大极化指数，如表16-13所示，并以2003年为基期，测度2003—2013年人均社会保障公共财政预算支出极化指数变动趋势，如图16-33所示。从图16-33中可以看出，三大极化指数变动幅度要小于基于沿海—内陆测度的三大极化指数变动幅度，但要高于空间非均衡变动幅度。考察期内三大极化指数经历两个阶段：第一阶段2003—2008年，三大极化指数均小于0.1，并且指数值呈现先上升后下降趋势。2003—2006年为上升期，ER、EGR、LU指数年均分别上升25.55%、26.34%、24.89%；2006—2008年为下降期，ER、EGR、LU指数年均降幅分别为10.66%、10.81%、10.60%。第二阶段2009—2013年，三大极化指数不断上升，ER、EGR、LU指数年均涨幅分别为14.93%、15.24%、15.04%。其中，2009—2010年上升幅度较大，2011—2013年趋于稳定。基于东部、中部、西部的人均社会保障公共财政预算支出极化程度在考察期内总体呈现上升趋势，表明集聚程度在不断增加，而同期非均衡程度相对较为稳定。

表16-13 基于东部、中部、西部的人均社会保障公共财政预算支出极化指数

年份	2003	2004	2005	2006	2007	2008	2009	2010	2011	2012	2013
G	0.2767	0.2701	0.2988	0.2781	0.2341	0.2258	0.2369	0.2333	0.2078	0.1838	0.1553
ER	0.0631	0.0738	0.0811	0.1215	0.0981	0.0961	0.1119	0.1654	0.1685	0.1683	0.1828
EGR	0.0612	0.0720	0.0787	0.1197	0.0963	0.0943	0.1100	0.1635	0.1669	0.1668	0.1816
LU	0.0630	0.0722	0.0787	0.1188	0.0966	0.0942	0.1094	0.1617	0.1652	0.1654	0.1802

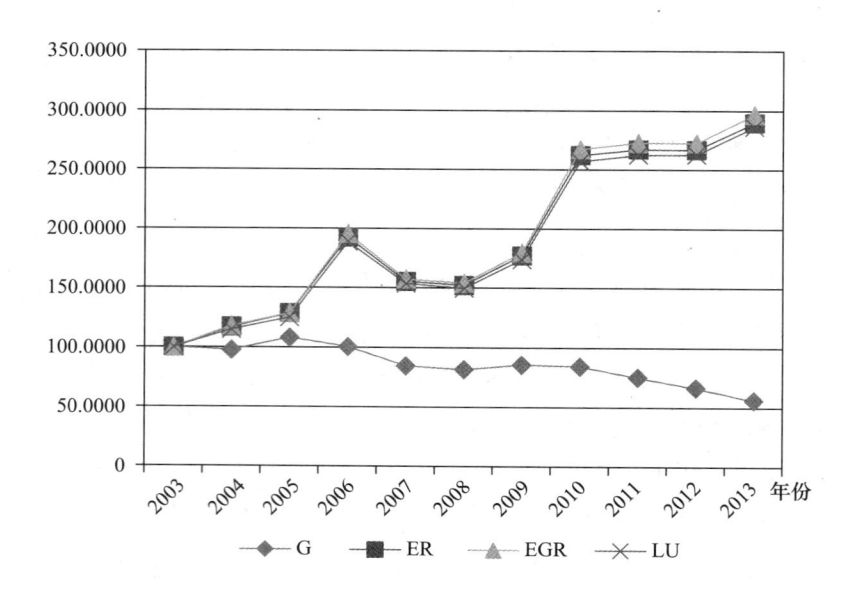

图 16-33　基于东部、中部、西部的人均社会保障公共财政预算支出极化指数变动趋势

资料来源：笔者绘制。

二　山东省城乡居民养老保险极化测度

本章采用 2012—2013 年人均城乡居民养老保险数据，基于沿海—内陆和东部、中部、西部两种分类方法，测度山东省人均城乡居民养老保险基金极化程度。本节选取 K = 100、α = 1.5、β = 0.01。

（一）人均城乡居民养老保险极化测度——基于沿海—内陆

基于沿海—内陆对人均城乡居民养老保险基金极化程度进行测度，得到三大极化指数，如表 16-14 所示。从人均城乡居民养老保险基金收入来看，2012 年三大极化指数均大于 2013 年三大极化指数，表明基于沿海—内陆的人均城乡居民养老保险基金收入极化程度在下降，而非均衡程度（基尼系数）有所增加。从人均城乡居民养老保险基金支出来看，2012 年三大极化指数均小于 2013 年指数值，三大极化指数 2013 年比 2012 年平均上升 14.15%，说明基于沿海—内陆的人均城乡居民养老保险基金支出极化程度在不断上升。

表 16-14　基于沿海—内陆的人均城乡居民养老保险基金极化指数

项目	基金收入		基金支出	
年份	2012	2013	2012	2013
G	0.2003	0.2610	0.2109	0.2482
ER	0.4050	0.3374	0.3450	0.3937
EGR	0.4042	0.3364	0.3438	0.3929
LU	0.4044	0.3369	0.3445	0.3931

（二）人均城乡居民养老保险极化测度——基于东部、中部、西部

从基金收入角度来看，基于东部、中部、西部的人均城乡居民养老保险基金收入 2012—2013 年的三大极化指数值要小于基于沿海—内陆的三大极化指数值，表明东部、中部、西部的人均城乡居民养老保险基金收入极化程度要更低一些，并且 2012 年的三大极化指数要大于 2013 年的三大极化指数（见表 16-15）。从基金支出角度来看，基于东部、中部、西部的人均城乡居民养老保险基金支出三大极化指数要小于基于沿海—内陆的三大极化指数，基于东部、中部、西部的人均城乡居民养老保险基金支出极化程度更小，而且 2013 年人均城乡居民养老保险基金支出三大极化指数要大于 2012 年指数值，表明 2013 年较 2012 年人均城乡居民养老保险基金支出极化程度更高。

表 16-15　基于东部、中部、西部的人均城乡居民养老保险基金极化指数

项目	基金收入		基金支出	
年份	2012	2013	2012	2013
G	0.2003	0.2610	0.2109	0.2482
ER	0.2739	0.2502	0.2195	0.2431
EGR	0.2726	0.2486	0.2180	0.2416
LU	0.2734	0.2499	0.2191	0.2427

三　山东省人均住房保障支出极化测度

本章采用 2011—2013 年人均住房保障支出数据，测度山东省人

均住房保障支出极化程度，构建三大极化指数，本节选取 $K=100$、$\alpha=1.5$、$\beta=0.01$。

（一）人均住房保障支出极化测度——基于沿海—内陆

如表 16-16 所示，基于沿海—内陆的人均住房保障支出极化指数在逐年上升，人均住房保障支出极化程度在不断提高，而同一时期人均住房保障支出非均衡程度有所下降。2011—2013 年，ER 指数、EGR 指数、LU 指数年均分别上升 75.32%、80.35%、75.31%。在历年三大极化指数中，ER 指数最大，LU 指数次之，EGR 指数最小。

表 16-16　基于沿海—内陆的人均住房保障支出极化指数

年份	2011	2012	2013
G	0.3173	0.2224	0.2249
ER	0.0382	0.0637	0.1172
EGR	0.0357	0.0621	0.1161
LU	0.0381	0.0636	0.1170

（二）人均住房保障支出极化测度——基于东部、中部、西部

表 16-17 描述了基于东部、中部、西部的人均住房保障支出三大极化指数值，三大指数值普遍要小于基于沿海—内陆测度的人均住房保障支出极化指数，表明基于东部、中部、西部的人均住房保障支出极化程度更低一些。2011—2013 年，基于东部、中部、西部的人均住房保障支出极化指数在逐年上升，ER 指数、EGR 指数、LU 指数年均分别上升 63.52%、69.88%、63.50%。三大极化指数比较来看，ER 指数最大，LU 指数次之，EGR 指数最小。

表 16-17　基于东部、中部、西部的人均住房保障支出极化指数

年份	2011	2012	2013
G	0.3173	0.2224	0.2249
ER	0.0270	0.0393	0.0713
EGR	0.0244	0.0374	0.0697
LU	0.0269	0.0392	0.0711

四 山东省人均离退休保险福利费用极化测度

本章采用 2002—2013 年人均离退休保险福利费用数据，测算人均离退休保险福利费用 ER 指数、EGR 指数、LU 指数，分析人均离退休保险福利费用极化程度。本节选取 $K=1000$、$\alpha=1.5$、$\beta=0.01$。

（一）人均离退休保险福利费用极化测度——基于沿海—内陆

表 16-18 显示了基于沿海—内陆的 2002—2013 年人均离退休保险福利费用 ER 指数、EGR 指数、LU 指数，从整体波动趋势来看，三大极化指数变动幅度要高于基尼系数变动幅度，表明极化程度历年变化较大，而非均衡程度相对较为稳定。2002—2007 年三大极化指数变动较为剧烈，呈现"W"形波动趋势，如图 16-34 所示，此阶段经历了两个低点和两个高点，2003 年和 2006 年三大极化指数相对较低，2005 年和 2007 年相对较高，2005 年达到考察期的最高值，ER 指数、EGR 指数、LU 指数分别为 0.4999、0.4992、0.4991，此时人均离退休保险福利费用极化程度最高。2008—2013 年三大极化指数呈现倒"V"形变动趋势，指数值先增加后减小，2011 年达到较大指数值，ER 指数、EGR 指数、LU 指数分别为 0.3313、0.3309、0.3307，2011—2013 年三大极化指数连续三年下降，2013 年达到最小值，表明人均离退休保险福利费用极化程度在下降。

表 16-18 基于沿海—内陆的人均离退休保险福利费用极化指数

年份	2002	2003	2004	2005	2006	2007	2008	2009	2010	2011	2012	2013
G	0.0940	0.0803	0.1144	0.1265	0.0594	0.1083	0.0534	0.0533	0.0459	0.0513	0.0457	0.0486
ER	0.3139	0.2171	0.3564	0.4999	0.2440	0.4053	0.1884	0.2436	0.2481	0.3313	0.2370	0.0960
EGR	0.3134	0.2166	0.3557	0.4992	0.2436	0.4044	0.1881	0.2433	0.2478	0.3309	0.2366	0.0956
LU	0.3134	0.2168	0.3558	0.4991	0.2436	0.4046	0.1881	0.2432	0.2477	0.3307	0.2366	0.0958

（二）人均离退休保险福利费用极化测度——基于东部、中部、西部

如表 16-19 和图 16-35 所示，基于东部、中部、西部的人均离退休保险福利费用三大极化指数 2002—2013 年 ER 指数、EGR 指数、

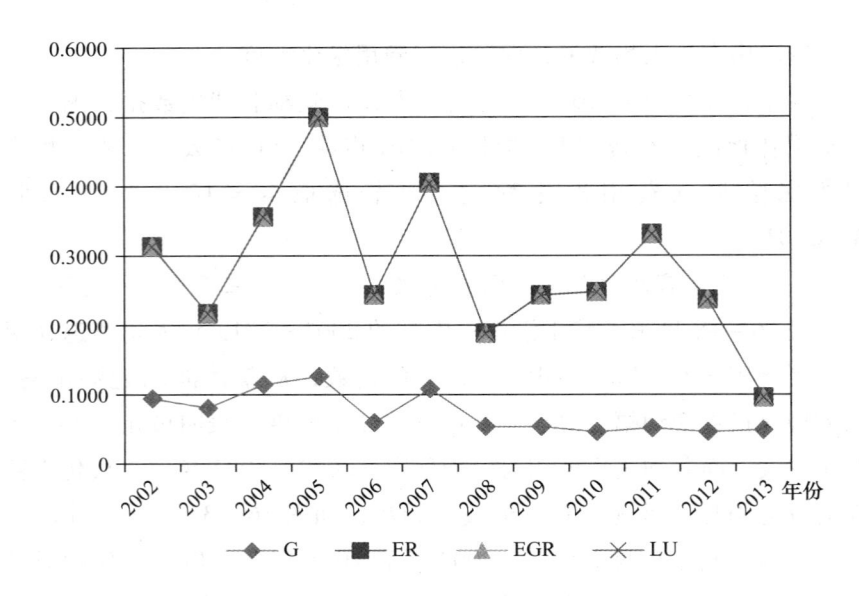

图 16-34　基于沿海—内陆的人均离退休保险福利费用极化指数变动趋势

资料来源：笔者绘制。

LU 指数平均值分别为 0.2123、0.2118、0.2119，而基于沿海—内陆的人均离退休保险福利费用三大极化指数 2002—2013 年 ER 指数、EGR 指数、LU 指数平均值分别为 0.2817、0.2813、0.2813，可以发现，基于东部、中部、西部的三大极化指数平均值要普遍小于基于沿海—内陆的三大极化指数平均值，表明基于沿海—内陆的人均离退休保险福利费用极化程度更高。2002—2007 年基于东部、中部、西部的人均离退休保险福利费用三大极化指数呈现"W"形波动趋势，2005 年三大指数达到最大值，2003 年和 2006 年指数值相对较小，此阶段三大极化指数值在 0.2600 左右波动。2008—2013 年三大极化指数值呈倒"V"形变动趋势，指数值先增大后减小，2011 年达到较大指数值，之后三大极化指数值开始下降，此阶段三大极化指数在 0.1500 左右波动，要小于 2002—2007 年阶段的平均指数值，表明 2008—2013 年人均离退休保险福利费用极化程度有所下降。

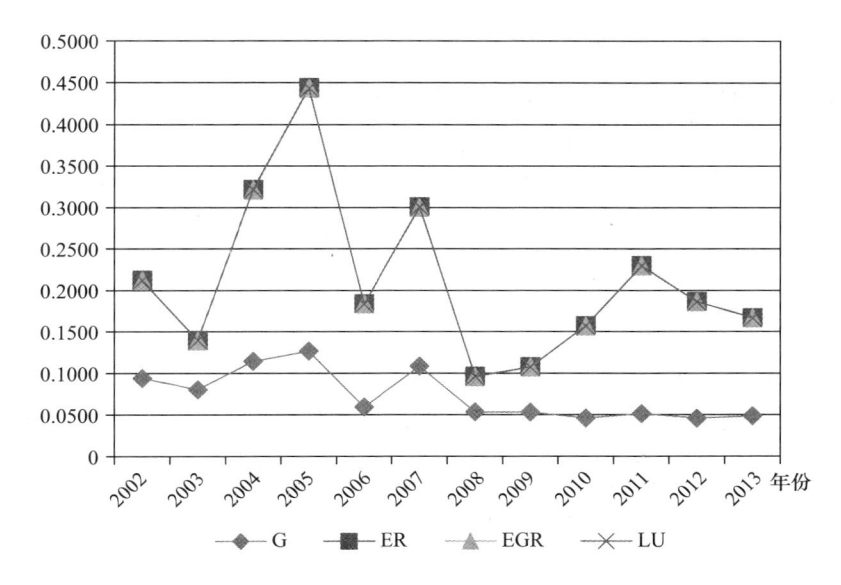

图 16-35　基于东部、中部、西部的人均离退休保险福利
费用极化指数变动趋势

资料来源：笔者绘制。

表 16-19　基于东中西部的人均离退休保险福利费用极化指数

年份	2002	2003	2004	2005	2006	2007	2008	2009	2010	2011	2012	2013
G	0.0940	0.0803	0.1144	0.1265	0.0594	0.1083	0.0534	0.0533	0.0459	0.0513	0.0457	0.0486
ER	0.2125	0.1397	0.3218	0.4441	0.1839	0.3010	0.0963	0.1077	0.1572	0.2300	0.1865	0.1669
EGR	0.2118	0.1391	0.3210	0.4434	0.1835	0.3001	0.0959	0.1072	0.1569	0.2296	0.1861	0.1665
LU	0.2121	0.1395	0.3212	0.4433	0.1835	0.3005	0.0962	0.1075	0.1569	0.2296	0.1862	0.1666

第五节　山东省社会保障非均衡和极化影响因素实证分析

一　影响因素分析

社会保障作为国民收入再分配的一种形式，在经济发展中起到了

"减震器"和"安全网"的重要作用。在社会保障资金的分配使用过程中,影响社会保障的主要原因可归结为两个方面:一方面与收入因素有关,另一方面与人口因素相关,根据社会保障的收入来源分析可知收入因素主要包含经济发展水平、居民收入、政府财政支出、居民储蓄等,人口因素包括人口老龄化、受教育程度、劳动者就业水平等。

(一) 经济发展水平

从我国社会保障支出的整体情况来看,社会保障支出水平与地区的经济发展水平存在一定的相关性,人均地区生产总值经常被作为一项重要的宏观经济指标来反映各地区经济的整体运行情况,本章采用各城市人均地区生产总值来表示经济发展水平,各城市人均地区生产总值 = 各城市生产总值/各城市总人口数。

(二) 人口老龄化

社会保障为老年劳动者提供一定的经济保障,以避免因年老失去劳动能力造成基本生活困难,因此,人口老龄化会对社会保障支出产生一定的影响,本章使用老年人口抚养比(ODR)来衡量人口老龄化,$ODR = P_{65+}/P_{15-64}$,P_{65+} 为 65 岁及以上老年人口数,P_{15-64} 为 15—64 岁的劳动年龄人口数。

(三) 受教育程度

教育是经济发展的内在动力,在经济发展中起着重要的支撑作用,由于教育具有正的外部效应,受教育水平越高的地区,劳动者对社会保障的依赖程度可能会较弱,本章使用 6 岁及以上受大专及以上教育人口数作为衡量各地教育水平的指标。

(四) 劳动者就业水平

受经济周期波动等因素影响,当遭遇经济萧条时,为缓和因劳动者收入减少和失业人数增长而造成的消费需求下降,社会保障支出通过发放失业保险、生活救助等来刺激经济的增长。所以,劳动者就业水平可能和社会保障支出水平存在一定的相关性,一个地区的劳动者就业水平可通过城镇登记失业率来衡量,城镇登记失业率 = 城镇登记失业人员/〔城镇单位就业人员(扣除使用的农村劳动力、聘用的离退休人员、港澳台及外方人员）+城镇登记失业人员、城镇单位中的不在岗职工、城镇私营业主、个体户主、城镇私营企业和个人就业人员］。

（五）居民收入

社会保障对收入起到了再分配作用，当劳动者当期可支配收入增加时，随着生活水平的提高，人们对医疗卫生、教育福利等社会保障项目的需要可能会增加，因此，居民收入的变化可能影响社会保障支出的变动。本章采用城镇居民人均收入来代表居民收入指标。

（六）政府财政

社会保障是政府通过财政向面临生活困难的社会成员提供基本生活保障的一种支出形式，因此，地方财政支出是影响社会保障支出的因素之一。本章采用各城市地方财政一般预算支出表示政府财政状况。

（七）居民储蓄

社会保障支出是以收入再分配的方式得以实现的，而收入又是储蓄的函数，所以，社会保障支出在一定程度上与居民储蓄存在一定的相关性。本章采用各城市城乡居民人民币储蓄存款（年底余额）来代表居民储蓄。

（八）循环累积效应

缪尔达尔（1957）认为，在动态社会发展过程中，社会经济因素之间存在循环累积因果关系，某个因素的改变会引发另一因素的变化，并强化前一因素的变化，导致经济会沿着最初的因素变化的方向发展，形成循环累积效应。社会保障基金以支出方式流入到社会保障覆盖群体时，会对这一群体收入的增加起到促进作用，进而引起他们对教育、医疗等社会保障项目需求的进一步增加，从而社会保障本期支出不可避免地受到上一期影响。

二 计量模型设定与变量说明

根据上述提出的社会保障影响因素，本章分别构建以人均社会保障公共财政预算支出、人均离退休保险福利费用为被解释变量，来反映社会保障情况，以经济发展水平、居民收入、政府财政支出、居民储蓄、人口老龄化、受教育程度、劳动者就业水平和循环累计效应影响因素为解释变量的计量模型。其中，人均社会保障公共财政预算支出取 2003—2013 年的数据，人均离退休保险福利费用取 2002—2013 年数据。相关数据来源于历年《山东统计年鉴》和历年山东省各城市的相关统计年鉴。为此，我们构建动态面板数据模型，分析山东省社会保障非均衡极化的影响因素及其显著性水平，如下所示：

$$\ln SSE_{it} = \alpha + \beta_1 \ln SSE_{i,t-1} + \beta_2 \ln AGDP_{it} + \beta_3 \ln EDR_{it} + \beta_4 \ln EDU_{it} + \beta_5 \ln UR_{it} + \beta_6 \ln INC_{it} + \beta_7 \ln LFE_{it} + \beta_8 \ln SD_{it} + \mu_i + \varepsilon_{it}$$

$$\ln SCE_{it} = \alpha + \beta_1 \ln SCE_{i,t-1} + \beta_2 \ln AGDP_{it} + \beta_3 \ln EDR_{it} + \beta_4 \ln EDU_{it} + \beta_5 \ln UR_{it} + \beta_6 \ln INC_{it} + \beta_7 \ln LFE_{it} + \beta_8 \ln SD_{it} + \mu_i + \varepsilon_{it}$$

式中，SSE、SCE 分别表示人均社会保障公共财政预算支出、人均离退休保险福利费用，以上两大内容作为被解释变量代表山东省社会保障发展水平。考虑到存在循环累积效应，被解释变量的一阶滞后项表示山东省社会保障的初始发展水平。AGDP 表示人均地区生产总值，ODR 表示老年人口抚养比，反映人口老龄化因素，EDU 表示 6 岁及以上受大专及以上教育人口数，UR 表示城镇登记失业率，INC 表示城镇居民人均收入，LFE 为地方财政一般预算支出，反映地方财政对社会保障的影响情况，SD 表示各地区城乡居民人民币储蓄存款（年底余额），α 为常数项，μ_i 是个体效应，ε_{it} 代表随机扰动项，通过对各变量取自然对数来消除模型异方差。

三 回归结果分析

本章分别以人均社会保障公共财政预算支出、人均离退休保险福利费用为被解释变量，构建动态面板数据模型，分析各影响因素对社会保障的作用效果和显著性水平，分析结果如表 16 - 20 所示。

表 16 - 20　　　　　　　　动态面板模型的估计结果

解释变量	变量说明	lnSSE 为被解释变量模型	lnSCE 为被解释变量模型
lnAGDP	人均地区生产总值对数	0.1247 ** (2.38)	0.1137 * (2.06)
lnODR	老年人口抚养比对数	0.1126 * (1.88)	0.0389 *** (3.00)

续表

解释变量	变量说明	lnSSE 为被解释变量模型	lnSCE 为被解释变量模型
lnEDU	6岁及以上受大专以上受教育人口数对数	-0.0238 (-0.71)	0.0417* (1.99)
lnUR	城镇登记失业率对数	0.0245*** (3.09)	0.0668 (0.78)
lnINC	居民人均总收入对数	0.1041** (2.00)	0.0049* (1.99)
lnIFE	地方财政一般预算支出对数	0.0906*** (3.2)	0.0545* (1.77)
lnSD	城乡居民人民币储蓄存款对数	0.0489*** (3.22)	-0.0299 (-0.39)
_cons	常数项	2.7039*** (3.38)	2.2591*** (2.94)
L.lnSSE	人均社会保障公共财政预算支出对数的滞后一期	0.5819*** (4.85)	
L.lnSCE	人均离退休保险福利费用对数的滞后一期		0.8748*** (12.84)
A-B AR(1)	扰动项自相关检验	-2.1915 (0.0028)	-3.0155 (0.0026)
A-B AR(2)	扰动项自相关检验	1.8941 (0.0582)	0.4696 (0.6386)
萨根检验	过度识别检验	27.51742 (1.0000)	23.4726 (1.0001)

注：***和**和*分别表示在1%、5%、10%的显著性水平下显著。参数估计括号内数值表示 Z 值；Arellano-Bond 括号外数值表示 Z 值，括号内数值表示 P 值；萨根检验括号外数值表示 χ^2 值，括号内数值表示 P 值。

（一）回归结果分析一

本章基于人均社会保障公共财政预算支出构建动态面板数据模型，进行系统 GMM 估计。如表 16-20 所示，一阶扰动项自相关 P 值小于 0.05，二阶扰动项自相关 P 值大于 0.05，表明通过扰动项自相关检验（Arellano-Bond），不存在扰动项自相关。进行过度识别萨根检验，其 P 值大于 0.05，因此，通过过度识别检验，表明模型不存在过度识别问题。

通过回归结果可以看出，人均地区生产总值与人均社会保障公共财政预算支出呈正相关关系，人均地区生产总值对数通过 5% 的显著性水平检验，弹性系数为 0.1247，表明人均地区生产总值每上升 1 单位，将促使人均社会保障公共财政预算支出上升 0.1247 单位。可见，经济发展水平对社会保障的促进作用，随着经济发展水平的日益提高，社会保障也将呈现快速发展的势头。

老年人口抚养比通过了 10% 的显著性水平检验，回归系数达到 0.1126，表示老年人口抚养比每上升 1 单位，则人均社会保障公共财政预算支出上升 0.1126 单位。人口老龄化已经成为社会关注的问题，近年来，老龄化人口在总人口中的比重在不断上升，需要供养的老人在不断增加，给社会保障带来了巨大的压力。老年人口抚养比的不断上升将引起人均社会保障公共财政支出的持续增加。

6 岁及以上受大专及以上教育人口数没有通过显著性水平检验，表明该指标与人均社会保障公共财政预算支出关联性不大，没有显著的影响。

城镇登记失业率与人均社会保障公共财政预算支出具有显著的相关关系，显著性水平达到 1%。城镇登记失业率对人均社会保障公共预算支出具有较弱的促进作用，其回归系数为 0.0245。当失业人数增加时，会提升社会保险中失业金的增加以及相关社会保障的开支，对人均社会保障公共预算支出具有正向作用，社会保障也保护了失业人口的合法利益。

居民人均总收入对人均社会保障公共预算支出具有正向促进作用，其显著性水平达到了 5%，弹性系数达到 0.1041，当居民人均总收入增加 1 单位时，人均社会保障公共预算支出增加 0.1041 单位。居民人均总收入的增加将提升居民社会保障水平，提升社会养老保险等的支出水平，进而提升人均社会保障公共预算支出。

地方财政一般预算支出通过了 1% 的显著性水平检验，与人均社会保障公共预算支出呈现较强的正相关关系，相关系数为 0.0906，表明地方财政一般预算支出每上涨 1 单位，将引起人均社会保障公共预算支出增加 0.0906 单位。社会保障公共预算支出作为地方财政一般预算支出的重要组成部分，近年来得到了快速增长，政府更加重视民生与社会保障的支持力度，相关投入在不断加大，提高了社会保障公共财政预算支出，从而引起了人均社会保障公共财政预算支出的增加。

城乡居民人民币储蓄存款通过了 1% 的显著性水平检验，同时，对人均社会保障公共财政预算支出的贡献达到 0.0489。城乡居民人民币储蓄存款的不断增加，提高了居民收入，居民对社会保障的意识更加强烈，对社会保障的需求开始扩大，上缴的社会保障费用也开始上升，间接地刺激了人均社会保障公共财政预算支出的增加。

作为循环累积效应的重要体现指标人均社会保障公共财政预算支出对数的滞后一期，对人均社会保障公共财政预算支出具有重要的影响，回归系数高达 0.5819，并通过了 1% 的显著性水平检验，表明人均社会保障公共财政预算支出具有显著的循环累计效应，上一期人均社会保障公共财政预算支出对当期人均社会保障公共财政预算支出具有重要的促进作用，上一期人均社会保障公共财政预算支出每上升 1 单位，将促进当期人均社会保障公共财政预算支出提高 0.5819 单位。

（二）回归结果分析二

本章采用 2002—2013 年人均离退休保险福利费用和相关影响因素数据，构建了以人均离退休保险福利费用为被解释变量的动态面板数据模型，来分析各影响因素显著性水平及作用效果，如表 16-20 所示，一阶扰动项自相关 P 值小于 0.05，二阶扰动项自相关 P 值大于 0.05，表明通过扰动项自相关检验，不存在扰动项自相关，然后进行过度识别萨根检验，其 P 值大于 0.05，因此，通过过度识别检验，表明模型不存在过度识别问题。

人均地区生产总值因素通过了 10% 的显著性水平检验，回归系数为 0.1137，表明人均离退休保险福利费用与人均地区生产总值之间存在正相关关系，当人均地区生产总值增加1单位时，将促使人均离退休保险福利费用增加0.1137单位，表明经济增长是社会保障发展的重要影响因素，将促进社会保障中离退休保险福利费用的增加。

老年人口抚养比对数通过了1%的显著性水平检验，老年人口抚养比上升1个百分点，将促进人均离退休保险福利费用上升0.0389个百分点，表明人口老龄化因素对人均离退休保险福利费用有促进作用。随着山东省人口老龄化现象的出现，有更多的老年人口，出现了更多的离休和退休人员，需要社会进行扶持和保障，加大了相关社会保障费用的支出，也提高了人均离退休保险福利费用的支出。

6岁及以上受大专及以上教育人口数对数对人均离退休保险福利费用具有一定促进作用，但显著性水平较弱，仅仅通过了10%的显著性水平检验，其弹性系数0.0417，表明社会教育和人力资本是促进社会保障发展的重要影响因素，6岁及以上受大专及以上教育人口数对人均离退休保险福利费用具有4.17%的贡献率。

城镇登记失业率对数未能通过显著性水平检验，表明城镇登记失业率与人均离退休保险福利费用没有显著的相关关系，可能的原因是城镇登记失业率的变动并不影响人均离退休保险福利费用的开支，两者没有必然联系。

居民人均总收入与人均离退休保险福利费用之间具有较弱的正相关关系，该解释变量通过了10%显著性检验，但是居民人均总收入对人均离退休保险福利费用的促进作用并不十分明显，当居民人均总收入增加1单位时，人均离退休保险福利费用仅可以提升0.0049单位，表明居民人均总收入的上升有利于相关社会保障收入的提高，有利于养老保险费用的缴纳，从而可以提升人均离退休保险福利费用。

地方财政一般预算支出作为重要的影响因素，对人均离退休保险福利费用具有较为显著的影响，该解释变量通过了10%的显著性水平检验，回归系数为0.0545，表明地方财政一般预算支出对人均离退休保险福利费用的提升具有0.0545的弹性系数，证明地方财政一般预算支出是影响人均离退休保险福利费用的重要因素。

城乡居民人民币储蓄存款对数并没有通过显著性水平检验，表明该因素与人均离退休保险福利费用没有显著的相关关系。

人均离退休保险福利费用对数的滞后一期代表循环累计效应因素，对人均离退休保险福利费用具有显著的促进作用，显著性水平达到1%，回归系数达到0.8748，表明人均离退休保险福利费用的循环累计效应明显，前一期人均离退休保险福利费用对当期人均离退休保险福利费用具有明显的促进作用，前一期人均离退休保险福利费用每增加1单位，将促进当期人均离退休保险福利费用提高0.8748单位，证明了循环累积效应是人均离退休保险福利费用的最为重要的影响因素。

第十七章　专题3：青岛市城乡社会保障发展

在改革开放大背景下，青岛市作为中国重要的外向型城市，经济快速发展，社会保障支出也在逐年提高。然而，青岛市各地区发展存在诸多问题，社会保障在发展过程中出现了诸如管理体制混乱、待遇标准不统一等问题。基于此，本章将着重解决以下问题：青岛市社会保障非均衡程度及极化程度如何？影响青岛市社会保障支出的影响因素有哪些？关于上述问题的研究，对于青岛市完善社会保障制度，促进经济健康发展和社会公平正义，具有重要的理论和现实意义。

第一节　研究方法与数据

一　非均衡的研究方法

基于以往不同学者对非均衡测算方法的研究，本章采用Mookherjee和Shorrocks（1982）提出的测算方法来测度和分解基尼系数，具体公式如下：

$$G = \sum \mu_i^2 \lambda_i G_i + 1/2 \sum_i \sum_j \mu_i \mu_j |\lambda_i - \lambda_j| + R \quad (17-1)$$

式中，G代表总体基尼系数，测度总体非均衡程度；右边第一项记为G_w，代表组内非均衡程度；第二项记为G_b，代表组间非均衡程度；R为剩余项，即为不同分组之间的重叠而产生的影响。μ_i、μ_j分别代表第i组和第j组所占总体的样本份额，λ_i、λ_j分别代表第i

组和第 j 组人均支出与总体平均支出的比值，G_i 代表第 i 组的基尼系数。

二 空间极化的测度方法

事物或某一要素在发展过程中由最初阶段向两极持续发展的过程称为极化，这既表明了事物或要素发展的动态过程，也预示了发展的结果（吕承超和白春玲，2016）。当极化的过程和特征显著表现在空间上时，要素发展便会呈现非均衡与集聚现象。本章分别选取 ER 指数、EGR 指数和 LU 指数来测度社会保障空间极化程度。

（一）ER 指数

依据埃斯特班和雷（1994）提出的测度极化程度的方法，本章构造的测度青岛市社会保障极化程度的 ER 指数公式如下：

$$ER = A \sum_{k=1}^{n} \sum_{h=1}^{n} q_k^{1+\alpha} q_h \mid x_k - x_h \mid \qquad (17-2)$$

式中，A 是起标准化作用的常数，其值可根据研究需要选择，以保证 ER 指数介于 0—1；n 为分组个数；q_k、q_h 分别表示第 k 组和第 h 组所占总体的样本份额；x_k、x_h 分别代表第 k 组和第 h 组人均支出水平；$\alpha \in (0, 1.6)$，越接近 1.6，表示 ER 指数与基尼系数的差距越大，本章 α 取 1.5。ER 指数越大表示空间极化程度越高；反之则极化程度越低。

（二）EGR 指数

EGR 指数是埃斯特班、格雷丁和雷等（1999）为弥补 ER 指数存在的局限，对 ER 指数改造后提出的。本章构建测度青岛市社会保障空间极化的 EGR 指数，如式（17-3）所示：

$$EGR = A \sum_{k=1}^{n} \sum_{h=1}^{n} q_k^{1+\alpha} q_h \mid x_k - x_h \mid - \beta \{G - G_b\} \qquad (17-3)$$

式中，右边第一项即 ER 指数，第二项中 G 为基尼系数，G_b 为基尼系数分解中的组间非均衡程度。$\beta > 0$，用来衡量组内聚合程度的敏感性。EGR 指数介于 0—1，A 和 β 的取值可据此调整。EGR 指数越大，表明社会保障的空间极化程度越高；反之则极化程度越低。

(三) LU 指数

当各分组社会保障支出存在重叠时，EGR 指数中右边第二项不能准确反映出组内非均衡程度。为弥补这一点，Lasso 和 Urrutia（2006）提出了 LU 指数。据此，本章构建测度青岛市社会保障极化程度的 LU 指数，如公式（17-4）所示：

$$LU = A \sum_{k=1}^{n} \sum_{h=1}^{n} q_k^{1+\alpha} q_h (1-G_k)^{\beta} |x_k - x_h| \qquad (17-4)$$

式中，G_k 表示第 k 组的基尼系数。LU 指数越大，说明社会保障空间极化程度越高；反之则极化程度越低。

三 数据来源及处理

本章选取人均社会保障支出来衡量青岛市社会保障发展水平，选取人均低保支出来衡量城乡社会救济发展水平，其中，人均社会保障支出等于社会保障支出同常住人口的比值；人均低保支出等于低保资金支出与最低生活保障人数的比值，由于统计口径的不规范和不统一，只选取社会保障支出中的社会救济这一项目来探讨城乡社会保障的差异。

本章使用的数据均来自《青岛统计年鉴》。其中，社会保障方面，选取的样本数据时间跨度为 2007—2015 年；根据行政区划、经济发展水平等因素，将青岛市各区和县级市划分为市域和县域两个区域，市域地区包括市区、崂山区、黄岛区和城阳区，县域地区包括即墨市、胶州市、平度市和莱西市。社会救济方面，分为城镇和农村两个方面考察，城镇数据的时间跨度为 2003—2015 年，由于统计口径的不统一，农村数据的时间跨度为 2003—2012 年。

为了使所测度的极化指数介于 0—1，在测算社会保障极化指数时，设定 $A = 100$、$\alpha = 1.5$、$\beta = 0.1$；在测算社会救济城镇低保支出极化指数时，设定 $A = 0.1$、$\alpha = 1.5$、$\beta = 0.01$；在测算社会救济农村低保支出极化指数时，设定 $A = 0.1$、$\alpha = 1.5$、$\beta = 0.1$；在测算社会救济城乡低保支出极化指数时，设定 $A = 0.1$、$\alpha = 1.5$、$\beta = 0.5$。

第二节 青岛市社会保障发展
非均衡及极化测度

一 青岛市社会保障发展非均衡测算——基于基尼系数及分解

本章根据 Mookherjee 和 Shorrocks 测算基尼系数的方法，将青岛市划分为市域和县域两大区域来测算其社会保障非均衡，测算结果如表 17-1 所示。

表 17-1　　　　　青岛市社会保障发展非均衡及分解

年份	G	G市域	G县域	G_w（%）	G_b（%）	R（%）
2007	0.2912	0.1216	0.0699	8.37	81.45	10.17
2008	0.2711	0.1535	0.0799	11.43	75.68	12.89
2009	0.2531	0.1512	0.0756	12.11	74.77	13.12
2010	0.2198	0.1540	0.1418	20.42	63.01	16.57
2011	0.1157	0.1298	0.0347	20.55	56.61	22.85
2012	0.1295	0.1094	0.0394	16.92	63.77	19.31
2013	0.1215	0.1315	0.1050	35.61	9.23	55.15
2014	0.1182	0.1434	0.0823	33.10	13.03	53.88
2015	0.1190	0.1396	0.0878	33.67	12.57	53.76

青岛市社会保障总体基尼系数大体呈下降趋势，从 2007 年的 0.2912 下降到 2015 年的 0.1190，表明样本考察期内青岛市社会保障发展非均衡程度不断缩小。考察期可以分为两个阶段：第一阶段为 2007—2011 年，社会保障非均衡程度在逐渐缩小，总体基尼系数从 2007 年的 0.2912 下降到 2011 年的 0.1157，尤其是 2010—2011 年，下降幅度达到了 52.63%；第二阶段为 2012—2015 年，除 2015 年非均衡程度略有上升外，其余年份呈下降趋势。从分区域来看，市域和县域的基尼系数变化趋势大体一致，除个别年份，均呈现先下降后上升的趋

势。市域基尼系数均大于县域，表明市域的地区非均衡比县域的地区非均衡大。

从基尼系数分解来看，地区内非均衡贡献率与剩余项贡献率变动趋势相同，均有较大幅度的增长，剩余项的增长幅度大于地区内非均衡的增长幅度，表明青岛市社会保障发展水平因两区域分组重叠而产生的交互影响程度增长明显。地区间非均衡贡献率则呈现较大的下降趋势，从2007年的81.45%下降到2011年的56.61%，2012年反弹至63.77%，随后降到2015年的12.57%，下降幅度达到了80.29%。

二 青岛市社会救济发展非均衡测算——基于基尼系数及分解

（一）城镇社会救济非均衡

对青岛市市域和县域社会救济非均衡进行测度，结果如表17-2所示。从样本考察期内基尼系数的测算结果来看，城镇社会救济总体基尼系数呈现先上升后下降的趋势，从2003年的0.1106上升至2010年的0.2235，随后又降至2015年的0.1077，表明样本考察期内，城镇社会救济发展非均衡程度先扩大后缩小。具体分为两个阶段：第一阶段为2003—2010年，其间除2006年和2007年呈现下降趋势外，其余年份均有所增长，从2003年的0.1106增至2010年的0.2235；第二阶段为2011—2015年，总体基尼系数下降，除2013年反弹至0.2112，总体上从2011年的0.1264下降至2015年的0.1077。从分区域来看，市域和县域的地区内基尼系数与总体基尼系数的变化趋势基本一致，除个别年份有所波动，总体均呈现先上升后下降的趋势。从具体的测算数据来看，除2004年和2006年年外，其余年份，市域的基尼系数均大于县域的基尼系数，表明市域的地区非均衡大，县域的地区非均衡小。

从基尼系数分解来看，地区内非均衡贡献率波动较为平稳，大体在20%—40%，地区间非均衡贡献率和剩余项贡献率的变化方向基本相反，且两者均有较大的波动幅度，除个别异常年份（2003年和2015年），地区间非均衡的贡献率呈现先上升后下降的趋势，剩余项贡献率的波动趋势则正相反。剩余项贡献率从2004年的56.05%上升至2006年的57.96%，随后又从2007年的30.98%降至2011年的

21.01%，最终又回升至 2014 年的 69.38%，表明城镇社会救济水平受两区域间重叠产生的交互影响的程度波动较大。

表 17-2　　青岛市城镇社会救济发展非均衡及分解

年份	G	G市域	G县域	G_w（%）	G_b（%）	R（%）
2003	0.1106	0.0682	0.0401	18.32	76.59	5.10
2004	0.1246	0.0944	0.1314	36.33	7.61	56.05
2005	0.1343	0.1569	0.0976	32.43	7.01	60.56
2006	0.1249	0.0827	0.1487	38.30	3.73	57.96
2007	0.1094	0.0983	0.0902	30.09	38.93	30.98
2008	0.1881	0.1667	0.0937	20.78	58.98	20.24
2009	0.2021	0.2302	0.0956	23.79	47.60	28.61
2010	0.2235	0.2031	0.1388	23.08	54.86	22.07
2011	0.1264	0.1446	0.0354	20.26	58.73	21.01
2012	0.1218	0.1665	0.0258	22.84	35.54	41.62
2013	0.2112	0.3455	0.0353	25.20	33.01	41.79
2014	0.0860	0.1415	0.0081	22.96	7.65	69.38
2015	0.1077	0.0387	0.0362	11.40	82.52	6.08

（二）农村社会救济非均衡

因统计口径的不统一，在此选取的时间跨度为 2003—2012 年，农村社会救济基尼系数测算结果如表 17-3 所示。从样本考察期内基尼系数结果来看，除个别年份，农村社会救济总体基尼系数呈现下降趋势，从 2003 年的 0.1877 下降至 2011 年的 0.0739，表明青岛市农村社会救济发展非均衡程度不断缩小。第一阶段 2003—2006 年，除 2005 年，其余年份基尼系数均呈下降趋势，从 2003 年的 0.1877 降至 2006 年的 0.0702，下降幅度达到 62.60%；第二阶段 2007—2012 年，除 2010 年回升和 2012 年较大幅度反弹外，总体基尼系数从 2007 年的 0.1088 下降到 2011 年的 0.0739。从分区域来看，市域的基尼系数大体呈先下降后上升的趋势，县域的基尼系数呈现先下降后上升又下降的趋势，市域的基尼系数从 2003 年的 0.1316 降至 2007 年的

0.0741，后又升至 2012 年的 0.2291；县域的基尼系数从 2003 年的 0.2020 下降至 2006 年的 0.0563，后又回升到 2008 年的 0.1431，最终反弹至 2012 年的 0.1213。但在大部分年份，县域的基尼系数大于市域的基尼系数，表明县域的地区非均衡较大，市域的地区非均衡较小。

表 17-3　青岛市农村社会救济发展非均衡及分解

年份	G	G 市域	G 县域	G_w（%）	G_b（%）	R（%）
2003	0.1877	0.1316	0.2020	38.47	27.74	33.80
2004	0.0613	0.0258	0.0714	33.38	28.49	38.13
2005	0.1218	0.1348	0.0652	25.76	44.74	29.50
2006	0.0702	0.0433	0.0563	26.13	57.16	16.71
2007	0.1088	0.0741	0.1295	36.56	26.29	37.15
2008	0.1055	0.0465	0.1431	37.24	30.82	31.94
2009	0.0854	0.0069	0.1263	38.26	4.11	57.63
2010	0.0969	0.0599	0.1174	38.58	9.48	51.94
2011	0.0739	0.0642	0.0762	37.08	11.56	51.36
2012	0.1914	0.2291	0.1213	31.94	18.52	49.54

从基尼系数分解来看，地区内非均衡贡献率波动较小，大体在 35%，地区间非均衡贡献率与剩余项贡献率的变化大体呈对称分布，且两者的波动幅度均较大。地区间非均衡贡献率呈现先上升后下降又上升的趋势，而剩余项贡献率则呈现先下降后上升又下降的趋势。地区间非均衡贡献率先从 2003 年的 27.74% 上升至 2006 年的 57.16%，后从 2007 年的 26.29% 上升至 2008 年的 30.82%，最终又从 2009 年的 4.11% 回升至 2012 年的 18.52%，虽然波动较大，但总体呈下降趋势；而剩余项贡献率总体呈上升趋势，表明农村社会救济的发展水平受两区域间重叠产生的交互影响的程度增大。

（三）城乡社会救济非均衡

如表 17-4 所示，测算了城市和农村的基尼系数，因统计口径的不一致，时间跨度为 2003—2012 年。从城乡社会救济总体基尼系数来看，虽然有一定的波动，但总体呈下降趋势，从 2003 年的 0.6091 下降至 2012 年的 0.3504，表明样本考察期内青岛市城乡社会救济发展非均衡程度在逐步缩小。第一阶段 2003—2007 年，从 0.6091 降至 0.2629；第二阶段 2008—2012 年，从 0.3475 升至 0.3504。从分区域来看，市域和县域的城乡间基尼系数与总体基尼系数的变化趋势基本一致，除个别年份有所波动，总体来看呈下降趋势。2003—2006 年，市域的基尼系数均小于县域的基尼系数，表明市域的地区非均衡小，县域的地区非均衡大；2007—2011 年则相反，市域的地区非均衡大于县域的地区非均衡。

表 17－4　　　　　青岛市城乡社会救济发展非均衡及分解

年份	G	G 市域	G 县域	G_w（%）	G_b（%）	R（%）
2003	0.6091	0.5847	0.6268	41.76	12.86	45.39
2004	0.4709	0.4499	0.4918	38.17	0.50	61.33
2005	0.4783	0.4449	0.5146	43.95	12.38	43.67
2006	0.3298	0.2906	0.3706	57.55	15.29	27.16
2007	0.2629	0.2750	0.2488	63.25	15.31	21.44
2008	0.3475	0.4064	0.2644	45.47	10.56	43.98
2009	0.3257	0.4049	0.2238	45.20	9.83	44.96
2010	0.3211	0.4234	0.1811	44.22	9.27	46.51
2011	0.3294	0.3970	0.2480	41.60	8.39	50.01
2012	0.3504	0.3429	0.3568	36.02	6.55	57.43

从基尼系数分解来看，地区间非均衡贡献率除 2004 年外，整体波动较小，大体在 10%，而地区内非均衡贡献率和剩余项贡献率均大于地区间非均衡贡献率。地区间非均衡贡献率与剩余项贡献率变化趋势正相反，前者先上升后降低，从 2003 年的 41.76% 上升到 2007 年的 63.25% 后下降到 2012 年的 36.02%；后者先降低后上升，从 2003 年的 45.39% 降低到 2007 年的 21.44% 后又上升到 2012 年的 57.43%，总体表明地区内非均衡对总体非均衡的贡献和因两区域间重叠而产生的交互影响对总体非均衡的贡献大于地区间非均衡的影响。

三 青岛市社会保障空间极化测算

本章按照两区域的分组方法测算青岛市社会保障空间极化的 ER 指数、EGR 指数和 LU 指数，结果如表 17-5 所示，变化趋势如图 17-1 所示。

表 17-5　　　　青岛市社会保障发展空间极化程度

年份	ER	EGR	LU
2007	0.3462	0.3408	0.3428
2008	0.2799	0.2733	0.2764
2009	0.3126	0.3062	0.3088
2010	0.2721	0.2639	0.2677
2011	0.1869	0.1818	0.1852
2012	0.2924	0.2877	0.2902
2013	0.0409	0.0299	0.0404
2014	0.0698	0.0595	0.0690
2015	0.0851	0.0747	0.0841

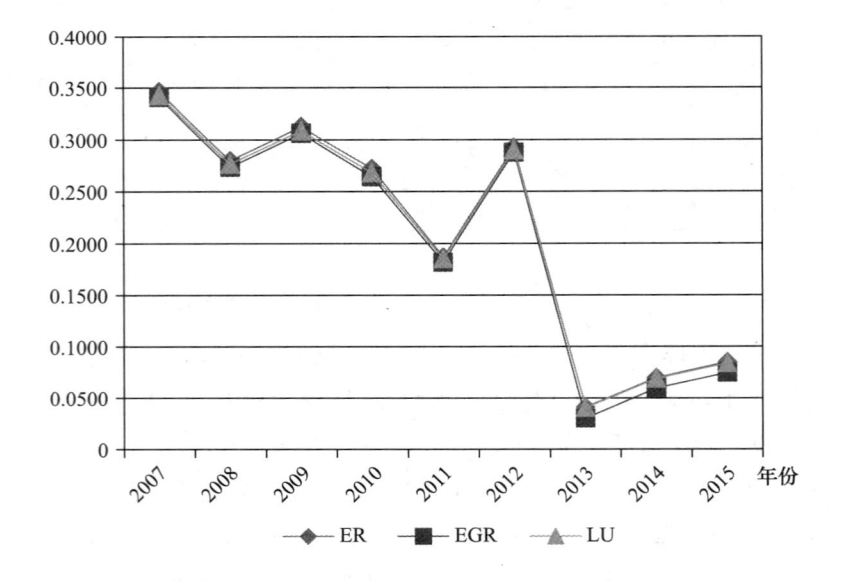

图 17-1　青岛市社会保障的极化指数演变态势

从图 17-1 和表 17-5 中可知三大指数变化趋势相同，青岛市社会保障的极化程度除 2012 年外总体呈下降态势。第一阶段 2007—2011 年，ER 指数从 0.3462 下降到 0.1869，年均下降 14.29%；EGR 指数从 0.3408 下降到 0.1818，年均下降 14.54%；LU 指数从 0.3428 下降到 0.1852，年均下降 14.26%。第二阶段 2012—2015 年，ER 指数从 0.2924 下降到 0.0851，年均下降 33.73%；EGR 指数从 0.2877 下降到 0.0747，年均下降 36.21%；LU 指数从 0.2902 下降到 0.0841，年均下降 33.83%。从而可知，青岛市社会保障发展的空间极化程度呈递减态势。

四 青岛市社会救济空间极化测算

首先按照两区域的划分方法分别测算城镇和农村空间极化三大指数：ER 指数、EGR 指数和 LU 指数，结果和变化趋势分别如表 17-6 和图 17-2、图 17-3 所示。可知城镇和农村的极化指数的变化趋势基本一致，除个别异常年份，三大指数均呈现先上升后下降的态势。

表 17-6　　　　　　青岛市社会救济发展空间极化程度

年份	城镇 ER	城镇 EGR	城镇 LU	农村 ER	农村 EGR	农村 LU	城乡 ER	城乡 EGR	城乡 LU
2003	0.0815	0.0812	0.0815	0.1218	0.1082	0.1196	0.3643	0.0990	0.2273
2004	0.0098	0.0086	0.0098	0.0647	0.0603	0.0644	0.3299	0.0956	0.2398
2005	0.0110	0.0098	0.0110	0.2247	0.2180	0.2224	0.3782	0.1687	0.2729
2006	0.0058	0.0046	0.0058	0.2500	0.2470	0.2487	0.3064	0.1667	0.2504
2007	0.0626	0.0619	0.0625	0.2453	0.2373	0.2427	0.3059	0.1945	0.2623
2008	0.1908	0.1901	0.1906	0.2708	0.2635	0.2681	0.4437	0.2883	0.3529
2009	0.1865	0.1854	0.1861	0.0346	0.0264	0.0344	0.4763	0.3295	0.3833
2010	0.2548	0.2538	0.2544	0.0981	0.0893	0.0972	0.5052	0.3595	0.4018
2011	0.1674	0.1668	0.1672	0.0971	0.0905	0.0964	0.5584	0.4075	0.4513
2012	0.1193	0.1185	0.1192	0.4697	0.4541	0.4607	0.7150	0.5513	0.5760
2013	0.2426	0.2412	0.2420	—	—	—	—	—	—
2014	0.0269	0.0261	0.0269	—	—	—	—	—	—
2015	0.5137	0.5135	0.5135	—	—	—	—	—	—

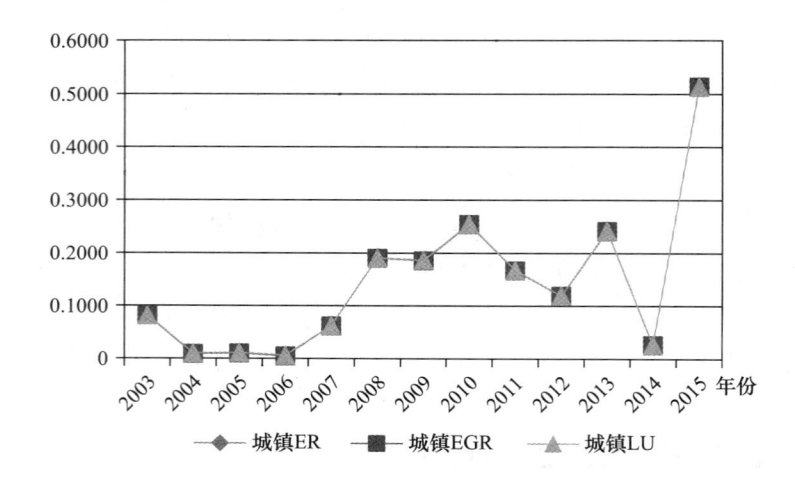

252 | 中国社会保障发展研究：基于非均衡时空视角

图 17-2 青岛市城镇社会救济的极化指数演变态势

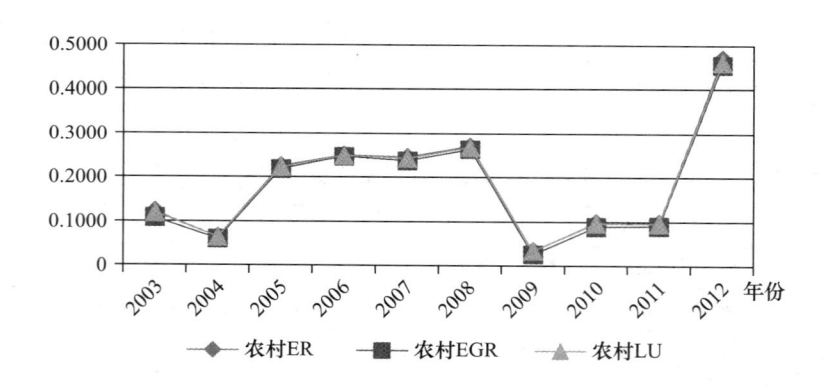

图 17-3 青岛市农村社会救济的极化指数演变态势

（一）城镇社会救济空间极化

第一阶段 2003—2010 年，ER 指数从 0.0815 上升到 0.2548，年均上升 17.69%；EGR 指数从 0.0812 上升到 0.2538，年均上升 17.67%；LU 指数从 0.0815 上升到 0.2544，年均上升 17.67%；第二阶段 2011—2014 年（除了异常年份 2015 年），ER 指数从 0.1674 下降到 0.0269，年均下降 45.62%；EGR 指数从 0.1668 下降到 0.0261，年均下降 46.10%；LU 指数从 0.1672 下降到 0.0269，年均

下降45.62%，表明青岛市城镇社会救济空间极化程度先扩大后缩小。

(二) 农村社会救济空间极化

由于统计口径的变化，时间跨度为2003—2012年。第一阶段2003—2008年，ER指数从0.1218上升到0.2708，年均上升17.33%；EGR指数从0.1082上升到0.2635，年均上升19.48%；LU指数从0.1196上升到0.2681，年均上升17.53%；第二阶段2008—2011年（除去异常年份2012年），ER指数从0.2708下降到0.0971，年均下降28.96%；EGR指数从0.2635下降到0.0905，年均下降29.96%；LU指数从0.2681下降到0.0964，年均下降28.89%，表明青岛市农村社会救济空间极化程度呈现先扩大后缩小的趋势。

(三) 城乡社会救济空间极化

如图17-4和表17-6所示，除个别年份，青岛市城乡社会救济空间极化ER指数、EGR指数和LU指数变化趋势基本一致，总体呈现上升趋势。第一阶段2003—2007年，ER指数从0.3643下降到0.3059，年均下降4.28%；EGR指数从0.0090上升到0.1945，年均上升18.41%；LU指数从0.2273上升到0.2623，年均上升3.64%；

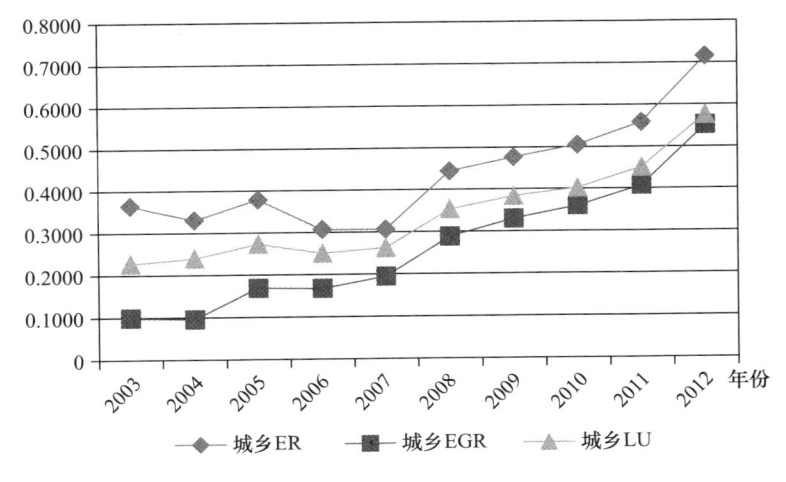

图17-4 青岛市城乡社会救济的极化指数演变态势

第二阶段2008—2012年，ER指数从0.4473上升到0.7150，年均上升12.67%；EGR指数从0.2883上升到0.5513，年均上升17.59%；LU指数从0.3529上升到0.5760，年均上升13.03%，表明青岛市城乡社会救济空间极化程度在逐渐变大。

第三节　青岛市社会保障非均衡影响因素分析

一　影响因素设计

社会保障作为国民收入再分配的主要手段，有利于保障低收入或无收入者的基本生活，调节工资水平，促进社会公平正义。经济发展水平作为一个经济体各方面发展的重要基础，对社会保障支出具有重要的影响。针对青岛市社会保障发展呈现的非均衡发展态势，本章主要选取以下影响因素：

人均地区生产总值。人均地区生产总值作为重要的宏观经济指标之一，与社会保障支出存在明显的相关性，对社会保障支出水平产生重要影响。

在岗职工平均工资。居民工资水平的提高，使居民社会保障意识提高，社会保障方面的需求增加，因此，居民工资水平的提高可能影响社会保障方面的支出。

地方财政一般预算支出。社会保障支出是地方财政一般预算支出中的一个重要方面，地方财政一般预算支出规模的大小也是社会保障支出的重要影响因素之一。

工业生产总值。工业生产总值作为衡量国民经济的另一重要指标，在一定程度上也影响着社会保障支出水平。

消费品零售总额。消费品零售总额反映了一定时期居民的消费状况与消费水平，而居民消费支出的大小也在一定程度上影响着社会保障支出。

二 计量模型设定与变量说明

根据以上提出的社会保障支出影响因素，取自然对数后，本章构建以社会保障支出为被解释变量，各影响因素为解释变量的计量模型。

$$\ln SSE_{it} = \alpha + \beta_1 \ln AGDP_{it} + \beta_3 \ln INC_{it} + \beta_3 \ln LFE_{it} + \beta_4 \ln GIP_{it} + \beta_5 \ln CON_{it} + \mu_i + \varepsilon_{it} \quad (17-5)$$

式中，SSE 表示社会保障支出，$AGDP$ 表示人均地区生产总值，INC 表示在岗职工平均工资，LFE 表示地方财政一般预算支出，GIP 表示工业生产总值，CON 表示消费品零售总额，α 为常数项，μ_i 是个体效应，ε_{it} 为随机扰动项。

三 回归结果分析

本章使用面板数据，采用固定效应模型、随机效应模型及最小二乘法进行拟合，并进行豪斯曼检验，结果如表17-7所示。豪斯曼检验结果显示，由于P值为0.0000，故应使用固定效应模型，而非随机效应模型；对比固定效应模型和最小二乘法的测算结果，最终选定固定效应模型。

表17-7　　　　　　　　面板模型估计结果

解释变量	变量说明	FE	RE	OLS
lnAGDP	人均地区生产总值对数	0.3836** (2.51)	-0.3079** (-2.34)	-0.5091*** (-4.2)
lnINC	在岗职工平均工资对数	2.3721*** (6.74)	0.9626*** (3.77)	0.8197*** (3.61)
lnLFE	地方财政一般 预算支出对数	0.4293* (1.77)	0.3128 (1.27)	0.5577*** (2.63)
lnGIP	工业生产总值对数	0.1165 (1.03)	0.2693** (2.42)	0.2779*** (2.97)
lnCON	消费品零售 总额对数	-1.2694*** (-3.80)	0.3582** (2.30)	0.17 (1.13)
Hausman	豪斯曼检验	(33.05) 0.0000	—	—

注：***、**和*分别表示在1%、5%和10%的显著性水平下显著。FE括号内数值表示t值，RE括号内数值表示Z值；豪斯曼检验括号内数值表示χ^2值，括号外数值表示P值。

对固定效应模型的分析结果如下：人均地区生产总值通过了5%的显著性水平检验，对社会保障支出具有较明显的正向影响，表明地区经济的发展有利于社会保障水平的提高。在岗职工平均工资通过了1%的显著性水平检验，对社会保障支出具有极强的正向影响，表明工资水平的提高，使居民对社会保障方面的需求有较大程度的提高。地方财政一般预算支出通过了10%的显著性水平检验，对社会保障支出有较强的正向作用。工业生产总值对社会保障支出的影响则不明显，可能是由于工业产业与居民实际生活关联性较弱，导致工业产业对社会保障支出的影响并不显著。消费品零售总额通过了1%的显著性水平检验，但它对社会保障支出的影响呈现较强的反向影响，可能是因为某阶段居民将收入的较大部分用来消费，从而对社会保障方面的支出和需求变小。

参考文献

[1] Aaron, A., McGuire, M. C., "Benefits and Burdens of Government Expenditure", *Econometrica*, No. 6, 1970, pp. 907 – 920.

[2] Aguiar, M. Bils, M., "Has Consumption Inequality Mirrored Income Inequality?", *American Economic Review*, Vol. 105, No. 9, 2015, pp. 2725 – 2756.

[3] Aigner – Walder, B., Döring, T., "The Effects of Population Ageing on Private Consumption – A Simulation for Austria Based on Household Data up to 2050", *Eurasian Economic Review*, Vol. 2, No. 1, 2012, pp. 63 – 80.

[4] Anselin, L., *Spatial Econometrics: Methods and Models*, Dordrecht: Kluwer Academic Publishers, 1988.

[5] Arellano, M. Bond, S., "Some Tests of Specification for Panel Data: Monte Carlo Evidence and an Application to Employment Equations", *Review of Economic Studies*, Vol. 58, No. 2, 1991, pp. 277 – 297.

[6] Arellano, M. Bover, O., "Another Look at the Instrumental Variable Estimation of Error-Components Models", *Journal of Econometrics*, Vol. 68, No. 1, 1995, pp. 29 – 51.

[7] Aydede, Y., "Saving and Social Security Wealth: A Case of Turkey", *OECD Working Paper*, 2007.

[8] Bardhan, P., "Decentralization of Governance and Development", *Journal of Economics Perspectives*, Vol. 16, No. 4, 2002, pp. 185 – 205.

[9] Barro, R. J., "Government Spending in a Simple Model of Endoge-

nous Growth", *Journal of Political Economy*, Vol. 98, No. 5, 1990, pp. 103 – 126.

[10] Bellettini, G., Ceroni, C. B., "Social Security Expenditure and Economic Growth: An Empirical Assessment", *Research in Economics*, Vol. 54, No. 3, 2000, pp. 249 – 275.

[11] Blejer, M. I., Guerrero, I., "The Impact of Macroeconomic Policies on Income Distribution: An Empirical Study of the Philippines", *The Review of Economics and Statistics*, Vol. 72, No. 3, 1990, pp. 414 – 423.

[12] Blundell, R., Preston, I. P., Consumption, Inequality and Income Uncertainty, University College London, 1997.

[13] Blundell, R., Bond, S., "Initial Conditions and Moment Restrictions in Dynamic Panel Data Models", *Journal of Econometrics*, Vol. 87, No. 1, 1998, pp. 115 – 143.

[14] Carlino, G., Mills, L., "Testing Neoclassical Convergence In regional Incomes and Earnings", *Regional Science and Urban Economics*, Vol. 26, No. 6, 1996, pp. 565 – 590.

[15] Christoffersen, G., "Governing China: From Revolution through Reform", *China Review International*, Vol. 3, No. 2, 1996, pp. 487 – 489.

[16] Creedy, J., Guest, R., "Population Ageing and Intertemporal Consumption: Representative Agent Versus Social Planner", *Economic Modelling*, Vol. 25, No. 3, 2006, pp. 485 – 498.

[17] Dagum, C., "A New Approach to the Decomposition of the Gini Income Inequality Ratio", *Empirical Economics*, No. 4, 1997, pp. 515 – 531.

[18] Davoodi, H., Zou, H., "Fiscal Decentralization and Economic Growth: Across-country Study", *Journal of Urban Economics*, Vol. 43, No. 2, 1998, pp. 244 – 257.

[19] Diamond, P. A., "A Framework for Social Security Analysis", *Journal of Public Economics*, Vol. 8, No. 3, 1997, pp. 275 – 298.

[20] Dodge, D. A., "Impact of Tax Transfer and Expenditure Policies of Government on the Distribution of Personal Incomes in Canada", *Review of Income and Wealth*, No. 21, 1975, pp. 1 – 52.

[21] Echevarria, C. A., Iza, A., "Life Expectancy, Human Capital, Social Security and Growth", *Journal of Political Economics*, Vol. 90, No. 12, 2006, pp. 2323 – 2349.

[22] Elhorst, J. P., *Spatial Econometrics From Cross-Sectional Data To Spatial Panels*, New York: Springer Heidelberg, 2014.

[23] Elizabeth, M., Caucutt Nezih Guner, "The Farm, the City, and the Emergence of Social Security", *Journal of Economic Growth*, Vol. 18, No. 1, 2013, pp. 1 – 32.

[24] Esteban, J., Gradin, C., Ray, D., "Extension of a Measure of Polarization, with an Application to the Income Distribution of Five OECD Countries", *Journal of Economic Inequality*, Vol. 5, No. 1, 2007, pp. 1 – 19.

[25] Esteban, J., Ray, D., "On the Measurement of Polarization", *Econometrica*, Vol. 62, No. 4, 1994, pp. 819 – 851.

[26] Evans, P., Karras, G., "Convergence Revisitied", *Journal of Monetary Economics*, Vol. 37, No. 2, 1996, pp. 249 – 265.

[27] Fatás, A., Mihov, I., "The Effects of Fiscal Policy on Consumption and Employment: Theory and Evidence", *CEPR Discussion Paper*, 2001, 2760, pp. 1 – 36.

[28] Feldstein, M., "Social Security and Saving: New Time Series Evidence", *National Tax Journal*, No. 49, 1996, pp. 151 – 164.

[29] Feldstein, M., "Social Security, Induced Retirement, and Aggregate Capital Accumulation", *Journal of Political Economy*, Vol. 82, No. 5, 1974, pp. 905 – 926.

[30] Galor, O., "Convergence? Inference from Theoretical Models", *The Economic Journal*, Vol. 106, No. 3, 1996, pp. 1056 – 1069.

[31] Gottschalk, P., Smeeding, T. M., "Cross-National Comparisons of

Earnings and Income Inequality", *Journal of Economic Literature*, Vol. 35, No. 2, 1997, pp. 633 – 687.

[32] Gupta, S., Clements, B., Baldacci, E., Mulas, G. C., "Fiscal Policy, Expenditure Composition, and Growth in Low Income Countries", *Journal of International Money and Finance*, No. 24, 2005, pp. 441 – 463.

[33] Hansen, B. E., "Threshold Effects in Non-dynamic Panels: Estimation, Testing, and Inference", *Journal of Econometrics*, Vol. 93, No. 2, 1999, pp. 345 – 368.

[34] Hao, R., Wei, Z., "Fundamental Causes of Inland-coastal Income Inequality in Post-reform China", *The Annals of Regional Science*, Vol. 45, No. 1, 2010, pp. 181 – 206.

[35] He, L., Sato, H., "Income Redistribution in Urban China by Social Security System: An Empirical Analysis Based on Annual and Life Time Income", *Contemporary Economics Policy*, Vol. 31, No. 2, 2011, pp. 314 – 331.

[36] Hendley, A., Mushinski, M., "The Social Security System: Benefit Differences Among Racial/ethnic Groups", *Statistical Bulletin*, Vol. 81, No. 2, 2000, pp. 9 – 16.

[37] Hewitt, C., "The Effect of Political Democracy and Social Democracy on Equality in Industrial Societies: A Cross-National Comparison", *American Sociological Review*, Vol. 42, No. 3, 1977, pp. 450 – 464.

[38] Holtz-Eakin, D., Lovely, M. E., Tosun, M. S., "Generational Conflict, Fiscal Policy, and Economic Growth", *Journal of Macroeconomics*, Vol. 26, No. 1, 2004, pp. 1 – 23.

[39] Hungerford, Thomas L., "The Social Security Surplus and Public Saving", *Public Finance Review*, Vol. 37, No. 1, 2009, pp. 94 – 114.

[40] Isaac Ehrlich, Jinyoung Kim, "Social Security and Demographic Trends: Theory and Evidence from the International Experience", *Review of Economic Dynamics*, No. 10, 2007, pp. 55 – 77.

[41] Jesuit, D., Mahler, V., "State Redistribution in Comparative Perspective: A cross-national Analysis of the Developed Countries", *Luxembourg Income Study Working Paper*, 2004.

[42] Kaplan, G., Violante, G. L., "A Model of the Consumption Response to Fiscal Stimulus Payments", *Econometrica*, Vol. 82, No. 4, 2014, pp. 1199 – 1239.

[43] Kotlikoff, L. J., Privatization of Social Security: How it Works and Why it Matters Boston University-Institute for Economic Development, 1995.

[44] Kotlikoff, L. J., "Social Security and Equilibrium Capital Intensity", *Quarterly Journal of Economics*, Vol. 93, No. 2, 1979, pp. 233 – 253.

[45] Krueger, D., Perri, F., "Does Income Inequality Lead to Consumption Inequality? Evidence and Theory", *Staff Report*, Vol. 73, No. 1, 2002, pp. 163 – 193.

[46] Laitner, J., "Bequests, Gifts, and Social Security", *Review of Economic Studies*, Vol. 55, No. 2, 1988, pp. 275 – 299.

[47] Lasso de la Vega, M. C., Urrutia A. M., "An Alternative Formulation of the Esteban-Gradin-Ray Extended Measure of Polarization", *Journal of Income Distribution*, Vol. 15, No. 12, 2006, pp. 42 – 54.

[48] Lee, C. C., Chang, C. P., "Social Security Expenditures and Economic Growth", *Journal of Economic Studies*, Vol. 33, No. 5, 2006, pp. 386 – 404.

[49] Lee, C. C., Chang, C. P., "Social Security Expenditure and GDP in OECD Countries: A Co-integrated Panel Analysis", *International Economic Journal*, Vol. 20, No. 3, 2006, pp. 303 – 320.

[50] Leimer, D. R., Lesnoy, S. D., "Social Security and Private Saving: New Time Series Evidence", *Journal of Political Economy*, No. 90, 1982, pp. 606 – 629.

[51] LeSage, J. P., Pace, R. K., *Introduction to Spatial Econometrics*, Boca Raton, FL: CRC Press Taylor & Francis Group, 2009.

[52] Mitchell, O. S. Zeldes, S. P., "Social Security Privatization: A Structure for Analysis", *American Economic Review*, Vol. 86, No. 2, 1996, pp. 363 – 367.

[53] Morello, J., Buzai, G. D., Baxendale, C. A. et al., "Urbanization and the consumption of Fertile Land and Other Ecological Changes: The Case of Buenos Aires", *Environment and Urbanization*, Vol. 12, No. 2, 2000, pp. 119 – 131.

[54] Ohtake, F., Saito, M., "Population Aging and Consumption Inequality in Japan", *Review of Income and Wealth*, Vol. 44, No. 3, 1998, pp. 361 – 381.

[55] Orloff, A. S., Skocpol, T., "Why Not Equal Protection? Explaining the Politics of Public Social Spending in Britain, 1900 – 1911, and the United States, 1880s – 1920", *American Sociological Review*, Vol. 49, No. 6, 1984, p. 726.

[56] Pace, R. K., LeSage, J. P., "Interpreting Spatial Econometric Models", In North American Meeting of the Regional Science Association International, Toronto, CA, 2006.

[57] Panu Poutvaara, "On the Political Economy of Social Security and Public Education", *Journal of Population Economics*, Vol. 19, No. 2, 2006, pp. 345 – 365.

[58] Rojas, J. A., Urrutia, C., "Social Security Reform with Uninsurable Income Risk and Endogenous Borrowing Constraints", *Review of Economic Dynamics*, Vol. 11, No. 1, 2008, pp. 83 – 103.

[59] Sala-I-Martin, X. X., "Regional Cohesion: Evidence and Theories of Regional Growth and Convergence", *European Economic Review*, Vol. 40, No. 6, 1996, pp. 1325 – 1352.

[60] Samwick, A. A., "Is Pension Reform Conducive to Higher Saving?", *Review of Economics & Statistics*, Vol. 82, No. 2, 2000,

pp. 264 - 272.

[61] Strand Alexander, Rupp Kalman, "Disabled Workers and the Indexing of Social Security Benefits", *Social Security Bulletin*, Vol. 67, No. 4, 2008, pp. 21 - 50.

[62] Subarna, K., Georg, J., "Income Distribution and the Effectiveness of Fiscal Policy: Evidence from Some Transitional Economies", *Journal of Economics and Business*, No. 1, 2009, pp. 29 - 45.

[63] Tagkalakis, A., "The Effects of Fiscal Policy on Consumption in Recessions and Expansions", *Journal of Public Economics*, Vol. 92, No. 5 - 6, 2008, pp. 1486 - 1508.

[64] Thompson, E. A., "National Debt in a Neoclassical Growth Model: Comment", *American Economic Review*, Vol. 57, No. 4, 1967, pp. 920 - 923.

[65] Wang, Q., "Fixed-effect Panel Threshold Model Using Stata", *Stata Journal*, Vol. 15, No. 1, 2015, pp. 121 - 134.

[66] Wei, J., Ma, L., Lu, G. et al., "The Influence of Urbanization on Nitrogen Flow and Recycling Utilization in Food Consumption System of China", *Acta Ecologica Sinica*, Vol. 28, No. 3, 2008, pp. 1016 - 1025.

[67] Westerlund, J., "Testing for Error Correction in Panel Data", *Oxford Bulletin of Economics and Statistics*, Vol. 69, No. 6, 2007, pp. 709 - 748.

[68] Wilensky, G. R., Vroman, W., "The Social Security Payroll Tax: Some Alternatives for Reform: Discussion", *Journal of Finance*, Vol. 30, No. 2, 1975, pp. 579 - 584.

[69] Yakita, A., "Uncertain Lifetime, Fertility and Social Security", *Journal of Population Economics*, Vol. 14, No. 4, 2001, pp. 635 - 640.

[70] Yang, M. M., "The VAR Model Analysis on the Relationship of Consumption Structure, Industrial Structure and Economic Growth—

[71] Yao, S., "On the Decomposition of Gini Coefficients by Population Class and Income Source: A Spread Sheet Approach and Application", *Applied Economics*, No. 31, 1999, pp. 1249 – 1264.

[72] Yuan, B., Ren, S., Chen, X., "The Effects of Urbanization, Consumption Ratio and Consumption Structure on Residential Indirect CO_2 Emissions in China: A Regional Comparative Analysis", *Applied Energy*, Vol. 140, No. 2, 2015, pp. 94 – 106.

[73] Zant, W., "Social Security Wealth and Aggregate Consumption: An Extended Life-cycle Model Estimate for the Netherlands", *De Economist*, Vol. 136, No. 1, 2005, pp. 136 – 153.

[74] Zhang, J., Zhang, J., "How Does Social Security Affect Economic Growth? Evidence from Cross Country Data", *Journal of Population Economics*, Vol. 17, No. 3, 2004, pp. 473 – 500.

[75] 曹朴:《影响我国社会保障支出水平的因素分析》,《经济问题》2006年第6期。

[76] 陈安平、杜金沛:《中国的财政支出与城乡收入差距》,《统计研究》2010年第11期。

[77] 陈天祥、饶先艳:《"渐进式统一"城乡社会保障一体化模式——以东莞市为例》,《华中师范大学学报》(人文社会科学版)2010年第1期。

[78] 陈永杰、李伟俊:《城市老年贫困人口与养老保险制度——以广州城镇老年居民养老保险制度为例》,《学术研究》2012年第4期。

[79] 陈正光、骆正清:《我国城乡社会保障支出均等化分析》,《江西财经大学学报》2010年第5期。

[80] 成新轩、侯兰晶:《城乡社会保障投入差异及对策分析》,《中国软科学》2011年第11期。

[81] 仇晓洁、温振华:《我国农村社会保障水平与工业化、城镇化

水平关系的研究——基于中国 23 个省份面板数据的实证研究》，《经济问题》2009 年第 8 期。

[82] 储德银、黄文正、赵飞：《地区差异、收入不平等与城乡居民消费》，《经济学动态》2013 年第 1 期。

[83] 丁煜、朱火云：《我国社会保障水平对城乡收入差距的影响》，《人口与发展》2013 年第 5 期。

[84] 董拥军、邱长溶：《我国社会保障支出与经济增长关系的实证》，《统计与决策》2007 年第 8 期。

[85] 樊小钢：《城乡社会保障制度衔接模式探讨》，《浙江社会科学》2004 年第 4 期。

[86] 方菲：《从失衡到均衡：统筹城乡社会保障制度的路径研究》，《理论探讨》2009 年第 6 期。

[87] 方匡南、章紫艺：《社会保障对城乡家庭消费的影响研究》，《统计研究》2013 年第 3 期。

[88] 傅强、马青：《地方政府竞争、城乡金融效率对城乡收入差距影响——基于动态面板数据模型》，《当代经济科学》2015 年第 4 期。

[89] 高帆：《中国城乡消费差距的拐点判定及其增长效应》，《统计研究》2014 年第 12 期。

[90] 高文书：《社会保障对收入差距的调节效应》，《社会保障研究》2012 年第 4 期。

[91] 顾海兵、张实桐、张安军：《我国城乡社会保障均匀度的衡量方法与测度评价》，《财贸经济》2012 年第 11 期。

[92] 顾昕：《通向普遍主义的艰难之路：中国城镇失业保险制度的覆盖面分析》，《东岳论坛》2006 年第 3 期。

[93] 果佳、唐任伍：《均等化/逆向分配与福利地区社会保障的省际差距》，《改革》2013 年第 1 期。

[94] 韩俊江：《中国社会保障制度完善研究》，博士学位论文，东北师范大学，2007 年。

[95] 何秀芝：《我国社会保障水平的区域差异、影响因素与政策优

化路径》，博士学位论文，南京大学，2015年。

[96] 胡宝娣、刘伟、刘新：《社会保障支出对城乡居民收入差距影响的实证分析——来自中国的经验证据》，《江西财经大学学报》2011年第2期。

[97] 胡日东、钱明辉、郑永冰：《中国城乡收入差距对城乡居民消费结构的影响——基于LA/AIDS拓展模型的实证分析》，《财经研究》2014年第5期。

[98] 胡荣：《我国社会保险改革的模式选择》，《社会学研究》1995年第4期。

[99] 黄枫：《中国城镇健康需求和医疗保险改革研究》，博士学位论文，西南财经大学，2010年。

[100] 黄瑞：《人口老龄化趋势下的中国城镇养老保险制度研究》，博士学位论文，华中科技大学，2008年。

[101] 黄文正、何亦名、李宏：《社会保障城乡收入差距调节效应的实证研究》，《经济体制改革》2014年第6期。

[102] 纪江明、张乐天、蒋青云：《我国城乡社会保障差异对居民消费影响的实证研究》，《上海经济研究》2011年第1期。

[103] 纪江明：《中国民生性财政支出对城乡居民消费差距影响的实证研究——基于1995—2009年省级面板数据的协整分析》，《经济与管理研究》2012年第10期。

[104] 姜百臣、马少华、孙明华：《社会保障对农村居民消费行为的影响机制分析》，《中国农村经济》2010年第11期。

[105] 姜鑫、罗佳：《我国城乡社会保障均等化的评价与对策研究》，《当代经济管理》2012年第4期。

[106] 景天魁：《大力推进与国情相适应的社会保障制度建设——构建底线公平的福利模式》，《理论前沿》2007年第18期。

[107] 柯卉兵：《中国社会保障财政支出的地区差异问题分析》，《公共管理学报》2009年第1期。

[108] 孔祥利、王张明：《我国城乡居民消费差异及对策分析》，《经济管理》2013年第5期。

[109] 蓝相洁、陈永成：《民生性财政支出与城乡居民消费差距：理论阐释与效应检验》，《财政研究》2015 年第 3 期。

[110] 黎民、卢敏：《我国城镇失业保险制度评估体系设计探究》，《福建论坛》（人文社会科学版）2012 年第 3 期。

[111] 李春根、廖彦、夏珺：《欠发达地区社会保障体系城乡一体化建设：困境及路径》，《求实》2016 年第 6 期。

[112] 李国璋：《我国社会保障水平对消费率的影响效应分析》，《消费经济》2013 年第 6 期。

[113] 李文沛：《关于城镇基本医疗保险的筹资问题》，《理论探索》2010 年第 1 期。

[114] 李武：《基于凯恩斯消费函数的我国城乡居民消费差异实证分析》，《统计研究》2007 年第 6 期。

[115] 李先德、王士海：《城乡统筹下农村社会保障的基金需求分析》，《农业经济问题》2010 年第 10 期。

[116] 李雪萍、刘志昌：《基本公共服务均等化的区域对比与城乡比较——以社会保障为例》，《华中师范大学学报》（人文社会科学版）2008 年第 3 期。

[117] 林文芳：《区域性偏好与城乡居民消费差异》，《统计研究》2009 年第 11 期。

[118] 林治芬：《中国社会保障的地区差异及其转移支付》，《财经研究》2002 年第 5 期。

[119] 刘德吉、胡昭明、程璐等：《基本民生类公共服务省际差异的实证研究》，《经济体制改革》2010 年第 2 期。

[120] 刘琦、黄天华：《财政支出与城乡居民消费支出差距的关系研究——基于全国省级地区面板数据的经验分析》，《上海财经大学学报》（哲学社会科学版）2011 年第 4 期。

[121] 刘庆印、胡继连：《山东省城乡社会保障统筹发展机制与政策研究》，《山东社会科学》2005 年第 6 期。

[122] 刘文忻、陆云航：《要素积累、政府政策与我国城乡收入差距》，《经济理论与经济管理》2006 年第 4 期。

［123］刘渝琳、陈书：《我国社会保障基尼系数的讨论与估算》，《统计研究》2011 年第 6 期。

［124］鲁全：《城乡统筹的社会保障制度与和谐社会建设》，《山东社会科学》2008 年第 10 期。

［125］陆铭、陈钊：《城市化、城市倾向的经济政策与城乡收入差距》，《经济研究》2004 年第 6 期。

［126］吕承超、白春玲：《中国社会保障发展空间差距及随机收敛研究》，《财政研究》2016 年第 4 期。

［127］吕承超、徐倩：《新丝绸之路经济带交通基础设施空间非均衡及互联互通政策研究》，《上海财经大学学报》（哲学社会科学版）2015 年第 2 期。

［128］吕炜、高飞：《城镇化、市民化与城乡收入差距——双重二元结构下市民化措施的比较与选择》，《财贸经济》2013 年第 12 期。

［129］吕炜、许宏伟：《土地财政、城市偏向与中国城乡收入差距》，《财贸经济》2015 年第 6 期。

［130］马凤鸣：《单位体制社会保障与城市居民消费——基于分位数回归模型分析》，《西北人口》2012 年第 6 期。

［131］马一民：《论城乡社会保障统筹发展》，《经济学动态》2008 年第 11 期。

［132］[英]尼古拉斯·巴尔：《福利国家经济学》，郑秉文、穆怀中译，中国劳动社会保障出版社 2003 年版。

［133］彭定赟、王磊：《财政调节、福利均等化与地区收入差距》，《经济学家》2013 年第 5 期。

［134］彭海艳：《我国城乡社会保障均等化的评价与对策研究》，《财经研究》2007 年第 6 期。

［135］冉光和、潘辉：《政府公共支出的收入分配效应研究——基于 VAR 模型的检验》，《重庆大学学报》2009 年第 2 期。

［136］任飞飞：《上海城镇职工养老保险制度研究——人口老龄化、政策选择和数值模拟》，博士学位论文，同济大学，2007 年。

[137] 孙文杰、薛幸:《财政支出、空间溢出效应与城乡收入差距演变》,《当代经济科学》2016 年第 2 期。

[138] 陶然、刘明兴:《中国城乡收入差距、地方政府开支及财政自主》,《世界经济文汇》2007 年第 4 期。

[139] 田国栋:《城镇职工基本医疗保险基金平衡的影响因素及对策研究》,博士学位论文,复旦大学,2006 年。

[140] 王翠琴、田勇:《城乡居民基本养老保险缩小了收入差距吗?——基于湖北省数据的实证检验》,《农村经济》2015 年第 12 期。

[141] 王笳旭:《人口老龄化对我国城乡居民消费差距的影响研究——基于省际动态面板数据的实证分析》,《当代经济科学》2015 年第 5 期。

[142] 王建华:《人口流动下的城乡社会保障制度研究——以上海外来流动人口为例的实证分析》,博士学位论文,复旦大学,2003 年。

[143] 王建康、谷国锋、姚丽:《城市化进程、空间溢出效应与城乡收入差距——基于 2002—2012 年省级面板数据》,《财经研究》2015 年第 5 期。

[144] 王猛、李勇刚、王有鑫:《土地财政、房价波动与城乡消费差距——基于面板数据联立方程的研究》,《产业经济研究》2013 年第 5 期。

[145] 王小华、温涛:《城乡居民消费行为及结构演化的差异研究》,《数量经济技术经济研究》2015 年第 10 期。

[146] 王晓军、赵彤:《中国社会养老保险的省区差距研究》,《人口研究》2006 年第 12 期。

[147] 王艺明、蔡翔:《财政支出结构与城乡收入差距——基于全国东、中、西部地区省级面板数据的经验分析》,《上海财经大学学报》2010 年第 5 期。

[148] 王正斌、刘慧侠:《多层次城镇医疗保险体系发展研究》,《中国软科学》2003 年第 2 期。

[149] 魏浩、耿园：《对外贸易与中国的城乡收入差距》，《世界经济研究》2015年第7期。

[150] 魏华林、宋平凡、郭静艳：《保险需求的非线性收入效应与收入差距——基于PSTR模型的实证研究》，《经济评论》2015年第2期。

[151] 吴迪、霍学喜：《城乡居民消费差距和收入差距互动关系的实证研究——来自VEC模型的验证》，《农业技术经济》2010年第8期。

[152] 吴海江、何凌霄、张忠根：《中国人口年龄结构对城乡居民消费差距的影响》，《数量经济技术经济研究》2014年第2期。

[153] 吴海江、何凌霄、张忠根：《中国人口年龄结构与城乡居民消费差距：2000—2011》，《山西财经大学学报》2013年第10期。

[154] 谢勇才：《社会保障对城镇居民收入分配的调节效应——以安徽省为例》，《城市问题》2015年第6期。

[155] 邢伟：《城镇化背景下促进城乡社会保障制度的衔接与整合》，《宏观经济管理》2013年第7期。

[156] 熊焰、邱文君：《城镇化与城乡居民消费的关系研究》，《统计与决策》2014年第11期。

[157] 徐梅：《我国社会养老保险制度对不同人群收入差距的影响效果分析——基于基尼系数的分解和测算》，《西北人口》2015年第3期。

[158] 徐敏、姜勇：《中国产业结构升级能缩小城乡消费差距吗？》，《数量经济技术经济研究》2015年第3期。

[159] 徐倩、李放：《财政社会保障支出与中国城乡收入差距——理论分析与计量检验》，《上海经济研究》2012年第11期。

[160] 徐倩、李放：《我国财政社会保障支出的差异与结构：1998—2009年》，《改革》2012年第2期。

[161] 许晓茵、韩丽妙：《社会保障和地区经济差距：1996—2004中国面板数据分析》，《上海经济研究》2006年第12期。

[162] 薛兴利、厉昌习、陈磊、申海羡、于建华：《城乡社会保障制度的差异分析与统筹对策》，《山东农业大学学报》（社会科学版）2006 年第 3 期。

[163] 杨翠迎、何文炯：《社会保障水平与经济发展的适应性关系研究》，《公共管理学报》2004 年第 1 期。

[164] 杨风寿、沈默：《社会保障水平与城乡收入差距的关系研究》，《宏观经济研究》2016 年第 5 期。

[165] 杨红燕：《财政社会保障支出省际差距的影响因素分析》，《统计与决策》2014 年第 18 期。

[166] 杨华：《中国城乡一体化进程中的社会保障法律制度研究》，博士学位论文，吉林大学，2008 年。

[167] 杨钧：《城乡社会保障一体化研究》，《管理学刊》2013 年第 3 期。

[168] 杨磊、赵琳华：《社会保障对我国城镇居民消费影响的区域差异分析》，《哈尔滨商业大学学报》2013 年第 4 期。

[169] 杨文芳、方齐云：《财政收入、财政支出与居民消费率》，《当代财经》2010 年第 2 期。

[170] 杨勇刚、姜泽许：《中国城镇基本养老保险支出水平测量模型分析——以城镇基本养老保险的可持续发展为视角》，《河北大学学报》（哲学社会科学版）2010 年第 4 期。

[171] 余菊、刘新：《城市化、社会保障支出与城乡收入差距——来自中国省级面板数据的经验证据》，《经济地理》2014 年第 3 期。

[172] 袁冬梅、魏后凯、杨焕：《对外开放、贸易商品结构与中国城乡收入差距——基于省际面板数据的实证分析》，《中国软科学》2011 年第 6 期。

[173] 张兵、刘丹、郑斌：《农村金融发展缓解了农村居民内部收入差距吗？——基于中国省级数据的面板门槛回归模型分析》，《中国农村观察》2013 年第 3 期。

[174] 张凤凉：《转型期我国城镇失业保险政策的缺陷与完善》，《华

南理工大学学报》（社会科学版）2001 年第 3 期。

[175] 张利庠：《二元结构下的城乡消费差异分析及对策》，《中国软科学》2007 年第 2 期。

[176] 张文宪：《我国城镇养老保险融资问题研究》，博士学位论文，厦门大学，2006 年。

[177] 赵俊康：《我国社会保障基金供给能力区域比较分析》，《山西财经大学学报》2008 年第 12 期。

[178] 赵伟、张奇林：《服务型政府范式下我国社会保障监管体系的思考与重构》，《求索》2014 年第 8 期。

[179] 郑兰先：《新型城镇化进程中的社会保障问题研究》，《学习与实践》2016 年第 9 期。

[180] 周国良：《上海城镇养老保险制度变迁和数值模拟》，博士学位论文，复旦大学，2003 年。

[181] 朱海波：《城乡基本社会保障一体化研究》，博士学位论文，中共中央党校，2007 年。

[182] 朱诗娥、杨汝岱：《城乡居民消费差距与地区经济发展水平》，《经济评论》2012 年第 1 期。